"十二五"国家重点图书出版规划项目

中国社会科学院创新工程学术出版资助项目

新版《列国志》编辑委员会

列国志

GUIDE TO
THE WORLD
NATIONS 新版

吴清和 编著 | *G U I N E A*

几内亚

社会科学文献出版社
SOCIAL SCIENCES ACADEMIC PRESS (CHINA)

几内亚国旗

几内亚国徽

首都科纳克里（吴清和　摄）

洛斯群岛（吴清和　摄）

特色民居（吴清和 摄）

收割季节的水稻田（吴清和 摄）

几内亚妇女部长们
盛装参加中国大使举办
的招待会
（吴清和 摄）

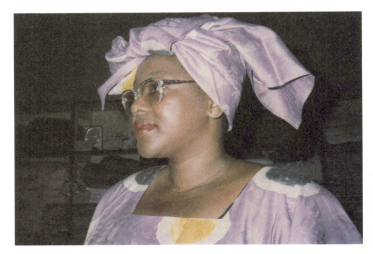

当地妇女别有风格的漂亮头饰（吴清和 摄）

这组木雕寓意不该说的不说、不该听的不听、不该看的不看，这是几内亚的传统道德准则。（李秋蔚 摄）

尼姆巴女神雕像，是保佑几内亚民众平安兴旺的图腾。（李秋蔚 摄）

出版说明

　　《列国志》编撰出版工作自 1999 年正式启动，截至目前，已出版 144 卷，涵盖世界五大洲 163 个国家和国际组织，成为中国出版史上第一套百科全书式的大型国际知识参考书。该套丛书自出版以来，受到社会各界的广泛好评，被誉为"21 世纪的《海国图志》"，中国人了解外部世界的全景式"窗口"。

　　这项凝聚着近千学人、出版人心血与期盼的工程，前后历时十多年，作为此项工作的组织实施者，我们为这皇皇 144 卷《列国志》的出版深感欣慰。与此同时，我们也深刻认识到当今国际形势风云变幻，国家发展日新月异，人们了解世界各国最新动态的需要也更为迫切。鉴于此，为使《列国志》丛书能够不断补充最新资料，更好地服务于社会各界，我们决定启动新版《列国志》编撰出版工作。

　　与已出版的 144 卷《列国志》相比，新版《列国志》无论是形式还是内容都有新的调整。国际组织卷次将单独作为一个系列编撰出版，原来合并出版的国家将独立成书，而之前尚未出版的国家都将增补齐全。新版《列国志》的封面设计、版面设计更加新颖，力求带给读者更好的阅读享受。内容上的调整主要体现在数据的更新、最新情况的增补以及章节设置的变化等方面，目的在于进一步加强该套丛书将基础研究和应用对策研究相结合，将基础研究成果应用于实践的特色。例如，增加了各国有关资源开发、环境治理的内容；特设"社会"一章，介绍各国的国民生活情况、社会管理经验以及存在的社会问题，等等；增设"大事纪年"，方便读者在短时间内熟悉各国的发展线索；增设"索引"，便于读者根据人名、地名、关键词查找所需相关信息。

顺应时代发展的要求，新版《列国志》将以纸质书为基础，全面整合国别国际问题研究资源，构建列国志数据库。这是《列国志》在新时期发展的一个重大突破，由此形成的国别国际问题研究资讯平台，必将更好地服务于中央和地方政府部门应对日益繁杂的国际事务的决策需要，促进国别国际问题研究领域的学术交流，拓宽中国民众的国际视野。

新版《列国志》的编撰出版工作得到了各方的支持：国家主管部门高度重视，将其列入"'十二五'国家重点图书出版规划项目"；中国社会科学院将其列为创新工程学术出版资助项目，王伟光院长亲自担任编辑委员会主任，指导相关工作的开展；国内各高校和研究机构鼎力相助，国别国际问题研究领域的知名学者相继加入编辑委员会，提供优质的学术咨询与指导。相信在各方的通力合作之下，新版《列国志》必将更上一层楼，以崭新的面貌呈现给读者，在中国改革开放的新征程中更好地发挥其作为"知识向导"、"资政参考"和"文化桥梁"的作用！

新版《列国志》编辑委员会

2013 年 9 月

前　言

　　自 1840 年前后中国被迫开关、步入世界以来，对外国舆地政情的了解即应时而起。还在第一次鸦片战争期间，受林则徐之托，1842 年魏源编辑刊刻了近代中国首部介绍当时世界主要国家舆地政情的大型志书《海国图志》。林、魏之目的是为长期生活在闭关锁国之中、对外部世界知之甚少的国人"睁眼看世界"，提供一部基本的参考资料，尤其是让当时中国的各级统治者知道"天朝上国"之外的天地，学习西方的科学技术，"师夷之长技以制夷"。这部著作，在当时乃至其后相当长一段时间内，产生过巨大影响，对国人了解外部世界起到了积极的作用。

　　自那时起中国认识世界、融入世界的步伐就再也没有停止过。中华人民共和国成立以后，尤其是 1978 年改革开放以来，中国更以主动的自信自强的积极姿态，加速融入世界的步伐。与之相适应，不同时期先后出版过相当数量的不同层次的有关国际问题、列国政情、异域风俗等方面的著作，数量之多，可谓汗牛充栋。它们对时人了解外部世界起到了积极的作用。

　　当今世界，资本与现代科技正以前所未有的速度与广度在国际间流动和传播，"全球化"浪潮席卷世界各地，极大地影响着世界历史进程，对中国的发展也产生极其深刻的影响。面临不同以往的"大变局"，中国已经并将继续以更开放的姿态、更快的步伐全面步入世界，迎接时代的挑战。不同的是，我们所

面临的已不是林则徐、魏源时代要不要"睁眼看世界"、要不要"开放"问题，而是在新的历史条件下，在新的世界发展大势下，如何更好地步入世界，如何在融入世界的进程中更好地维护民族国家的主权与独立，积极参与国际事务，为维护世界和平，促进世界与人类共同发展做出贡献。这就要求我们对外部世界有比以往更深切、全面的了解，我们只有更全面、更深入地了解世界，才能在更高的层次上融入世界，也才能在融入世界的进程中不迷失方向，保持自我。

与此时代要求相比，已有的种种有关介绍、论述各国史地政情的著述，无论就规模还是内容来看，已远远不能适应我们了解外部世界的要求。人们期盼有更新、更系统、更权威的著作问世。

中国社会科学院作为国家哲学社会科学的最高研究机构和国际问题综合研究中心，有 11 个专门研究国际问题和外国问题的研究所，学科门类齐全，研究力量雄厚，有能力也有责任担当这一重任。早在 20 世纪 90 年代初，中国社会科学院的领导和中国社会科学出版社就提出编撰"简明国际百科全书"的设想。1993 年 3 月 11 日，时任中国社会科学院院长胡绳先生在科研局的一份报告上批示："我想，国际片各所可考虑出一套列国志，体例类似几年前出的《简明中国百科全书》，以一国（美、日、英、法等）或几个国家（北欧各国、印支各国）为一册，请考虑可行否。"

中国社会科学院科研局根据胡绳院长的批示，在调查研究的基础上，于 1994 年 2 月 28 日发出《关于编纂〈简明国际百科全书〉和〈列国志〉立项的通报》。《列国志》和《简明国际百科全书》一起被列为中国社会科学院重点项目。按照当时的计划，首先编写《简明国际百科全书》，待这一项目完成后，再着手编写《列国志》。

1998 年，率先完成《简明国际百科全书》有关卷编写任务的研究所开始了《列国志》的编写工作。随后，其他研究所也陆续启动这一项目。为了保证《列国志》这套大型丛书的高质量，科研局和社会科学文献出版社于 1999 年 1 月 27 日召开国际学科片各研究所及世界历史研究所负责人会议，讨论了这套大型丛书的编写大纲及基本要求。根据会议精神，科研局随后印发了《关于〈列国志〉编写工作有关事项的通知》，陆续为启动项目拨付研究经费。

为了加强对《列国志》项目编撰出版工作的组织协调，根据时任中国社会科学院院长李铁映同志的提议，2002 年 8 月，成立了由分管国际学科片的陈佳贵副院长为主任的《列国志》编辑委员会。编委会成员包括国际片各研究所、科研局、研究生院及社会科学文献出版社等部门的主要领导及有关同志。科研局和社会科学文献出版社组成《列国志》项目工作组，社会科学文献出版社成立了《列国志》工作室。同年，《列国志》项目被批准为中国社会科学院重大课题，新闻出版总署将《列国志》项目列入国家重点图书出版计划。

在《列国志》编辑委员会的领导下，《列国志》各承担单位尤其是各位学者加快了编撰进度。作为一项大型研究项目和大型丛书，编委会对《列国志》提出的基本要求是：资料翔实、准确、最新，文笔流畅，学术性和可读性兼备。《列国志》之所以强调学术性，是因为这套丛书不是一般的"手册""概览"，而是在尽可能吸收前人成果的基础上，体现专家学者们的研究所得和个人见解。正因为如此，《列国志》在强调基本要求的同时，本着文责自负的原则，没有对各卷的具体内容及学术观点强行统一。应当指出，参加这一浩繁工程的，除了中国社会科学院的专业科研人员以外，还有院外的一些在该领域颇有研究的专家学者。

现在凝聚着数百位专家学者心血，共计141卷，涵盖了当今世界151个国家和地区以及数十个主要国际组织的《列国志》丛书，将陆续出版与广大读者见面。我们希望这样一套大型丛书，能为各级干部了解、认识当代世界各国及主要国际组织的情况，了解世界发展趋势，把握时代发展脉络，提供有益的帮助；希望它能成为我国外交外事工作者、国际经贸企业及日渐增多的广大出国公民和旅游者走向世界的忠实"向导"，引领其步入更广阔的世界；希望它在帮助中国人民认识世界的同时，也能够架起世界各国人民认识中国的一座"桥梁"，一座中国走向世界、世界走向中国的"桥梁"。

《列国志》编辑委员会
2003 年 6 月

CONTENTS
目　录

CONTENTS

目　录

CONTENTS
目 录

CONTENTS
目 录

CONTENTS

目 录

CONTENTS
目　录

CONTENTS

目 录

自　序

　　由我来写这本几内亚列国志，我感到是义不容辞的责任。在 20 世纪 60 年代我青年时期，我曾在中共中央对外联络部西亚非洲研究所接受关于非洲的启蒙学习和研究非洲的基本训练。那时我的习作之一就是编写几内亚列国志，后来由于"文化大革命"而中断了。70 年代初我从西亚非洲研究所走上外交岗位，并到了非洲。在这以后将近 1/4 的世纪里，我从中部非洲的刚果河畔，经萨赫勒草原到西部非洲的大西洋边，先后在刚果（布）、布基纳法索和几内亚三个国家工作和生活了将近 12 年。90 年代中期我从几内亚回国不久，中国社会科学院承担国家重点科研项目编写《列国志》，著名非洲问题学者徐济明同志约我编写《几内亚》一书，我欣然接受，我愿以写好《几内亚》一书来作为我一生有很大部分时间从事非洲工作的句号。从 2001 年中至 2002 年底整整一半年的时间里，我放弃了其他一切计划与交往，闭门潜心于此书的编写工作。我是怀着对勇敢的几内亚人民敬佩与同情的激情在写的。正当我准备动笔写的时候，我的良师益友徐济明同志去世，不辜负徐济明同志对我的信任与重托的意念始终在鞭策我要努力写好这本书。

　　尽管我主观上想使这本书尽量完美，但我毕竟不是专门从事研究工作的学者，不足之处，恳请学者和读者指正指教。我在非洲，尤其在几内亚的经历，以及长期在我国驻外使馆研究室从事调研所经历的磨炼，使我有勇气想为"西亚非洲列国志"这个繁荣的大花园增添一朵小花，但愿能献给读者新鲜的芬芳。

　　我在编写过程中，资料上得到了外交部非洲司、外交部前驻几内亚的孔明辉大使以及中国社会科学院西亚非洲研究所图书资料室工作人员的很多帮助。我国著名非洲问题专家、西亚非洲研究所前所长葛佶同志对本书重要章节的结构和涉及的学术问题进行了指导与修改。书稿完成后，葛佶同志和中共中央对外联络部非洲局前局长朱俊发同志进行了审阅并提出了重要修改意见。在此我向他们致以真诚的谢意。

我从青年时期就对几内亚产生了兴趣，几内亚是一个颇具特色的非洲国家。它的地形地势奇特多样，景色绮丽，资源丰富，人民富有倔强的民族个性。

几内亚位于西部非洲的大西洋边，西部是富饶美丽的大西洋沿海平原，西北与中西部是著名的富塔—贾隆高原，东部是属西非内陆的萨赫勒草原，东南部是覆盖着热带森林的几内亚高原。富塔—贾隆高原和几内亚高原是西非众多河流的源头与分水岭，几内亚因此而有"西非水塔"之称。

几内亚有丰富的矿产资源，被称为"地质奇迹"，尤其是铝矾土，其储藏量与矿砂质量均居世界第一，几内亚因此而有"铝土之国"的称号。除铝矾土还有丰富的优质铁矿，以及黄金、钻石、钴、铬、石墨等多种稀有金属。水力资源在西非更是首屈一指。

几内亚是一个富有鲜明民族个性的国家。几内亚人民在非洲历史的各个时期，都谱写了令人瞩目的历史篇章。在古代，几内亚是中世纪西非著名的马里帝国的发祥地。在近代，几内亚有民族英雄萨摩里·杜尔领导人民反抗法国入侵的英勇斗争史。在现代，有20世纪50年代勇敢冲破法国在撒哈拉以南非洲的殖民统治体系，在法属黑非洲率先宣告独立的光荣历史。在当代，几内亚在非洲几经大动荡的年代，始终保持政局的基本稳定。长期保持政局基本稳定，这在当代动荡和灾难多端的非洲更是难能可贵。几内亚同许多非洲国家一样，也是一个多种族的国家，种族之间也存在差异和矛盾，但几内亚与多数非洲国家不同的是，不同种族之间基本上都能保持和平共处。在历史上和在当代，都没有发生过大的种族冲突。独立以来，无论在20世纪冷战时期美苏激烈争夺非洲的60年代和70年代，还是在冷战后多党民主浪潮席卷非洲的90年代，几内亚都没有出现大的动乱。独立 40 多年来政权仅更选一次，而且是没有流血的和平交替，这在非洲是罕见的。

法国在几内亚长期的殖民统治与经济掠夺给独立后的几内亚留下了沉重的历史包袱，畸形的殖民地经济（主要依靠矿产资源出口）使得它在独立后长期在经济的结构性危机中挣扎。而独立后在发展民族经济的道路上又一再遇到不利的国际时机。独立后的前 20 年几内亚经历了非洲社会主义和"非资本主义"发展道路的实践与失败。从 20 世纪 80 年代起经受了世界高科技发展、西方工业转型和经济全球化等一系列冲击，在世界面临边缘化、生存与发展的空间在日益缩小的国际环境中，勇敢的几内亚人民一如既往地显示出他们不畏艰难险阻勇往直前的倔强民族性格，克服各种困难坚持进行经济调整改革和民主政权建设。国家的基础设施和经济状况得到了明显改善；在政治上完成了由军政权到民主选出的文职政权的转变。

几内亚是撒哈拉以南非洲第一个与中国建立外交关系的国家（1959年 10 月 4 日），几内亚的第一任总统塞古·杜尔是撒哈拉以南非洲第一位到中国访问的国家元首。中几两国建交以来始终相互信任，相互支持，40多年风雨同舟，友好合作关系一直保持积极平稳发展。

2004 年 12 月

再版序

《几内亚》一书在 2005 年出版以来，一些带着这本书到几内亚创业的读者，从外交部打听到我的信息，给我打电话和写信，告诉我这本书给予他们的帮助。这给了我很大的鼓励，使我鼓起勇气承担《几内亚》再版的修订工作。有位读者还成为我做再版的合作者，他就是中国电力投资集团公司国际矿业投资有限公司董事长石成梁先生。他已六进几内亚，为新版几内亚的写作提供了许多资料。几内亚驻华大使马马迪·迪亚雷博士专门为我电致国内索取相关材料。我在外交部非洲司和中国驻几内亚使馆经济商务参赞处等的网页上也找到宝贵的第一手资料。我对以上这些帮助在此一并致谢。我还广览几内亚和法国的诸多网站，收获颇多。我相信今天我献给读者的是一本全新的《几内亚》。

2013 年夏季，我在做再版修改编写时，心情是沉重的，因为几内亚正在发生流血的社会动乱。动乱的导火线是围绕建立公正民主政权的争论，深层的社会原因是长期在贫困中挣扎的人民的愤怒与无奈。几内亚是一个自然资源非常丰富的国家，它的黄金早在公元 5 ~ 15 世纪就从撒哈拉沙漠经商道运销到北非和地中海沿岸国家；许多意大利商人靠贩卖几内亚黄金发了财。从 20 世纪 50 年代起，国际矿业集团进入几内亚，对铁矿、铝矾土、黄金、钻石进行大规模的现代化开采，获得巨额利润。可几内亚人民始终享受不到国家资源丰富带来的利益，时至今日几内亚仍是世界最贫穷的国家之一，全国一半以上（54%）的人口生活在贫困线以下。

几内亚独立半个多世纪来未能摆脱贫困有经济与政治两方面的原因。经济方面的原因是法国 73 年的殖民统治使几内亚的经济畸形发展成典型的殖民地经济，出口黄金、钻石、铝矾土、铁矿等矿产以及橡胶等工业原料，而生活必需品都要靠进口。除矿业以外，没有像样的民族工业。而矿业是"国中之国"，由外国公司经营，生产设备从外国进口，产品出口到国外。矿业不能带动本国经济发展。几内亚独立后在这样畸形的经济结构基础上发展民族经济十分艰难。同时以出口矿产为主的畸形经济结构使经济严重依赖世界市场。而 20 世纪最后 20 年，世界高科技发展和工业大国经济转型，使同非洲原料有密切联系的传统工业衰落，西方工业对非洲原料的需求日益减少，世界原料市场价格下跌。几内亚出口的铝矾土的价格 1988～1993 年的 5 年间就下跌了 58.8%。进入 21 世纪以来，美国的金融危机和欧洲的债务危机更使几内亚的矿业市场不断萎靡。

政治原因是独立以来前三任政权经济政策的失误。塞古·杜尔总统 26 年（1958～1984）的计划经济结果与合作化运动使几内亚经济变成一潭死水。兰萨纳·孔戴总统 24 年（1984～2008）的自由经济政策使几内亚经济进一步萎缩，宏观经济严重失衡，人民更加贫穷。两年军政权（2009～2010）时期内部管理混乱，外受国际经济制裁，加重了经济困难。到 21 世纪第二个十年初期，社会已到不堪承受的地步。

几内亚的政治形势引起国际社会的关注，联合国、欧盟和非洲国家都敦促几内亚相关各方通过对话协商解决分歧。时代毕竟已经进入 21 世纪，几内亚从 2009 年以来的政局发展表明，军事政变和街头政治已为本国人民和国际社会所不容。我相信，在这样的时代与国际环境下，几内亚人民将会从独立半个多世纪的经验教训中找到走出贫困的发展道路。经民主选举的阿尔法·孔戴总统在整顿财政预算和矿业等方面已有显著政绩，为几内亚的未来发展奠定良好基础。

2013 年 8 月

第一章
概　览

第一节　国土与人口

几内亚共和国（The Republic of Guinea）简称"几内亚"。为区别于几内亚比绍和赤道几内亚等国，人们常称"几内亚 – 科纳克里"。

"几内亚"一词的来源有不同的解释。根据几内亚民间口传历史流传下来的史料，"几内亚"一词来源于几内亚的苏苏语 Gjiné（吉内），Gjiné的意思是妇女。据说最早到几内亚的一位葡萄牙人向一群在田野干农活的妇女打听地名，问她们这是什么地方，妇女们回答"我们是 Gjiné（妇女）"。意思是你应该去找男人答话。那位葡萄牙人误以为妇女们告诉他这里是 Gjiné，他根据语音记录下来就成了今天的 Guinée（几内亚）。另一种解释是说 Guinée（几内亚）一词来源于北非的柏柏尔语和阿拉伯语的一个混合词 Guinouen（几努安）。Guinouen 原意是"黑色"。古代北非人泛指塞内加尔河以南的西非地区为"黑人的国家"。所以除了几内亚以外其他黑人居住的地区也有叫几内亚的，如几内亚比绍和赤道几内亚。据一些历史记载，从 15 世纪起，"几内亚"一词泛指从佛得角到加蓬的大西洋沿岸。从科特迪瓦到加蓬的这片大西洋海面称几内亚海湾。

15 世纪意大利旅行家戈梅兹·阿祖拉拉（Gomés Azurara）第一次将塞内加尔河以南这片地区，大致就是今天几内亚所在的地理范围，在地图上标上几内亚的地名。[①]

----

① Chantal Colle, *GUINEOSCOPE*, Conakry: Sofra Presse, 1997, pp. 14 – 15.

一 国土面积

几内亚的国土面积为 24.5857 万平方公里，海岸线长 352 公里。

二 地理位置

几内亚位于西非的大西洋边，北纬 7～13 度，西经 8～16 度。西濒大西洋，东与东北和马里接壤（边境线 858 公里），东南毗邻科特迪瓦（边境线 610 公里），南连塞拉利昂（边境线 652 公里）和利比里亚（边境线 563 公里），西北和塞内加尔（边境线 330 公里）与几内亚比绍（边境线 385 公里）为邻。6 个邻国中，塞内加尔、马里和科特迪瓦三国为法语国家，塞拉利昂和利比里亚两国为英语国家，几内亚比绍是葡语国家。几内亚同大多数非洲国家一样，边界线是殖民地时代遗留下来的，它既不符合自然区域界线，也不是根据民族分布的地域划界。这是 19 世纪末西方殖民帝国侵略和瓜分非洲的结果。

在自然景观上，几内亚位于西非多种自然区域的交会点。几内亚西部为西非大西洋沿海平原的一部分，东部属于西非内陆的萨赫勒（Sahel）草原区，东南部为西非南部沿海热带森林区，西北部和中西部是著名的富塔–贾隆（Fouta-Djalon）高原。

几内亚并不在几内亚海湾。西非的海岸线由北向南，过了冈比亚，从几内亚比绍开始，便向东南方向倾斜，直至利比里亚与科特迪瓦交界处，形成一条由西向东南倾斜的斜线。几内亚同塞拉利昂和利比里亚三国在大西洋边上的位置都是在这条斜线上。从科特迪瓦到加蓬之间海岸线向里凹陷成一海湾，即几内亚海湾。几内亚海湾在地理上和几内亚并无联系，几内亚海湾的沿岸国家是科特迪瓦、加纳、多哥、贝宁、尼日利亚、喀麦隆、赤道几内亚和加蓬。

三 地形与气候

（一）地形

几内亚地形呈一不规则月牙形。从西边 350 公里宽的大西洋岸边向东伸展，然后向南延伸，南部边境线形成一条向里凹陷的弧线，在凹陷处镶嵌着塞拉利昂和利比里亚。全境南北长 350～550 公里，东西宽 800 公里。

几内亚的地势起伏，景观多姿。有河流密布、景色苍翠的大西洋沿海平原，有悬崖陡壁、山峰林立的富塔－贾隆高原，有一望无际的热带原始森林，也有辽阔的萨赫勒大草原。全国 2/3 的土地是山地与高原。到处郁郁葱葱，植被面积高达 75% 以上。

西面是浩瀚的大西洋，岸边有大大小小的港口与海湾。在海边与海湾长有热带沿海特有的红树林。[①] 在红树林的后面是沙洲与沼泽地相间的肥沃原野，长有茂密的芒果树和椰子林。从 20 世纪 90 年代起在这片原野上还建起了水稻垦区和水产养殖场。在沙洲与沼泽地的东面是富庶的沿海平原，布满高大的棕榈树和平整的水稻田，以及各种果园与蔬菜地。平原向东逐渐升高，直至同东面从富塔－贾隆延伸过来的高原相接。沿海平原的宽度由北向南逐渐扩宽，从 50 公里扩展到 90 公里。

沿海平原的东面，即几内亚的中西部和西北部，便是富塔－贾隆。富塔－贾隆是由山地、高原和深谷组成的一个风貌奇特的自然区。它重峦叠翠，山峰林立，云雾缭绕，景色十分迷人。虽然许多地方都是海拔在 1000 米左右的高山与高原，却满山遍野终年长满郁郁葱葱的野草和树木，显示出这里土质肥沃与风调雨顺。在这些山峰间有悬崖峭壁和山间深谷。气势壮观的瀑布从几十米甚至上百米高的山腰冲泻下来，溅起白茫茫的水花，汇成巨大的水源，蜿蜒曲折冲出山外，成为西非许多河流的源头。从富塔－贾隆流出的山水呈放射状向四周奔流，向东是流向西非内陆的尼日尔河水系，向西是流进大西洋的大西洋水系，所以富塔－贾隆是西非的分水岭，并因此而有"西非水塔"之称。

---

① 红树林是分布在热带海岸的海洋森林。红树不是一种树的名称，而是一类树的总称，包括木榄、海莲、海桑、桐花树等。红树林并非红颜色，多为灌木树种，是常绿树，树叶浓绿。

　　富塔 – 贾隆从它北部的马利（Mali）到南部的马木（Mamou），是富塔 – 贾隆山脉的中轴线，北南两头是高山，中间是高原。北部马利地区的卢拉山（loura）是最高点，海拔 1515 米。从马利往南逐渐从高山向高原下落，经 300 多公里便到达地处富塔 – 贾隆中央，海拔 1000 多米的拉贝市（Labé）。从拉贝再往南 50 多公里就到了海拔 850 多米的比塔市（Pita）。这一带是富塔 – 贾隆的中央高原区。从比塔往南地势又逐渐升高，直到比塔以南 100 多公里的达拉巴（Dalaba），地势升高到海拔 1100 多米。这里是富塔 – 贾隆南部的最高点。从达拉巴往南又从高山向高原倾斜，一直到富塔 – 贾隆最南边的城市马木又下降到了海拔 700 ~ 800 米的高原。

　　富塔 – 贾隆并不是一道不可逾越的天障。除西北面向下落的地势陡峭以外，其他三面向平原下落的坡度都比较平缓。南面穿越起伏的丘陵带向平原倾斜。从大西洋边的科纳克里，可以在宽畅的沥青公路上驱车向东，经 300 多公里的路程，在不知不觉中爬上海拔 800 米的富塔 – 贾隆最南端的城市马木。从马木向北行，经过近 100 公里的路程就登上了富塔 – 贾隆南部的最高点达拉巴。从达拉巴往北就可以通过平缓的丘陵地带，轻车进入富塔 – 贾隆中央的拉贝市。富塔 – 贾隆的北部和东北部由巴芬河（塞内加尔河在几内亚境内的河段）、冈比亚河和库姆巴河打开了通向平原宽畅的豁口，由拉贝向北经马利到塞内加尔首都达喀尔有沥青路和土路相通。东面向萨赫勒草原倾斜的坡度更小，从拉贝有沥青路通到几内亚东部大城市康康，并可以经康康进入几内亚东南部的森林区。西北面向大西洋降落的坡度虽然陡峭，但路况沿孔库雷河和法塔拉河以阶梯形式向大西洋平原逐级下落，从拉贝也有良好的公路到达几内亚西北部深水港冈姆萨港（Kamsar）。所以富塔 – 贾隆去全国各地都比较方便。

　　富塔 – 贾隆山脉向东南方向倾斜，在几内亚的东部形成一片海拔 420 ~ 500 米的高原。这里就是西非内陆在历史上称为西苏丹草原的萨赫勒大草原的一部分，属西非内陆大盆地尼日尔河盆地的边缘部分——锡基里盆地。也就是说，几内亚的东部是处在从富塔 – 贾隆高原向尼日尔河盆地倾斜的斜坡上，其气候和自然景观基本上都是属于萨赫勒地区型的。①

尼日尔河盆地在历史上曾是一片辽阔的沼泽地，干涸后形成今天的萨赫勒稀树大草原。萨赫勒稀树草原是一种特殊的草原区，地面呈红棕色的半沙漠地，长有稀少和低矮的灌木树和猴子面包树与卡里特果树。有的地方有高出地面几十米的光秃秃的岩石峰。一到雨季遍地杂草丛生，茂密的野草高达2米左右。雨季过后，稀落的农家被铺天盖地的野草团团围住，农民只得放火烧荒，辟地求生。农民烧荒不仅是为种田，还为人畜的生命安全。因为在萨赫勒地区有对人畜有致命威胁的毒蛇和蝎子，农民只有用放火烧荒来铲除毒蛇和蝎子盘踞的草丛。所以，旱季在萨赫勒地区旅行，夜间可见农民放火烧荒的熊熊火光，白天尽见一片片烧焦了的土地。放火烧荒加剧沙漠化，更加快了撒哈拉沙漠的南移。

不过这片半沙漠地还不是荒芜之地，有尼日尔河及其许多的支流，河流两岸是富庶的农业区，有的河流还是淘金场地。

几内亚的东南部是森林区，是几内亚高原所在地，是比富塔－贾隆高原还高的全国最高地区。森林区的北端，有海拔1700多米南北走向的西芒杜山（Simandou）；森林区的中部东西横亘着几内亚山脊（Dorsale Guinéenne）；森林区的南端有著名的宁巴山（Le mont Nimba），是几内亚的最高点，海拔1752米，由东向西南耸立在几内亚同利比里亚和科特迪瓦的边境上。

几内亚高原也是西非许多河流的发源地，同时也是西非另一道分水岭，发源于这里的河流向北流入尼日尔河，向西和向南流进大西洋。

概括起来说，几内亚的地势西北与中西部和东南部高，是山地和高原区，西北与中西部是富塔－贾隆高原与山脉，东南部是几内亚高原和宁巴山脉与西芒杜山脉；西部和东部低，是平原和草原区。西部是大西洋沿海平原，东部是萨赫勒草原区。

---

① Sahel（萨赫勒）一词源出阿拉伯语，意为撒哈拉沙漠南缘，是指从塞内加尔的大西洋边向东延伸，横亘在撒哈拉沙漠南边直至印度洋的一长条地带。南北长200～500公里，东西宽4500公里。这一地区也称苏丹地区，"苏丹"出自阿拉伯语 Bilad al-Sudan 一词，意思是黑人之乡。19世纪末法国占领西非的初期，将从塞内加尔到乍得的这一片西非内陆地区划为法属西苏丹，尼日尔河流域这片草原区称西苏丹草原。

（二）河流

几内亚是西非河流的发源地，位于几内亚西北与中西部的富塔－贾隆高原和位于几内亚东南部森林区的几内亚高原，是西非河流的两大源头。人们都知道富塔－贾隆是西非主要河流的发源地和"西非水塔"。其实说几内亚是"西非水塔"不仅指富塔－贾隆，还包括东南部森林区的几内亚高原。而且西非最大的一条河流尼日尔河并不发源于富塔－贾隆，而是发源于几内亚南部靠近几内亚高原的山区。从这两大源头流出的河流以放射状奔流四方，经过蜿蜒曲折的流程，最后都流进大西洋。

发源于富塔－贾隆向西和向南流的河流全部都在几内亚境内，最后在西边流进大西洋。向东的河流则流进尼日尔河，尼日尔河绕道西非内陆最后南下进入大西洋。向北流的河流是先流出几内亚境外，然后向西经塞内加尔和冈比亚等西非沿海国家进入大西洋。

发源于富塔－贾隆向北流到几内亚境外去的河流主要有塞内加尔河和冈比亚河。

塞内加尔河 人们一般只知道塞内加尔河发源于几内亚的富塔－贾隆，其实它有一支水源还是从几内亚高原来的。它是由发源于富塔－贾隆的廷博（Timbo）附近的巴芬河（Bafing）和发源于东南部几内亚高原的巴克赫伊河（Bakhoy）汇合而成的，两河都向东北方向流入马里境内，汇合点在马里境内的巴富拉贝，然后沿塞内加尔和毛里塔尼亚边界向西流入大西洋。它是塞内加尔和毛里塔尼亚两国的边界线，全长 1400 公里。塞内加尔河在几内亚境内的主河道不叫塞内加尔河，而叫巴芬河，巴芬河流出几内亚国境与巴克赫伊河汇合后才是塞内加尔河。巴芬河又名黑河，因为它的河床是巨大的黑色花岗岩而得此名，全长 305 公里。

冈比亚河 冈比亚河发源于富塔－贾隆中部，其源头在富塔－贾隆高原中部拉贝市以东 50 多公里的萨奴（Sannou）附近，向北流进塞内加尔，进入塞内加尔境内后向西穿过冈比亚全境流进大西洋，全长 1200 公里。

向北流出几内亚境外的河流除了塞内加尔河和冈比亚河以外，还有无数较小的河流。

发源于富塔－贾隆高原向西流向几内亚沿海平原，最后流进大西洋的河流主要有孔库雷河（La Konkouré）、科贡河（Le Cogon）、法塔拉河（Le Fatala）等。

孔库雷河 孔库雷河发源于几内亚中部，富塔-贾隆高原南部的达拉巴（Dalaba）。孔库雷河在这里从 1000 多米的高山向西逐级下落到大西洋沿海平原，沿途形成许多壮观的瀑布，流经重要铝矾土矿区弗里亚，最后在科纳克里以北 30 多公里处的杜布雷卡港（Dubréka）流进大西洋。全长约 300 公里。这条河流是几内亚西部地区的重要水力资源，几内亚的铝矾土矿开采的用电和首都科纳克里的用电都靠这条河流的水力发电。

法塔拉河 法塔拉河发源于富塔-贾隆中部，在拉贝西南方向 50 多公里的勒卢马河（Le Louma），向西南流经沿海平原，在首都科纳克里以北将近 80 公里的博法（Boffa）汇入大西洋沿岸的河湾蓬戈河（Le rio Pongo），经蓬戈河进入大西洋。全长将近 250 公里。

科贡河 科贡河发源于西北部桑加雷地（Sangarédi），向西北方向流到靠近几内亚比绍边境，便沿边境线向西流到博凯西边汇入另一处大西洋沿岸河湾孔波尼河（Le Rio Componi），经孔波尼河流进大西洋，全长 225 公里。

从富塔-贾隆向南流的河流有科朗泰河（La Kolenté）和卡巴河（La Kaba）。

科朗泰河 科朗泰河发源于富塔-贾隆西南边缘，向南流经金迪亚到几内亚与塞拉利昂的边界线，沿边界线再向西流经 100 多公里（在这一段两国以这条河为边界），最后进入塞拉利昂境内，在塞拉利昂西北部的曼博洛湾进入大西洋。

卡巴河 发源于富塔-贾隆南部达拉巴以南，向南流经马木东部，南下进入塞拉利昂，沿塞拉利昂西部向南流到塞拉利昂西北角进入大西洋。

西部大西洋沿海平原以前欧洲人称"南方水乡"，除了这些较大的河流以外，还有其他无数流程较短的河流。其中较大的有尼奈河（Le Rio Nunez），全长 200 公里。这些在沿海平原的河流都流程短、流量大、水势急，在大西洋边的河口很宽，涨潮时海水可以沿着河道深入内地好几公里。

发源于富塔－贾隆，向东流到东部草原区的有尼日尔河的支流之一的廷基索河（Le Tinkisso）。

廷基索河 发源于富塔－贾隆东南部边缘，向东流进尼日尔河。它的源头仅是一条小溪，在流经无数山涧以后，逐级曲折下落流进几内亚东部萨赫勒草原，在锡基里上游流入尼日尔河。它充足的水源灌溉着两岸平原，使之成为肥沃良田。它还流经上几内亚的金矿区，沿河两岸还是淘金地。全长约 400 公里。

发源于几内亚东南部几内亚高原和宁巴山脉的河流最主要的有尼日尔河、米洛河（Le Milo）、尼昂当河（Le Niandan）和桑卡拉尼河（Le Sankarani）等。

尼日尔河 马里人和几内亚人都称尼日尔河为乔里巴河（Djioliba）。Djioliba 一词是马里的邦巴拉语，意思是"血河"。称尼日尔河为血河是要说明尼日尔河对于他们的重要性如同人体的血脉一样。

尼日尔河发源于几内亚南部靠近塞拉利昂边境。这地方离森林几内亚区很近，就在森林几内亚区的西面。尼日尔河从这里向东北方向穿过上几内亚区全境，沿途流经的上几内亚大城市有法拉纳、库鲁萨和锡基里，在锡基里东北方向穿出几内亚国境进入马里境内，一直向北流至马里北部靠近撒哈拉沙漠的城市廷巴克图（Tombouctou）转向东流，最后调头南下，穿过尼日尔西部，擦过贝宁东北边境进入尼日利亚，从尼日利亚西北部向南流进大西洋的几内亚海湾。尼日尔河全长 4200 公里，是西非第一大河和仅次于尼罗河和刚果河的非洲第三大河。

尼日尔河主要是靠几内亚南部山区和森林几内亚地区的水源汇集成河的。但尼日尔河也有一股水源是从富塔－贾隆过来的，这就是发源于富塔－贾隆东南部的廷基索河。人们因此而误认为尼日尔河也发源于富塔－贾隆。尼日尔河的主要水源来自南部边境山区和东南部森林几内亚区的几内亚高原，就不能说它发源于富塔－贾隆地区。尼日尔河在库鲁萨就已经汇成一条大河，开始它的第一河段。而廷基索河是在库鲁萨下游 200 多公里的锡基里才流进尼日尔河的。

米洛河 米洛河发源于森林几内亚区的几内亚山脊，比桑杜古附近的巴乌雷河（La Baoulé），在康康以北 100 多公里处并入尼日尔河。全长约 300 公里。这是几内亚唯一可以通航的河流。沿河两岸是上几内亚肥沃的农业区。

尼昂当河　尼昂当河也是尼日尔河的一条重要支流，由从森林几内亚区流出的卢雷河（La Loulé）和巴雷河（Le Balé）汇合而成，在库鲁萨（Kouroussa）附近流进尼日尔河，全长 300 多公里。

桑卡拉尼河　桑卡拉尼河发源于森林几内亚北部，在上几内亚的东部向北流到康康东北方向的曼迪阿纳（Mandiana）以后，沿几内亚和马里边界线继续向北流了将近 100 公里以后，在马里的尼阿涅（古代马里帝国的首都）流入尼日尔河。全长 400 多公里。

发源于几内亚东南部森林几内亚向西南流入大西洋的河流有迪亚尼河（Le Diani）、卡瓦里河（Le Kavally）、马科纳河（La Makona）、洛法河（La Loffa）和马诺河（Mano）等。

迪亚尼河　迪亚尼河发源于森林几内亚西南部恩泽雷科雷附近，向南流进利比里亚境内，在蒙罗维亚北面进入大西洋。这条河的另一个名称是圣－保罗河（Saint-Paul）。在森林几内亚往往同一条河流同时有两个甚至好几个名称，这是因为这里是多种族地区，不同的种族对河流有不同的命名。

卡瓦里河　卡瓦里河发源于宁巴山，它先向南流，然后沿几内亚和利比里亚的边境向东流，成为几内亚和利比里亚两国间的天然国界线，最后经利比里亚流进大西洋。

马科纳河　马科纳河发源于森林几内亚马桑塔以北，向南流到几内亚同利比里亚的边境线，沿两国边界线向西流，然后沿利比里亚和塞拉利昂边境线向西南方向流入大西洋。在它进入利比里亚和塞拉利昂边界地段的名称为莫罗河。

洛法河　洛法河发源于森林几内亚的马桑塔附近，向西南进入利比里亚，在利比里亚中部穿越全境流进大西洋。

马诺河　马诺河位于几内亚、塞拉利昂、利比里亚三国交界地。这条河流并不长，不到 100 公里，但在该地区有重要地位。

（三）气候

几内亚由于地势起伏多变，4个自然区的气候各不相同。下几内亚为热带海洋性气候，上几内亚属于西非内陆萨赫勒热带草原气候，中几内亚为萨赫勒高山气候，森林几内亚是赤道气候。

1. 下几内亚热带海洋性气候

下几内亚的热带海洋性气候异常潮湿和闷热，这是一种特殊的热带海洋气候。下几内亚恰好地处非洲西海岸由北向东南方向倾斜的斜面上，常年受到从大西洋吹来的海风的影响。而它的东面受富塔－贾隆高山阻截，撒哈拉大沙漠干燥的气流吹不到西部沿海地区，形成下几内亚的气候全年潮湿又闷热。

下几内亚的旱季是11月至第二年的6月。旱季最热的4月的平均气温为32摄氏度。但由于海拔低和湿度大，实际感觉到的气温要比这高得多。旱季虽不下雨，但空气异常潮湿，大西洋洋面蒸发出来的水蒸气使得空气湿度很大。旱季的湿度反而比雨季的大，最高可达95%，异常闷热和潮湿。在首都科纳克里有钱人的家里除了装空调机还装吸潮机。在一间20平方米的房间里一周可以吸出3～4公斤的水。在上几内亚和中几内亚，同西非大多数内陆地区一样，旱季有一种从撒哈拉沙漠吹过来的异常干燥与凉爽的季节风阿赫马当风。而下几内亚由于受富塔－贾隆高山的阻挡，是西非地区极少数不受阿赫马当风影响的地区。由于空气的湿度高，所以比与它同一纬度的其他地区要闷热得多。

雨季是6月至11月。非洲许多地方的雨季是两季：大雨季和小雨季。小雨季一般在4月芒果开花季节，被称为芒果雨。而在下几内亚基本上只有一个大雨季，芒果雨小得几乎使人感觉不到，一般都是在夜间下的，人们第二天清早起来发现零星雨点斑迹，才知道下了芒果雨了，到芒果开花季节了。芒果雨下的次数不多，只有一两次。

下几内亚降雨量大。全区各地年降雨量都在3000毫米以上。首都科纳克里的年降雨量在4000毫米以上。这么多的雨水都集中在雨季的6个月里，尤其集中在7月和8月两个月里。这里没有中国江南那种蒙蒙细雨，也没有像西非内陆国家马里、布基纳法索和几内亚东部地区那样的倾盆大雨和阵雨，而是昼夜不停均衡地落下大滴雨水。有时可以昼夜不停地连续下十几天的雨。常常一天的降雨量就在 300 毫米以上。每年降雨的天数有 130 多天。

下几内亚和西非内陆地区不同，雨季是凉季，尤其下大雨的日子是最凉爽的时候。最凉爽的月份是雨量最大的 7 月和 8 月。气温最低的 7 月的平均气温是 22 摄氏度。全年的气温变化很小，平均气温为 27 摄氏度。

2. 中几内亚萨赫勒高山气候

中几内亚属于高山气候，是 4 个自然区中气候最凉爽的区。由于高山阻挡住了西面大西洋的海风，使它不受大西洋潮湿气候的影响，所以气候比较凉爽。达拉巴山区（海拔 1100 多米）更是异常凉爽，被称为欧洲型气候。在那里还有高大茂密的松树林和竹林等温带树木。

中几内亚的旱季是 11 月至次年 2 月，此时同所有萨赫勒地区一样，有从东面吹过来的阿赫马当风，所以很凉爽，也称凉季。旱季的气温相当低，在达拉巴、马利等高山区的气温只有 10 摄氏度左右，在夜间气温有时降到 3～4 摄氏度。在殖民统治时代达拉巴是法国人的避暑胜地，现在那里还保留着当年法国驻达喀尔的法属西非殖民总督避暑的遗址。

中几内亚雨季是 2 月至 11 月，雨水集中的月份是 6 月至 9 月。年降雨量为 1800～2300 毫米。这里雨季是热的季节。大雨过后的阳光下有时气温可达到 40 摄氏度以上。最热的月份是 7 月和 8 月。但由于地势高和不潮湿，即使在气温最高的月份感觉还是比下几内亚凉爽许多。

3. 上几内亚萨赫勒热带草原气候

上几内亚的气候是典型的萨赫勒型气候，炎热又干燥。旱季长达 8 个多月，10 月中旬至次年 6 月中旬为旱季，6 月中旬至 10 月中旬为雨季。在旱季又明显分为凉季和热季两个季节，11 月至次年 2 月为凉季，3 月至 5 月为热季。热季是雨季来临前的 3 个月，气候异常干热，尤其是 5 月，在阳光下的气温通常都在 40 摄氏度以上，甚至超过 50 摄氏度。吹到身上的风犹如从火炉喷出来的火焰一般炽热，一盆水泼到地上顿时就会蒸发掉。旱季长，每天的日照时间在 12 小时以上。11 月至第二年的 2 月是萨赫勒地区刮阿赫马当风的季节，是凉季。最凉的 2 月气温在 18 摄氏度左右。这时昼夜温差很大，夜间有时降到 10 摄氏度以下。

雨季是 6 月至 10 月，但从 8 月开始降雨量已很少了。即使在雨季最初的两个月，降雨也不像下几内亚那样一连几天下大雨，在这里是倾盆大雨和雷阵雨。下雨前先刮大风，几阵大风过后便大雨来临。但很快就雨过天晴。所以虽下大雨，但雨量不大，年降雨量一般在 1000 毫米左右，有的地方甚至只有 300～400 毫米。年降雨量分布很不均匀，有的年份滴水难见。20 世纪 70 年代非洲大陆就曾遭遇了 10 年的特大旱灾，上几内亚所属的萨赫勒地区是那次特大旱灾的重灾区。有的年份又水涝成灾，因为这里下雨常是倾盆大雨式的阵雨，再加上是地势较低平的半沙漠地，几场大雨就成水灾，几天不下雨又干旱。

4. 森林几内亚赤道气候

森林几内亚区的气候属赤道气候。雨季长，旱季短。雨季长达 9 个月，而且一年中有明显的两个雨季，3 月和 4 月是小雨季，5 月至 11 月是大雨季。雨水最集中的是 5 月和 6 月。平均每年有将近 170 个雨天，即使在旱季也会不时下雨，没有一个月是不下雨的。年降雨量为 3000 毫米。雨季常打雷。每年第一响雷声出现在 2 月底。这里有一奇怪的自然现象，每年开始打雷的时候是在半夜，雷声很大。随着雨季的推移，打雷时间逐渐推后，最后转移到白天打雷，雷声随着打雷时间的推后由响亮逐渐变得低沉，最后又回到半夜打雷，雷声又恢复成震天响了，这时雨季便告结束。旱季很短，只有 12 月和 1 月两个月。

最热的月份是 3 月与 4 月小雨季的时候，以及 10 月与 11 月雨季快结束的时候。最热的月份白天的平均气温为 36 摄氏度。其余月份的平均气温为 15～24 摄氏度，白天一般为 24 摄氏度左右，夜间为 15 摄氏度左右。森林区的气候也是潮湿和闷热的，有些地区几乎每天早晨都有雾。

四　行政区划

从 1994 年 8 月起几内亚全国划分为 7 个行政区和 1 个特区。7 个行政区分别是康康区（Kankan）、法拉纳区（Faranah）、拉贝区（Labé）、马木区（Mamou）、金迪亚区（Kindia）、博凯区（Boké）、恩泽雷科雷区（Nzérékoré），1个特区是首都科纳克里。7个行政区下面划分为33个专区。科纳克里特区划分为5个市区。

康康区位于几内亚东部，首府康康，下辖5个专区：康康、锡基里（Siguiri）、库鲁萨（Kouroussa）、曼迪阿纳（Mandiana）、凯鲁阿内（Kérouané）。

法拉纳区位于几内亚南部靠近塞拉利昂边境，首府法拉纳，分4个专区：法拉纳、达博拉（Dabola）、基西杜古（Kissidougou）、丁几拉伊（Dinguiraye）。

拉贝区位于富塔–贾隆中央高原，首府拉贝，分5个专区：拉贝、勒卢马（Le Louma）、杜盖（Tougué）、古伯拉（Koubla）、马利（Mali）。

马木区位于几内亚中西部，是富塔–贾隆高原南部边缘，首府马木，分3个专区：马木、达拉巴（Dalaba）、比塔（Pita）。

金迪亚区位于几内亚西部沿海地区。首府金迪亚是在科纳克里以东163公里的地方，位于沿海平原与富塔–贾隆高原衔接地带，但它所辖的专区大部分在沿海地区。分为5个专区：金迪亚、科亚（Coyah）、福雷卡里亚（Forécariah）、泰利梅雷（Télimélé）和杜布雷卡（Dubréka）。

博凯区位于几内亚西北部，首府博凯，分5个专区：博凯、博法（Boffa）、加乌阿勒（Gaoual）、昆达拉（Koundala）、弗里亚（Fria）。

恩泽雷科雷区位于东南部森林区。西、南、东三面为塞拉利昂、利比里亚和科特迪瓦三国所包围，北面是几内亚的上几内亚区。首府恩泽雷科雷，分6个专区：恩泽雷科雷、贝拉（Beyla）、洛拉（Lola）、马桑塔（Macenta）、盖凯杜（Guéckédou）、约姆（Yomou）。

首都科纳克里特区位于西部伸进大西洋的一个半岛上。下分5个市区：卡卢姆区（Kaloum）、马塔姆区（Matam）、拉托马区（Ratoma）、迪克辛区（Dixinn）、马托托区（Matoto）。

上述7个行政区和1个特区是1994年8月划定的，目的是方便1995年议会选举组织工作和选票统计。在此之前，几内亚一直是按四大自然区划分为4个行政区的。这4个自然区是由不同的历史、地理、人文等客观

因素长期形成的。现在几内亚的经济、文化和政治生活中实际起作用的仍是以这4个自然区为区域界线，这是历史形成的区域划分。这4个自然区是下几内亚（Basse Guinée）、中几内亚（Moyenne Guinée）、上几内亚（Haute Guinée）、森林几内亚（Guinée Forestière）。

下几内亚　下几内亚位于几内亚西部大西洋沿海平原。西面是大西洋，东面是富塔 – 贾隆高原，南边是塞拉利昂，北边是几内亚比绍。

面积4.4万平方公里，占全国总面积的18%。居民以苏苏族为主。

下几内亚也称沿海几内亚（Guinée Maritime）。但更确切地说，下几内亚是沿海几内亚的一部分，因为沿海几内亚是一个范围超出几内亚国界的自然区域，从冈比亚经几内亚到塞拉利昂的大西洋边统称沿海几内亚。这是一条沿大西洋的狭长平原，几内亚的沿海地区属于这条沿海平原的一部分。大西洋沿海平原在几内亚境内部分东西宽50～90公里，南北长350多公里。在这片沿海平原上有从富塔 – 贾隆高原流过来注入大西洋的许多河流，19世纪法国人称这一带为"南方水乡"（Rivières du Sud）。

在4个自然区中，下几内亚面积最小，人口密度最高，经济最发达。它是首都科纳克里所在区，是全国的政治经济和文化中心。公路、机场、港口等基础设施都比其他3个自然区完备。有科纳克里国际机场，有科纳克里港、冈姆萨港和蓬蒂港（Penty）等大西洋边的港口，有通往全国各地和周围邻国的公路网，以及有比较好的水电设施和邮政与电信通信设施。

在经济方面，下几内亚是工业生产最发达的地区，全国80%以上的工业生产集中在下几内亚。几内亚工业以矿业为主，几家大的矿业公司都在下几内亚。除矿业以外，饮料业、食品业、烟草业、建筑业等也都集中在科纳克里和金迪亚、科亚（Coyah）、福雷卡里亚（Forécariah）等城市。

下几内亚有漫长的海岸线和优越的渔场，所以海上捕鱼业也是下几内亚重要的经济产业。

下几内亚也是全国最大的农业区。农业以种植水稻为主，70%的农田种植水稻，其次是水果和蔬菜。20世纪30年代法国人就在这里发展香蕉和菠萝等水果种植园，今天下几内亚仍是全国最大的水果生产区。除香蕉、菠萝外，还有芒果、橙子、柑橘、柚梨、椰子等。蔬菜有四季豆、洋葱、非洲菠菜（木耳菜）、大白菜（当地人称中国白菜）、茄子、黄瓜等。蔬菜水果，尤其是芒果、柑橘等，除本地消费以外还出口到邻国和欧洲。下几内亚还是棕榈仁的重要生产地，几乎到处都有棕榈树。

在 1994 年划分新的行政区时，下几内亚划分为金迪亚区和博凯区两个行政区。

中几内亚　中几内亚就是富塔－贾隆，位于几内亚的中西部和西北部。西边是下几内亚，东边是上几内亚，北面靠塞内加尔，西北角与几内亚比绍接壤，南端接塞拉利昂。面积 5.6 万平方公里，占全国总面积的 22.6% 。居民以颇耳族人为主。

中几内亚覆盖整个富塔－贾隆。几内亚的 4 个自然区，只有中几内亚是一个完整的自然区域，其余 3 个自然区都只是所在西非自然区域的一部分。

"富塔－贾隆"这个地名是 17 世纪从塞内加尔过来的已经皈依伊斯兰教的颇耳人取的，意思是信拜物教的颇耳人居住的地方。在颇耳人的语言普拉语里，"富塔"（fouta）是颇耳人的意思。"贾隆"（djalon）是从普拉语"贾朗"（djilan）一词走音而成的。贾朗是信拜物教的意思。

中几内亚是农牧业。农田耕种面积为 25 万~26 万公顷。作物以水稻为主。富塔－贾隆山区是众多河流的发源地，在这些河流两岸的低地都是具备天然灌溉条件的水稻种植区。除水稻以外，富塔－贾隆高原到处种植高粱、福尼奥米、玉米以及木薯、白薯等薯类作物。

除粮食作物以外，水果也是中几内亚各地普遍种植的农作物，尤其是地处富塔－贾隆中央高原中轴线上的达拉巴、比塔、拉贝、马利 4 个专区，是水果生产集中区。水果主要有芒果、橙子和柑橘等，在南部马木附近有少量的香蕉和菠萝。

中几内亚的经济作物不如其他 3 个自然区发达，只是在西北部的加乌阿勒（Gaoual）和西北角靠近塞内加尔边境种植棉花，在南部达拉巴附近有少量花生生产。

中几内亚最大的经济优势是畜牧业，是全国最大的畜牧业区。富塔－

贾隆高原是天然的牧场，这里的居民颇耳族人的祖先是游牧民族，畜牧业是颇耳族人的传统经济部门。牲畜主要是牛，牛的存栏数占全国的45%。除牛以外还有绵羊、山羊和家禽。

中几内亚的工业发展较慢，比较像样的工业企业是拉贝香水原料基地。这是20世纪30年代法国人在那里开发的香草种植园和建立的香精提炼厂。生产的香精运到巴黎制作成巴黎香水。这家企业一直由法国人经营管理。除此之外有农具厂、水果罐头厂、泡沫塑料床垫厂等。工业主要集中在拉贝市和马木市。

中几内亚也有矿产资源，在它东部的杜盖有铝矾土矿，马木南面和西北部的加乌阿勒和勒卢马都有金矿。在马利专区有石灰石和其他矿产资源。但由于富塔－贾隆地区多高山峻岭，交通不便，资源还没有被全面勘探和开采。

中几内亚另一经济优势是商业。商业并不是中几内亚的传统经济活动，它是在20世纪80年代中几内亚实行自由经济政策以后才迅速发展起来的。当时在全区各地出现了活跃的双周农贸集市，从而将全区的商业搞活了。颇耳族商人还以地区双周集市贸易为后盾，利用有利的地理位置，发展起了地区之间的贸易和同邻国间的边界贸易。中几内亚的一些城市，尤其是拉贝市和马木市，已成为首都科纳克里同内地贸易的枢纽。特别是科纳克里同森林几内亚和下几内亚的东部和北部地区的贸易，都通过中几内亚转运。中几内亚还是几内亚同塞内加尔、冈比亚和马里等邻国之间边界贸易的重要区域。随着商业的发展，特别是地区贸易和同邻国边境贸易的发展，已形成一个商人阶层，还出现了一批长途贩运商。今天中几内亚的颇耳族商人已成为有悠久经商传统的马林凯族商人的竞争对手。

1994年划分新行政区时，中几内亚划分为拉贝区和马木区两个行政区。

上几内亚 上几内亚位于几内亚的东部。南面是森林几内亚，北边和东边与马里接壤，西南与塞拉利昂相接。

上几内亚是全国四大自然区中面积最大的一个区，面积将近10万平方公里，占全国总面积的41%。在四个自然区中只有上几内亚是单一的种族区——马林凯族区。

从中几内亚向东，过了巴芬河进入上几内亚以后，富塔－贾隆高原突然下降为一个地势较低和地貌单一的低高原（海拔 400 多米），地势逐渐向东倾斜，同西非内陆的萨赫勒草原连接。这一地势和由于尼日尔河及其许多支流提供的水源，使上几内亚成为一个条件优越的农牧业区。农业有粮食作物和经济作物两类，以粮食作物为主。粮食作物的种植面积占整个耕地面积的 70%。粮食作物以玉米居第一位，其次是福尼奥米、谷子、高粱、稻谷和木薯、白薯、芋头等薯类。玉米、福尼奥米和高粱等粮食作物分布在北部和东北部，稻谷种植在西南部法拉纳区，薯类作物主要分布在康康附近。经济作物有花生、棉花、烟草和蔬菜水果。花生种植在达博拉专区，棉花种植在康康专区和锡基里专区，烟草分布在锡基里和凯鲁阿内（Kérouané）一带。蔬菜有马铃薯、洋葱、番茄、茄子等，主要种植在康康等城市周围。水果有芒果和柑橘，分布在康康附近。

上几内亚是仅次于中几内亚富塔－贾隆地区的几内亚第二大畜牧业区，发展畜牧业的条件得天独厚。雨季，萨赫勒草原是天然牧场。在旱季，河水水面下降后，尼日尔河及其许多支流的河谷与岸边都长出肥嫩的绿草，成为优良的牧场。所以，上几内亚一年四季都可以放牧牲畜，在旱季也不需要外出游牧。

上几内亚由于河流多，渔业资源也很丰富。全国 80% 的淡水鱼是上几内亚生产的。除鲜鱼在国内市场销售外，渔民还将鱼做成熏鱼和咸鱼出口到邻国。

开采黄金和钻石是上几内亚的重要经济领域。金矿主要在锡基里（就是古代在加纳王国时期就开采的布雷金矿）、曼迪阿纳（Mandiana）、康康、凯鲁阿内等地。大部分地区都是手工开采，机械开采只有锡基里和曼迪阿纳地区正在逐步发展起来。钻石基本都是手工开采，只有在南部的凯鲁阿内是机械开采。

上几内亚由于其地理位置，自古以来就是西部沿海同西非内陆的商业枢纽。在西方入侵以前，上几内亚的康康、锡基里、库鲁萨就是繁华的商业城镇。今天上几内亚的这些城市仍在几内亚、科特迪瓦、马里三国的边境贸易中起着重要作用。上几内亚的马林凯人早就是西非闻名的商人。他们有强大的生存能力。在法国统治时期，法国和西欧商业公司的分公司控制了几内亚各地的商业活动，马林凯人经营零售商业和长途贩运，在西方商业公司的夹缝里求生存。几内亚独立后，特别是从 20 世纪 80 年代中期起几内亚实行自由经济政策以后，马林凯族商人更加活跃在几内亚全国各地和周围邻国。

上几内亚由于缺乏能源和远离消费比较多的沿海大城市，所以工业不发达。只是在康康、达博拉、法拉纳等较大的城市有现代化的工业企业，其余广大地区都是手工作坊。主要有制造白铁皮（非洲普遍用于盖房屋的建筑材料）的铁工厂、榨花生油厂、轧棉厂、碾米厂、面粉厂和面包房等。

1994 年划分新行政区时，上几内亚划分为康康区和法拉纳区两个行政区。

森林几内亚　森林几内亚在几内亚的东南角。北面是上几内亚，东面是科特迪瓦，南面是利比里亚，西面是塞拉利昂。

面积为 4.9 万平方公里，占全国总面积的近 20%。森林几内亚是基西族和托马族等少数族群集中的地区。

森林几内亚是几内亚的边缘地区，它离首都和出海口科纳克里以及几内亚的其他 3 个自然区都很远；它靠近塞拉利昂和利比里亚的出海口。它的西面、南面和东南面分别为塞拉利昂、利比里亚和科特迪瓦所包围。在交通运输上，要同本国的出海口科纳克里联系比较困难，而同利比里亚的布坎纳港靠得最近。

森林几内亚从 20 世纪 90 年代到 21 世纪的头 10 年里人口增加很多，因为森林几内亚同利比里亚和塞拉利昂接壤，这两个邻国从 20 世纪 90 年代起都经历长期内战，大批难民逃难到这里，1997 年初共有 625707 名来自利比里亚和塞拉利昂的难民，其中 390707 名利比里亚人，235000 名塞拉利昂人。[①] 难民主要集中在盖凯杜（Quéckédou）和恩泽雷科雷。无论从利比里亚还是从塞拉利昂来的难民，中间有许多都与森林几内亚的少数

---

① Chantal Colle, *GUINESCOPE*, Conakry: Sofra Presse, 1997, p. 111.

族群属同一种族，有的还是同一家族。所以他们来到几内亚如同在自己家乡一样，盖房子建村庄定居下来，后来战争结束了，他们中间的很多人也不再回去。

森林几内亚在地势上同富塔－贾隆相似，也是山地与高原区和众多河流的发源地。在它的中部由西北向东南横亘着几内亚山脊。北部是西芒杜山，南部与东南部边境是宁巴山脉。在这些高山峻岭间，有无数山川激流冲向西南，汇入南面的大西洋和流进北面的尼日尔河流域，沿途形成大大小小的冲积平原，成为土地肥沃的农业区。在森林几内亚北部有一片相当广阔的冲积平原，是水稻种植区。南面向大西洋的斜面非常陡峭，在这一带的山谷中形成许多面积不是很大的冲积平原，也是优良的水稻种植区。这些平原的土质多样，有泥炭土、黏土、淤泥土，都适宜于农作物生长。在森林几内亚东南角的恩泽雷科雷和约姆地区，是比较平坦的平原，是棕榈树和橡胶种植区。在这片平原地区的山丘上是香蕉和科拉果等水果和咖啡生产区。除山丘以外还有少数高地森林区。

森林几内亚有多种岩石，有花岗岩、板岩、片麻岩、带磁性的石英和含金的石英。有这些岩石的地区都是重要矿产区，主要的矿产有钻石、黄金、铁矿、石墨、锰矿等。

森林几内亚原来有大面积的原始森林，半个多世纪以来森林遭到很大破坏，现在只有稀少的原始森林，其面积大约只占森林几内亚总面积的3%，其余森林都是后来种植的。整个森林面积约120万公顷，约占全区总面积的30%。森林几内亚北部原有的森林区已变成农田和草原，只在河流两岸有森林走廊，在山坡与岩石峰间有稀稀落落的树林。森林几内亚的南部是最密集的森林区，还保留着真正的原始森林，但也已遭破坏，那里的农民采用放火烧荒的耕种方法，对森林的威胁和破坏很大。非洲农民种地都采用耕地轮休制，但现在森林区耕地的休耕期越来越短，这也使森林得不到合理的保护和恢复。为了阻止对森林的破坏，联合国已在宁巴山区将总面积为16万公顷的齐阿马（Ziama）森林区和迪艾凯（Diècké）森林区列为生物保护区。

森林几内亚农业与林业的发展潜力都比较大。林业方面虽然已遭到某

些破坏，但还有大片森林，尤其有许多贵重木材。农业方面以稻谷为主，稻谷的种植面积占整个粮食作物面积的 2/3。其他粮食作物有玉米、福尼奥米、高粱、谷子以及木薯、白薯等。经济作物有棕榈、橡胶、香蕉、可可、科拉果、金鸡纳霜等。有些农作物，如棕榈树、科拉果和金鸡纳霜等，除人工种植的以外还有许多野生的，农民无须播种就可以收割。水力资源和矿产资源也很丰富，但都还没有很好开发。

由于对外交通不便和缺乏能源，所以工业很不发达，只有一些锯木厂和农产品加工厂。

商业方面，虽然森林几内亚不像其他 3 个自然区自古就有经商的传统，但现在商业也是森林几内亚的重要经济领域。东部和南部地区同科特迪瓦和利比里亚的贸易很活跃，因那里有出海口。西部和北部地区同上几内亚、马里的长途贸易量也很大。全区较大的市场有盖凯杜、恩泽雷科雷、新科（Sinko）和科亚马（Koyamah）。不过森林几内亚的商业主要不是当地人经营的，而是由从上几内亚下来的马林凯人在经营。

科纳克里特区　科纳克里是几内亚的首都，它在行政区划上以前是与全国四大行政区平行的省，现在是同全国七个行政区平行的特区。它的地理位置在西边伸进大西洋的半岛上，到 21 世纪初面积已扩展到 347 平方公里，人口为 250 万。

科纳克里是全国的政治、经济与文化中心。全国 60% 的工业生产集中在科纳克里。在文化方面，这里有全国最大的高等学府科纳克里大学和全国最大的清真寺。

科纳克里共分 5 个市区：

卡卢姆区（Kaloum），是一区。区域范围就是原来的卡卢姆半岛和通博岛以及洛斯群岛。该区是总统府和政府机关所在地，是全市最繁华的商业区。这里有中国援建的科纳克里人民宫，有几内亚最豪华的四星级旅馆希尔顿大酒店（以前的"独立旅馆"），有 50 栋欧式别墅组成的"非统"村和科纳克里第二大市场尼日尔市场。

卡卢姆区下属的洛斯群岛（Les les de Loos），是在科纳克里海上 5 公里左右的范围内的一群岛屿，统称洛斯群岛，包括卡萨岛（Kassa）、罗姆岛（Roum）、福托巴岛（Fotoba）。通博岛原来也属洛斯群岛，在与卡卢姆半岛相连以后它就成为半岛了。以前只有卡萨岛上有人居住。罗姆岛在1991年以前还是一个荒无人烟的荒岛，由于它有美丽的海滩，海面也风平浪静，几内亚政府从1991年起开始在岛上修建旅游设施，如今是海滨休养地，每到周末科纳克里的外国人（大部分是欧洲人）都到这里度假。

迪克辛区（Dixinn），是二区，也称部长区，当地人称它为富人区。政府的许多部长和大部分外国驻几内亚的外交官都居住在这个区。中国大使馆和大使官邸，美国、德国、俄罗斯、阿尔及利亚等国大使官邸，伊朗大使馆和大使官邸以及沙特大使馆，都并列在这一带的大西洋边。中国大使馆和大使官邸是占地最广和景色最美的，被誉为科纳克里一景。几内亚最高学府科纳克里大学也在这个区。

马达姆区（Matam），是三区。是5个区中面积最大的一个区，是科纳克里的工业区和商业区。几内亚最大的市场马地纳（Madina）市场就在这个区。这里是一般老百姓居住的地区。

拉托马区（Ratoma），是四区。这里地势较高，气候凉爽，离闹市较远，比较安静，所以也是富人居住的地区。有钱的退休官员都在这里造房定居。

马托托区（Matoto），是五区。是一个靠近郊区新发展起来的区。人口最多而城市设施建设却较差。

五 人口、种族与语言

（一）人口

几内亚最近的人口普查是1997年12月31日。根据此次普查，几内亚全国人口为730万。城市人口占25.7%，农村人口占74.3%。1975～1997年的人口年平均增长率为3.1%。人口密度为每平方公里30人，平均寿命为男46岁，女47岁。儿童的死亡率为12.6%。

在《2011年世界银行报告》中对几内亚2010年人口的估计数字为近1000万。首都科纳克里和7个行政区人口分布情况如下：（单位：人）

首都科纳克里　　　　　　　　2325109

恩泽雷科雷			1528908
康		康	1427568
金	迪	亚	1326727
博		凯	965767
法	拉	纳	839083
马		木	719011
拉		贝	903386

另据 2013 年几内亚政府的估计，2012 年 12 月全国人口为 1180 万。城市人口占 30%，人口密度每平方公里 34 人。人口的年增长率为 3.2%。

几内亚是一个农业国，且属世界最不发达国家之列，城市化速度较慢，直到 21 世纪初农业人口在全国人口中的比例还在 70% 以上，少数地区，例如在中几内亚的一些地区，农村人口比例高达 88%。

四个自然区之间城市化的水平也有差距，在下几内亚沿海地区，城市化的水平稍高一点，农村人口的比例已经降低到 65%。四个自然区人口最集中的是下几内亚，人口最少的是上几内亚。

（二）种族

对于今天几内亚人的各个群体称部族、种族还是民族的问题，几内亚人自己称 Ethnie。Ethnie 翻译成中文是"种族"。

今天几内亚各族人民的地域分布在 17 世纪和 18 世纪就按现在的四个自然区稳定下来了，至今已有三四百年的历史。他们的血缘共同体形成的时间就更早了。

几内亚是个多种族国家，全国有 20 多个种族，其中颇耳族（Poulh）、马林凯族（Malinké）和苏苏族（Soussou）是三个大的种族。人数较少的种族有基西族（Kissi）、盖耶族（Gueye）、托马族（Toma）、贾隆凯族（Djialonké）、朗杜马族（Landouma）、巴加族（Baga）、纳卢族（Nalou）、马诺族（Manon）、科诺族（Kono）、科兰族（Colan）、米基福雷族（Mikiforé）、乔拉族（Djiola）、泰姆奈族（Temne）、科尼昂盖族（Konianké）等。

几内亚历史上发生过两次种族大迁移，时间都在 17 世纪。第一次是在 17 世纪西非发生伊斯兰复兴统一运动时期，从塞内加尔南下的一批已皈依伊斯兰教的颇耳族人来到富塔－贾隆，他们以伊斯兰圣战的名义，将富塔－贾隆地区的土著居民苏苏族人和贾隆凯族人赶到西部沿海地区。第二次种族迁移是马里帝国衰落以后，大批马林凯人在 17 世纪从马里进入几内亚东部如今上几内亚地区，将原来居住在那一带的基西族等驱赶到东南部森林区。在经历了这两次种族迁移后，就形成了今天几内亚的种族分布格局：中几内亚是颇耳族区，同时有贾隆凯族等小种族（即少数种族）；下几内亚是苏苏族区，同时有巴加族等小种族；上几内亚基本是单一的马林凯族区；森林几内亚是基西族和托马族等小种族地区。

1. 颇耳族

颇耳族又称富拉族（Foulah），据 2013 年几内亚官方估计有 400 多万人，占全国人口的近 40%，是几内亚最大的种族。他们主要分布在中几内亚富塔－贾隆中央高原，即拉贝、马木、比塔、达拉巴、杜盖、马利、泰利梅雷等专区。颇耳族人主要集中在中几内亚，但其他三个自然区也有颇耳族人。

颇耳族是北非柏柏尔人的后裔。16 世纪他们从塞内加尔和毛里塔尼亚，大部分是从塞内加尔的富塔－托罗（Futa-Toro），向几内亚富塔－贾隆迁移和定居下来。但颇耳族人更大规模地向富塔－贾隆迁移是在 17 世纪西非伊斯兰复兴统一运动时期。这第二批到来的颇耳族人已皈依伊斯兰教，他们通过伊斯兰圣战，在富塔－贾隆地区确立了统治地位，建立了伊斯兰神权国——富塔国。富塔国一直到 19 世纪末法国入侵才灭亡。

颇耳族人的社会有明显的等级划分。在 17 世纪伊斯兰圣战时，新来的信伊斯兰教的颇耳族人是征服者，他们占有土地等财产，成为贵族。接受伊斯兰教的当地部族酋长也是贵族。接受伊斯兰教的当地人成为自由人，他们可以自己种田和放牧。社会上还有一个广泛的专业人员阶层，称为"特殊阶层人"（les gens de castes）。铁匠、木匠、织布人、印染师、民间说唱师、歌手、乐师以及在部族间进行联络沟通与调解的使者等都属于这一阶层。这些人因为有技术专长，在社会上受到尊重和享有特殊的社会地位。在征服异种族的战争中被俘的人员及其家族都沦为奴隶。

今天虽然社会上已不存在奴隶，酋长制也早已取消，但颇耳族人的社会仍有明显的等级关系存在。现今的村长等地方掌权人以及主持婚礼等重大仪式的人，都是以前贵族的后代。以前奴隶的后代今天仍不能和贵族的后代结婚。这虽然没有明文的法律规定，但它不为社会所接受。古代贵族、自由人、"特殊阶层人"和奴隶4个不同等级的后代现在的社会地位仍然分明。这在人际关系等方面明显地表现出来。它以一种不成法的社会传统观念规范着这一古老的社会阶级划分。

由于游牧生活的传统，颇耳族人居住比较分散，大的居民点不多，只是在拉贝、廷博等城市居住比较集中。社会结构以父系大家族为基础。他们的住宅一直保持着独特的传统形式，坚固的圆形茅草屋坐落在由高大树丛围成的圆形大院子里。院子面积一般约5公顷。小户人家院子的面积为1～2公顷。这样的住宅大院，除居住着一家人以外，还圈养着牛羊，栽有挂满芒果、橙子、柑橘等热带水果的果树。住宅周围是种玉米、木薯等的庄稼地；在沿河两岸有水稻田。

颇耳族人同一般的黑非洲居民有明显的差异，肤色不黑，而是棕色，身材比较修长，浓眉大眼，鹅蛋脸形，面部轮廓匀称，线条清晰。男子英俊潇洒，女子美丽秀气，尤其是他们都有一对非常美丽动人的大眼睛。

颇耳族人的祖先是游牧民族，自古就有放牧的传统，视牛为种族魂。家家都养牛，但均为散养，每户少则四五头，多则十几头。颇耳族一向以畜牧业为主。虽然还从事农业，但畜牧业在生活中始终占有重要地位。颇耳族人除养牛以外还养山羊，放牧的方式很独特，白天把牛羊赶出圈栏吃草，天黑前赶进院子的圈栏里。羊群中领头羊的脖子上都绑有一根约两尺长的小木棍，为的是避免它把羊群带进茂密的丛林里而使主人找不到羊群。

由于富塔-贾隆高原的雨水充足，草原茂盛，所以这里牛羊的膘特别肥。人们因此而说，虽然几内亚人民的生活仍属世界最穷国之列，但几内亚的牛羊是世界上最富有的。旱季同时也是农闲季节，牧民们结伴赶着牛群到远处放牧，直到第二年农业播种季节到来之前才回到家乡。他们一般是往南方放牧，因为雨季的时间是由北向南延长的，南方的雨季最长。当他们放牧到南部边境时，牛已长到可以屠宰的时候了，于是便将牛群赶出国境销售。一般是向几内亚东南面的邻国科特迪瓦出口。因科特迪瓦有现代化的屠宰与冷冻设备，而几内亚目前还没有这些设备。

颇耳族人聪明，适应能力强。几内亚独立后，特别在 20 世纪 80 年代中期几内亚实行自由经济政策以后，他们不固守传统的经济领域畜牧业，而是在发展畜牧业的同时发展农业和商业。几内亚农业在继续种植传统的粮食作物以外，还发展起了马铃薯和洋葱等蔬菜作物，并自己组织起来占领市场。在商业上利用中几内亚的有利地理位置，积极发展地区贸易和边境贸易，他们已成为自古就擅长经商的马林凯族人强有力的竞争对手。

颇耳族人是古代从北非南下的柏柏尔人的后裔，他们分布在西非广大地区，在英语地区也有他们的人。在法语地区的称颇耳族人或富拉族人，在英语地区的称富拉尼族人，但他们都讲同一语言——富拉语（Fular）。在中几内亚的拉贝有一座专门用富拉语广播的电台。其播音的覆盖面除几内亚的富塔-贾隆地区以外，还包括塞内加尔、冈比亚、马里等国讲富拉语的地区。这家电台是由中国援建的，并且长期以来一直由中国技术人员进行技术指导和维修。

2. 马林凯族

马林凯族人据 2013 年几内亚官方估计有 300 多万，占全国人口的 30%，是几内亚的第二大种族。马林凯族是古代马里帝国曼丁哥族（Mandingues）的一个分支。它和今天马里的邦巴拉族（Bambara）、科特迪瓦的迪乌拉族（Dioula）以及塞内加尔、冈比亚和几内亚比绍的有关种族，同属古代马里帝国的曼丁哥族。Mandingues 这个名称来源于中世纪马林凯族人的国家马里帝国的名称。马里（Mali），同时也称曼戴（Mandé）或曼丁哥（Manding）。Mandé 一词，根据西非民间口头流传下来的历史资料，有好几个解说。其中之一是说 dé 在曼丁哥语里是"儿子"的意思，Ma 的意思是海牛。Mandé 就是海牛之子。海牛（Le Lamentin）是热带非洲河里的一种大鱼，体长可达 3 米，体重最大可达 500 公斤。这是古代马林凯族人崇拜的一种偶像。另一种解说认为 Mandé 一词来源于 Magandé 这个名词。Magan 是松迪亚塔的哥哥，是最初建立凯塔王朝的开国皇帝。

Magandé 是 Magan 之子的意思。从 Magandé 演变为 Mandé。最后一种解说认为 dé 在曼丁哥语里还可解为"手"，Mandé 是携起手来的意思，也就是团结起来。这反映出当时处于分散和相互孤立状态的曼丁哥族人希望团结起来建立统一帝国的愿望。

15 世纪第一批马林凯族人从马里来到几内亚。这第一批进入几内亚的马林凯族人是贡代（Condé）、库鲁马（Kourouma）和科纳泰（Konaté）三大氏族。他们沿尼日尔河在康康、锡基里、库鲁萨、法拉纳等地定居下来。

第二批马林凯族人进入几内亚的时间是在 16～17 世纪。第二批是凯塔（Keita）氏族、卡马拉（Camara）氏族、乌拉雷（Oularé）氏族等，他们沿尼日尔河而上，在沿途地区分批定居下来，最远的一直到了尼日尔河的源头，即如今几内亚南部靠近塞拉利昂的边境地区。

在今天几内亚的马林凯族中还有一支从尼日尔河中游过来的萨哈克霍雷族人（Sarakholé）。他们原本不属马林凯族，是在 17～18 世纪被马林凯族人同化的。他们很早就信奉伊斯兰教，长期经商，康康这个商业城市是由他们建立起来的。属于这一支的马林凯族氏族有马宁卡－莫里（Maninka-Mory）、西塞（Cissé）、西拉（Sylla）、福法纳（Fofana）、法蒂加（Fadiga）、蒂纳内（Dinané）、贝雷泰（Bérété）、索纳雷（Sonaré）、图恩卡拉（Tounkara）等氏族。

马林凯族人身材魁梧、肤色黝黑、颧骨突出、鼻子宽大。几内亚第一任总统塞古·杜尔和现总统阿尔法·孔戴都是马林凯族人。

古代的马林凯族同颇耳族一样，他们内部也有明显的社会等级，有贵族、自由民以及由铁匠等有技术专长的人组成的"特殊阶层人"和奴隶 4 个社会等级。独立后已消灭了等级划分，但古代社会的等级划分痕迹还存在，4 个等级的后代在今天社会的地位仍然有所不同。奴隶的后代不能同贵族的后代结婚，虽然没有法律禁止，但这是不为社会所接受的，至少是难以为社会所接受的。有些社会职业领域奴隶的后代要涉足也是困难的。社会上层人物都是贵族的后代，地方政权也都掌握在他们的手里。

马林凯族人居住比较集中，村庄很大，有的有上千人。一般一个村庄都属同一大家族。和颇耳族一样，马林凯族也是按父系制组成家庭的。房屋是圆形的，泥土墙壁，稻草屋顶。村庄都建立在沿河两岸和河谷地带。因为那些地带可以种植水稻。上几内亚地广人稀，人们有较大的生存空间，有时当土地贫瘠以后，他们就把整个村庄迁移到另一条大河的河边，但仍保持原来的村庄名称。

马林凯族人 17 世纪到了几内亚以后虽然再没有建立国家，但他们有一种统一的行政机构"卡富"（Kafou）。"卡富"是由许多氏族，甚至还包括不同的种族群体组成的，有相对稳定的地域范围，这些群体已经具有建立在一种民族感情基础上的强烈的民族个性。这种行政机构一直保持到 19 世纪末法国占领和建立了殖民地行政区以后才消失。但它对今天马林凯族人社会仍有很深的影响，马林凯族人的地区观念、内部的凝聚力和种族个性都比较强烈与鲜明。

马林凯族自古至今的社会基层结构是父系大家族。同一大家族的家庭并不都住在一起，有的居住得很分散，但以一种特殊的亲缘关系紧密联系在一起。同一家族或同一氏族的男子都互称"我的兄弟"（Mon frère）。今天这一称呼已发展成普遍的交际语言，人们见面，尤其在交友和交涉的场合，常以兄弟相称。一声"我的兄弟"拉近了关系，增进了情谊，或缓解了矛盾与分歧。

马林凯族人从 16 世纪起就皈依伊斯兰教，是西非地区伊斯兰教的重要传播者。直到今天康康一直是几内亚伊斯兰文化的中心，在那里群集了许多研究《古兰经》和伊斯兰教的学者。马林凯族人自古擅长务农和打猎，更以善于经商和勇敢善战闻名西非。他们勇敢自信，始终以古代马里帝国的开国元勋松迪亚塔（Soundjata）的后代为荣。松迪亚塔创建马里帝国的英雄史诗永远是激励他们建功立业的爱国主义教育诗篇。但古代光荣的历史也给今天马林凯族人多少留下些历史包袱，他们有些保守。关于这一点，兰萨纳·孔戴总统时期的领土管理部部长多朗·阿西法·迪亚斯尼（Dorank Assifat Diasseny）曾谈了这样的情况："上几内亚人的思想好斗守旧。他们本来应该是可以致富的，但他们经常陶醉在过去的历史与文化里而有些保守。需要教育和引导他们懂得时代变了，经济和社会结构也变了。政府对他们已做了大量工作，情况已开始好转。我们历史地看待他们的这一问题，在历史上他们善于经商，而不善于进行生产。"① 他们自古以来擅长经商和开采金矿，直至现代仍固守着这两个经济领域。上几内亚有很好的种植棉花和花生的自然条件，几内亚政府和向几内亚提供援助的国际组织都希望他们发展棉花和花生种植业，可是据说他们在这些方面的积极性不是很高。

3. 苏苏族

苏苏族据 2013 年几内亚官方的估计有 200 多万人口，占全国人口的20%，分布在下几内亚，主要在科纳克里、科亚、福雷卡里亚、杜布雷卡、金迪亚等沿海地区。

苏苏族或称索索族（Sosso），也属于曼丁哥族的一个分支。据几内亚民间说唱师说唱的历史题材，苏苏族可能是在古代沿巴芬河和冈比亚河从塞内加尔进入几内亚的。他们早先定居在富塔－贾隆山区，后来被颇耳族人驱逐到沿海地区。苏苏族人和贾隆凯族人有明显的亲缘关系，且都说苏苏语。对于这一现象，民间说唱传下来的历史资料是说苏苏人和贾隆凯人原本同属一个种族，现在的名称"苏苏"和"贾隆凯"是葡萄牙人取的。

苏苏族的同化能力很强，通过同原来在沿海地区的一些小种族通婚联姻和分散杂居把这些小种族都同化了。例如，原来在福雷卡里亚有一支从康康过来的马林凯商人后来都变成了苏苏族人。还有原来在卡鲁姆半岛的巴加族人通过和苏苏族的通婚，几乎完全被同化了。18 世纪苏苏族还接纳了一支贾隆凯族人加入了苏苏族。苏苏语成为几内亚最广泛使用的种族语言，并几乎成为商业上通用的语言。所以，苏苏族原来是人数并不多的一个少数种族，在同化了其他种族以后才成为今天占全国人口 20% 的第三大种族。

苏苏族的社会结构也是以父系大家族为基础。村庄都由家族组成，一般一个村庄有七八个大家庭。不同于颇耳族和马林凯族，苏苏族的村庄比

---

① Chantal Colle，*GUINEOSCOPE*，Conakry：Sofra Presse，1997，p. 108.

较小，只有 100 ~ 200 人。他们的房屋都是建造在靠近河流的斜坡上和小山岗上。传统的房屋也是圆形的茅草屋。近代以来越来越多的人家盖方形的房屋，屋顶有两个斜面。无论圆形的还是方形的，外围都有一道围栏，房屋四周有菜园。

苏苏族肤色也很黑，中等身材。

4. 其他小种族

除了上面介绍的这三个大种族以外，还有人数较少的小种族：

基西族 有 70 多万人，占全国人口的 6.8%，主要分布在森林几内亚西北部的基西杜古和盖凯杜，以及靠近塞拉利昂边境地区。他们是在 16 世纪被贾隆凯人从富塔－贾隆地区驱逐到森林区的。他们原是半牧半农的部族，到森林区以后才开始种植水稻。18 世纪又从塞拉利昂引进了亚洲水稻，并实行集约耕作法，从此成为真正的稻农和种稻能手，周围其他种族的人称他们为"种稻人"。

基西族人的耕地非常集中，集约化程度较高。采用非洲传统耕地轮休耕作制。一般实行 5 年轮作制。1 块地耕种，4 块地休闲。农具是一种短柄铁锄，当地语叫"登多"（Dendo），这种农具适用于潮湿土地。基西族人早已学会用水牛耕地。

托马族 托马族人也是聚集在森林几内亚的小种族。有 40 多万人，约占全国人口的 4%，分布在恩泽雷科雷和约姆两个专区，以及靠近利比里亚的边境地区。他们早先是居住在上几内亚的米洛河流域和康康一带，是被马林凯族人驱赶到森林区的。他们种植水稻，此外还种玉米、福尼奥米、蔬菜、木薯、棕榈树、香蕉等。他们不仅能将棕榈仁榨成棕榈油，而且还能将棕榈仁酿成棕榈酒。棕榈酒是托马族的特产。

下几内亚的小种族有巴加族、朗杜马族、乔拉族、纳卢族、米基福雷族等。巴加族和朗杜马族分布在博凯地区。他们都是塞拉利昂的泰姆奈族（Temne）的分支。乔拉族分布在下几内亚的西北端。纳卢族居住在西北部沿海，他们同几内亚比绍的纳卢族人是同一种族。米基福雷族居住在博凯和博法地区。下几内亚的这些小种族大多数原来都是居住在富塔－贾隆地区的，是在 18 世纪被颇耳族人和贾隆凯族人驱逐到下几内亚的。

中几内亚的小种族有贾隆凯族、迪亚克昂克族（Diakhanke）、巴萨里族（Bassari）、科尼阿吉族（Coniagui）等。贾隆凯族是曼丁哥族的分支，他们大约是在 12 世纪为逃离马里帝国的统治从如今马里的塞古（Ségou）和库利科罗（Koulikoro）一带来到富塔 - 贾隆的。他们原来种族的名称叫索索埃（Sosoe），贾隆凯这个名称是颇耳人取的。他们最初到几内亚的时候居住在拉贝地区，后来被颇耳族人驱逐到边缘的山区，主要分布在中几内亚的北部和中部，以及西北部的加乌阿勒（Gaoual）专区。还有一支贾隆凯族人到了上几内亚东部边缘靠近马里边境的桑卡拉尼（Sankarani）河流域。他们生活在马林凯族地区，在语言和文化上已被马林凯族同化。

贾隆凯族人在颇耳族人占领富塔 - 贾隆时进行过激烈抵抗，在颇耳族人在富塔 - 贾隆地区确立了统治地位以后仍长期抵制颇耳族人推行伊斯兰教，所以他们皈依伊斯兰教的时间很晚，到 1949 年才建起第一座清真寺。

迪亚克昂克族也是在 16、17 世纪从马里迁移过来的，现在聚集在中几内亚西北部富塔 - 贾隆山脉边缘靠近加乌阿勒专区的图巴村。他们除从事农业以外还养蜜蜂。图巴村是几内亚重要的蜂蜜产区。

巴萨里族和科尼阿吉族的人数都不多，现在都居住在中几内亚西北部的昆达拉专区。几内亚的各个种族都是父系社会，唯独这两个小种族是母系社会。他们以母系氏族结成村庄。房屋也是圆形的茅草屋，但他们的房屋是活动房，因为他们不在固定的地方耕种，经常变换耕地，简陋的活动房屋便于变换耕地时迁移住房。村庄附近都有一片森林，是举行宗教仪式的圣地。

除前面已介绍的基西族和托马族等小种族以外，森林几内亚还有人数更少的小种族盖尔泽族（Guerze）、马农族（Manon）、科诺族（Kono）、科尼昂盖族（Komianké）等。2013 年 7 月 15 ~ 17 日在恩泽雷科雷和贝拉发生的种族大冲突就是盖尔泽族和科尼昂盖族之间的冲突。

盖尔泽族分布在靠近利比里亚边境的约姆专区和恩泽雷科雷专区。马农族和科诺族分布在森林几内亚的东南端靠近科特迪瓦边境的罗拉专区。科尼昂盖族分布在森林几内亚中部贝拉专区。

森林几内亚是小种族聚居地区，所有的小种族都有相似的社会结构和风俗习惯。他们社会的基本单位都是父系大家族，日常生活和社会关系都是以大家族为基础。他们以氏族（Clan）组成村庄。同一氏族的家庭住在同一个村庄。村庄都不大，很少超过 200 人。传统的房屋是圆形的茅草房，屋顶呈锥形。不过现在越来越向四方形的房屋发展。四方形的房子屋顶是 4 个斜面。无论传统的圆形房屋还是现代的四方形房屋，都用芦苇或树枝盖房顶，泥土做围墙，房子周围有狭窄的护栏。每个住宅的周围都有一道外墙。院子正中都有一块空地，在这块空地上竖立着一些大石头，那是祖先的墓地。房子后面有一个用席子围起来的洗澡间。由于森林几内亚气候潮湿又闷热，人们从地里劳动回来后需要在那里用热水洗澡，这是森林几内亚人的生活习惯。

森林几内亚各族的村庄都建造在山冈上或山坡上，从来不在低平地上盖房，都靠近山水源头。村庄周围都有一片森林围着。这森林被认为是神林，是举行宗教仪式的地方，人们祈求自然神保护他们抗御龙卷风的袭击和其他恶神的侵害。

这些小种族虽然在几内亚都是人数较少的种族，在文化上和血缘上同其他种族都无多大关系，但在整个西非地区，他们有的属于大种族，例如基西族和巴加族。由于西非沿海的边境线是西方入侵时英国、法国和葡萄牙激烈争夺的结果，是人为划定的，往往一个种族被分割在几个国家，例如基西族和巴加族被划分在几内亚、塞拉利昂和利比里亚三个国家。目前这一地区的一些政治现象都同其种族的血缘联系和历史因素相关。20 世纪六七十年代几内亚塞古·杜尔总统执政时期，经济和政治政策都比较激进，导致国家陷入极端困难，有 100 多万几内亚人逃到塞拉利昂等周围邻国。因为在周围邻国有和这些几内亚人属同一种族的，甚至是同一大家族的人，因而塞拉利昂等国就把这些几内亚人看作自己家里人一样收留下来。非洲人的种族观念和家族观念很重，按照非洲人传统的家族观念，这些邻国有义务和有责任接纳他们的几内亚兄弟。而到 20 世纪 90 年代利比里亚和塞拉利昂先后发生长期内战时，这两个国家的大批难民逃到几内亚。几内亚从政府到一般老百姓，都把接待这些难民看作义不容辞的责任。因为他们不把这些难民看作外国人，而是看作自己家族的人，是自己的亲人。1990 年是利比里亚内战最激烈的一年，大批利比里亚难民逃到几内亚，几内亚为此承担了巨大压力。森林几内亚的农民把第二年的粮食种子都给难民吃了。这是非洲传统的家族伦理在指引他们这样做。90 年代中期利比里亚内战稍微平静下来，塞拉利昂又内战不停，以前杜尔时期逃到塞拉利昂的几内亚人，连同与他们同一家族的塞拉利昂人，又逃到几内亚。所以从 20 世纪 90 年代初以来，几内亚一直有 50 万以上的难民。几内亚这个那时只有 730 万人口的非洲穷国，在长达十几年的时间里承受了 50 万以上难民的压力，这是靠非洲特有的种族内部的团结精神和传统的大家族伦理的力量支撑的。

（三）语言

几内亚的官方语言为法语。各种族都有自己的语言，主要有苏苏语、马林凯语、颇耳语（也称富拉语）。这三种语言中苏苏语使用最广，而且还是几内亚人的商业用语。各种族都只有语言而没有文字。学校教育用语是法语。

此外，阿拉伯语是几内亚的伊斯兰文化语言。18 世纪随着伊斯兰教在几内亚的广泛传播，尤其在富塔－贾隆地区的颇耳族人和东部马林凯族人地区，阿拉伯语曾得到普遍使用。阿拉伯语是几内亚最早应用的有文字的语言。几内亚最早的文学作品是用阿拉伯语写的。法国占领以后，法语逐渐替代了阿拉伯语。今天阿拉伯语在伊斯兰教育和伊斯兰文化中仍有一定地位。

六　国家象征

1. 国旗

几内亚的国旗由从左到右红、黄、绿三个垂直相等的长方形组成。红、黄、绿三色是非洲人民喜爱的颜色，除几内亚以外，马里、塞内加尔、加纳等许多非洲国家都选这三种颜色组合成国旗。因此，红、黄、绿也被称为泛非颜色。几内亚选这三种颜色组合成国旗有它自己的含义。红色代表为正义和国家独立奋斗牺牲的烈士鲜血，黄色代表阳光普照的祖国大地和遍布全国的黄金等矿产资源，绿色代表愿国家和平繁荣的美好愿望。

2. 国徽

几内亚的国徽是上端平直下端呈椭圆形的淡黄色盾徽。盾面顶端有一只展翅的鸽子，鸽子口衔一束稻穗，稻穗向下洒落在国徽正中。一支枪和一把剑交叉覆盖在这束稻穗上。以淡黄色作为国徽的底色是表示国家有丰富的矿产资源和阳光普照的富饶土地，稻穗象征几内亚是以生产稻谷为主的农业国，由鸽子衔着稻穗象征全国在和平环境下生产。一支枪和一把剑交叉覆盖在稻穗上，表示不惜用武力保卫国家的和平生产环境。在盾徽下端有与国旗颜色一致的红、黄、绿三色组成的边。这条三色边的下面是一条白色的布带，上面用法文写着几内亚的箴言：勤劳、正义、团结。

3. 国歌

几内亚国歌的歌名为"自由"。歌词内容是歌颂 1905 年在富塔－贾隆地区领导人民反抗法国殖民统治而牺牲的民族英雄阿尔法·雅雅。

第二节 宗教与民俗

一 宗 教

几内亚是伊斯兰教国家，75% 的居民信奉伊斯兰教。除伊斯兰教外，还有拜物教和基督教。

伊斯兰教是在 11 世纪传进几内亚的，但在传入几内亚以后的很长时期里一直局限在宫廷和贵族阶层，直到 18、19 世纪西非地区的伊斯兰复兴统一运动时期，伊斯兰教才走出宫廷在民间广泛传播。几内亚伊斯兰教有卡迪里亚派（la Qadirya）和提江尼亚派（la Tidjania）两大教派。富塔－贾隆颇耳族区属卡迪里亚派，是 18 世纪由富塔国的创建人之一卡拉摩科·阿尔法雅传入的。以康康为中心的东部马林凯族区属提江尼亚派，是 19 世纪由艾尔－哈吉·奥马尔及其门徒传播的。前者是传统的伊斯兰教派，9 世纪创建于巴格达。后者比较开放，11 世纪诞生于阿尔及利亚。

基督教是 19 世纪传进几内亚的，现在信基督教的人数只占全国人口的 1%，在城市里的知识界信基督教的人比较多。

拜物教也称原始宗教，是几内亚传统的宗教，信仰自然神，将大自然里的某种动物、某棵大树或某片森林，视为保护神。信徒约占全国人口的 24%。在森林几内亚的基西族等小种族里信仰拜物教的人比较多。

在几内亚不同宗教相互能很好地共处，几内亚没有发生过宗教冲突，也不存在宗教矛盾。一个家庭的成员信不同宗教的现象很普遍，夫妇俩信两种不同宗教的家庭也很多。

几内亚虽然是政教分离的国家，但宗教在几内亚社会有重要地位与影响，尤其是伊斯兰教。伊斯兰教的"包容"思想从古至今一直是几内亚社会的重要道德力量。

二 民俗①

几内亚是一个非常重视民族传统的国家，古代的一些民族传统与社会民俗还都很好地保持着。在礼仪、服饰、婚丧和孩子出生以及日常生活中的居住与饮食等方面，都有自己传统的风俗与习惯。

1. 奉祖先为圣灵

几内亚各族，尤其是马林凯族和森林区的少数种族，都把自己的祖先视为非常神圣的偶像。马林凯族人直到今天始终把古代马里帝国的开国国王松迪亚塔视为种族魂，民间有许多歌颂松迪亚塔的丰功伟绩的歌谣，全族男女老少都以自己是松迪亚塔的后代而感到无比骄傲和无上光荣。森林区的少数种族在重大节日的庆祝集会上都要举着祖先的偶像或戴着象征祖先的面具唱歌跳舞。这种偶像或面具是按照他们的想象制作成的。他们想象中的祖先非常神圣和伟大，具有超自然的力量。各种族在民间的口头文学中都有关于他们祖先战胜大自然的英雄故事和伟大业绩的动人传说。

---

① 民俗资料由两部分组成：1. 笔者在几内亚的亲身见闻；2. Mamadon Bnada Diallo，"moeuzs et Coutumen dam la Réjon de Fouta-Djalon，"康康尼雷尔技术学院 1975 年毕业论文。

2. 尊敬长辈

几内亚人民有尊敬长辈的传统，尤其青年人有尊敬老人和听从长者教导的传统。遇到家庭和社会纠纷，听从长辈的调解。晚辈见到长辈要请安，苏苏族人在向长辈请安时还要行屈膝礼。

地方酋长、族长、大家族的家长，都是很有威望的长辈，受到社会的尊重。他们在社会道德教育和思想文化方面有很重要的影响力。他们在调解纠纷和进行社会沟通等方面起重要作用。有一个例子可以充分说明这一点。在1993年几内亚进行多党民主选举时，康康地区的群众对政府不满而上街游行，政府派警察驱散，群众对抗情绪更激烈。群众去找地方族长评理，族长将群众的代表请到家里，对他们发表了一番讲话，游行的群众便回家了。这些族长等虽然不参政，但总统到地方视察时要安排专门的时间接见他们。总统在召开地方干部大会时，请他们在前排就座。

3. 互助互济传统

几内亚和撒哈拉以南非洲大多数国家一样，社会上有很好的互助互济的传统，尤其在同一种族和同一家族的成员之间更是如此。有些从农村出来在城市里找到工作的人，他在农村的亲属有困难可以随时到他家来吃住或借钱。而他只要自己有饭吃，就一定会给乡下来的亲属饭吃，只要他有钱，哪怕手头很拮据，也会毫不犹豫地借钱给他的亲属。有的甚至家里一时没有钱，还会立即到外面去设法挣到钱来借给亲属。在普通的社会成员之间也有很好的互助互济精神。有人曾这样说，假如你在路上遇见三个饥饿的人，你给他们中间的任何一个人一块饼，他都会不加考虑地将饼掰成三块，三个人共同吃这个饼。

4. 以礼相待、和谐相处

几内亚各族人民都是非常有礼貌和非常平和的人民。熟悉的人见面首先都会相互问安，然后才谈正事。颇耳族人问安时不仅简单地相互问一声你好，而且还要把对方一家人都要提到。例如，一对远房兄弟早晨见面问好时，要问你好，还要问伯母好吗？伯父好吗？堂哥好吗？堂弟好吗？堂姐好吗？堂妹好吗？……对方也问大同小异的话，相互做出相似的回答。有贵客来访，或走访贵客，都要赠送礼物，礼物是一头活羊或一只活鸡。

据说羊或鸡都是吉祥物，会给客人带来吉祥与好运。在有些农村里一对要好的朋友见面，尤其是青年男子，除相互问安以外，还互赠科拉果。科拉果是一种外表近似我国杏的水果，绿皮红肉，味酸和苦涩，含有一种能使人振奋的生物碱，能提神、止渴、强身和预防疟疾。几内亚人，特别是男子，嘴里常嚼着科拉果。见面互敬科拉果如同中国人互敬香烟一样，是一种交际和应酬手段。

平时待人接物都讲究礼貌和相互谦让，如果你给人任何微小的帮助或谦让，对方都会对你说声"谢谢"，即使没有多少文化的普通人也会这样做。

家庭成员之间和邻里之间，很少有吵架的现象。不少家庭都是一夫多妻，这些妻子之间也很少有吵架现象。也听不到父母打骂孩子的叫嚷。整个社会很平和。在商店和市场等公共场所，哪怕在又脏又乱的露天市场里，也没有喧闹和吆喝声。在任何场合，人们都习惯于低声细气地说话与交谈。

5. 服饰

一般稍有钱的几内亚人对服饰都是非常讲究的。由于气候炎热，所以他们一般都穿棉布服装，而且棉布的质量都比较好。男子一般穿府绸大袍，非洲人管这种大袍叫"布布"（boubou）。大袍的颜色是白色或浅蓝色。讲究的大袍上还绣有与大袍的颜色非常协调的花边，白色大袍是淡黄色绣花边，浅蓝色大袍的绣花边是比大袍颜色稍深一点的深蓝色花边。这种大袍是棉布的，非常宽大，穿上它感觉非常凉快和舒展。颇耳族人穿大袍时头上还戴上和大袍同一布料的小帽。苏苏族人和马林凯族人穿大袍时头上都戴一顶小帽。有钱人戴小毡帽，一般人戴形状与毡帽相似的布帽，但布帽必须与大袍同一布料。非洲人戴帽子不是御寒，而是一种装饰品。

妇女的服饰更讲究些。服装的颜色都非常鲜艳，花色图案接近大自然和生活。妇女的服装多数也是称为"布布"的大袍，一般都是用大花棉布制作的。普通劳动妇女的服装缝制很简单，一块布折成双层，顶上挖个领口，两边下摆缝上几针就成一件衣服，领口和袖口都很宽大，头上扎上与大袍同一布料的头巾。最简单的妇女服装只将一块布裁成三块，无须加工就成一套服装。一块布齐腰到脚跟紧紧一裹，便是一条细长又富有线条美的长裙，第二块布披在肩上便是一件上衣，第三块布是头巾。

上层社会妇女的服饰非常雍容华贵，身着鲜艳的长裙，头上扎着华丽多彩的头巾。几内亚妇女和非洲其他地区的妇女一样，都佩戴首饰，通常都戴耳环、项链和手镯。有钱人家的贵夫人更是满身珠光宝气。没钱人家的妇女佩戴用贝壳和树皮树枝制成的耳环、手镯与项链。

6. 饮食

几内亚人的主食是大米、小米和玉米。荤菜有牛羊肉、鸡和鱼，不吃猪肉。蔬菜有土豆、四季豆、西红柿、胡萝卜、白薯叶、冈博瓜、黄瓜、洋葱等。

烹饪方法主要是煮和烤。他们常吃类似中国的盖浇饭。把牛肉或羊肉或鸡肉放在锅里煮，并在汤里加进白薯叶粉和各种蔬菜叶粉以及西红柿、洋葱、冈博瓜等。将白薯叶或其他蔬菜叶烤干后碾成粉放在肉汤或鸡汤里煮，这样汤就变得黏稠并有菜叶的清香味。和肉类一起煮的最常见的一种蔬菜是外表类似中国丝瓜的一种非洲丝瓜。他们管这种瓜叫"冈博"（Cambo），冈博放在肉汤里煮可以使汤黏稠。这样煮成的一锅菜有荤有素又有汤，把它浇在饭上吃起来非常香。几内亚人吃烤制的食品也很多，不仅吃烤牛肉、烤羊肉和烤鸡肉，还吃烤鱼。

几内亚人和非洲大多数国家的人一样，不吃炒菜。带叶子的蔬菜都是烤干碾成粉放在荤汤里吃。白薯叶是他们重要的蔬菜，白薯叶烤干碾成粉放在肉汤里清香又黏稠。有的蔬菜如土豆、胡萝卜、洋葱、西红柿等也都和肉类一起煮了吃。

主食不一定是大米饭，也有用小米蒸成的米饭，非洲人管这种米饭叫"库斯库斯"（Cousse Cousse）。一般重要的宴请都用"库斯库斯"作主食。还有一种用几内亚和马里特有的粮食蒸出的米饭，这就是用福尼奥米做的饭。福尼奥米的形状同普通小米差不多，但比普通小米更细，细得似磨成的米粉，颜色是淡灰色，做成的饭很香。这三种米饭中福尼奥米饭是最上等的。还有一种用玉米渣做成的米饭，是农村里一般老百姓吃的饭。农村里人的粮食除了大米、玉米等外，还有高粱和各种

各样的薯类，如白薯和木薯等。还有一种香蕉叫菜蕉，也是蒸熟了当主食吃的。

几内亚不生产小麦，小麦和面粉都需要进口。城市里的人吃面食越来越多，面包逐渐成为城市人的主食。

7. 居住

几内亚属地广人稀的不发达国家，居民住房基本上都是平房和二层楼房。城乡居住条件差别很大。在大城市里，尤其在首都科纳克里，有许多舒适住宅。讲究一点的住宅都是花园别墅，占地很广，四周有草坪、游泳池、高大的芒果树、椰子树和棕榈树等热带树木。在住房门前有用花岗岩石块砌成的平台。有的在花园中间还有一片花岗岩石块铺的小广场。这小广场是晚间交际活动的场所。主人晚上举行家宴或招待会都在这样的广场举行。有的住宅在花园深处的热带树林里还有用麻绳编织成的吊床，躺在上面像是躺在悬空的渔网里一般非常舒适。这样的花园别墅多数是平房或二层楼房，室内有宽敞的客厅、书房和舒适的卧室。

城市下层居民的住房都很简陋，多数是白铁皮贫民房。这样的居民区居住条件非常差，没有电，也没有下水道。

农村的住房多数仍是最原始的圆拱屋顶的茅草房。这种茅草房远看像个蘑菇。围墙是用泥垒起来的，房顶是用草秸盖成的，没有窗户，门只有一米左右高，人进出得低头弯腰，门宽刚好能进一个人。这种房子因是草泥结构，所以能抗暑；没有窗，门又小，所以能防雨；非常低矮，不容易被非洲常有的龙卷风刮倒。室内没有什么家具，只有一张牛皮或一条草席，铺在地上，晚上当床睡觉，白天当凳子坐。没有厨房，在房前屋后用几块砖搭起来的炉灶上做饭。吃饭用手抓着吃，炊具餐具都很简单。农村稍好一点的房子是白铁皮房，也有砖瓦房，但只是少数有钱人家的住房。

8. 婚姻

几内亚和非洲其他地区一样，伦理传统和宗教法规都承认一夫多妻制。伊斯兰教法定一个男子可以娶4个妻子，多者可达十几个、几十个。每个妻子在经济上是独立的个体。她们有义务供养和照顾丈夫的生活。她们轮流和丈夫在一起生活。轮到谁同丈夫一起生活的时候，谁就担负起照料丈夫生活的责任。她们相互之间遵循"以少服老"的原则和睦相处。第一个妻子称为第一夫人，常跟随丈夫出席对外活动，其他妻子一般都不公开露面。在城市里的上层社会，有的第一夫人已年老或没有文化，往往由其他夫人中年轻美貌或有文化的参加对外活动。但对内始终是第一夫人居首位，她要协助丈夫管理内务，家族的一些礼仪法规也都由第一夫人凭记忆代代口传。妇女承担着全部生产劳动与家务负担，而丈夫则是她们的统治者和家长，有时还是她们的村长。农村里有的自然村十几户人家全是一位男子十几个妻子的住家。一个男子妻子多，劳动力就多，就象征着富有。人们嫁女儿愿嫁给妻子多的男子，因为人多，劳动力多，既表明富有，又可以多一些人分担家务和田间劳动。

在富塔－贾隆的一些农村，联姻先由男方向女方求婚，求婚要送科拉果，如果女方收下科拉果，就表示接受对方的求婚。结婚时男方家长要向女方家长送聘礼。在富塔－贾隆地区聘礼是牛，数量（1~5头）根据男方的经济实力而定。结婚时首先是双方家长和亲戚朋友送新郎新娘到清真寺举行婚礼，新郎的父亲要用一张羊皮托着9块布料进清真寺，婚礼结束后将这9块布料送给主持婚礼的伊斯兰教教长和主宾。新郎新娘举行完婚礼走出清真寺以后，家人和亲戚朋友向新郎新娘祝福，妇女们围着新郎新娘唱歌跳舞，然后各自回家。天黑以后女方将新娘送到新郎家，双方家长和主要亲戚都在外面等着。如果新娘发现新郎没有性能力或新郎发现新娘不是处女，就立即宣布解除婚约，女方立即将新娘带回家。如果新房里没有出现任何问题，人们就悄悄散去。第二天男方家里要摆宴席，新娘要一一拜见男方家族的长辈。

在大城市里结婚已不按这些风俗进行，但结婚的仪式仍很隆重，要到教堂或清真寺举行婚礼和设宴招待亲戚朋友，新娘要拜见男方家族的长辈。

离婚在几内亚是少见的，在农村里根本不存在离婚一说。在城市里离婚也不是一件光彩的事，对妇女更是如此。离了婚的妇女，或单身妇女在社会上是抬不起头的，即使在城市里开明的知识分子中间也是如此。农村里不存在离婚，却有弃婚，即丈夫随便将妻子抛弃。有的妇女在医院里生完孩子以后，孩子被丈夫家接走了，而她自己再也回不了家了。有的妇女直接就从家里被驱逐出家门。收养这些妇女，帮助她们自立是几内亚政府社会事务部的一项重要工作。这些妇女被驱逐的原因有多种多样，原因之一是迷信，说某女人恶神降身，会给家族带来厄运，就会被驱逐。

9. 婴儿出生与取名仪式

在富塔－贾隆地区孩子生下后要用牛油洗身。全国所有的种族对孩子出生后的取名都很重视，要举行隆重的仪式。不仅在农村如此，在城市里也一样。取名仪式是在孩子出生一周以后，有的是在一个月以后。举行仪式的那天，孩子的父亲要举办家宴，邀请家族成员和亲戚朋友赴宴。女方的父母和家族的族长是嘉宾。仪式开始时宾客都在外面静静坐着，等候女方的父母和族长到来。他们到了以后直接进入室内，双方的家长和族长在一起商议给孩子取名。孩子的名字由孩子的父亲选择，经双方家长和族长商议同意以后，由孩子的父亲出来向客人宣布孩子的名字。只有到了这个时候，孩子的母亲才可以抱着孩子出来见客人。这时人们唱歌跳舞，祝福孩子平安健康成长。颇耳族人除孩子满月举办家宴外，孩子周岁也要举行家宴。

10. 割礼

几内亚也同非洲许多地区一样实行割礼制度。男孩子和女孩子到一定的年龄都要行割礼。男孩子一般在十三四岁，女孩子要早一些，一般在八九岁或六七岁行割礼，也有的三四岁就行割礼的。

现在城市里一般是到医院做割礼手术，在农村则以村为单位进行集体割礼。男孩子在行割礼期间完全与外界隔绝，一般到山上或森林里进行。在完成割礼后还要在那里生活一段时间，总共要在森林里生活至少一个月。在此期间，成年已婚男子教给他们关于性生活和生产的知识，以及作为一名男子在家庭和家族中应承担的义务和责任。行过割礼的男孩将得到社会的正式承认，成为一名有觉悟和有能力承担家庭和社会责任的成年男子。没有行割礼的男子是要受到社会道德舆论的指责与歧视的，而且没有哪个女子愿与他结婚。

如果说男孩子行割礼还有一定的生理卫生和社会意义的话，那么关于女孩子的割礼则完全是一种落后的封建习俗。① 女孩子行割礼就是将女孩的阴蒂割掉，有的还将阴唇一起割掉。据说女孩子行割礼以后，长大便会失去性欲而可以确保贞节。虽然非洲各国的政府和世界卫生组织都一直大力宣传反对割礼，几内亚政府社会事务部每年都组织医务人员下乡进行反对割礼的宣传教育工作。在城市情况有些改变，但在农村至今仍然盛行割礼。与过去稍有不同的是以前在家里行割礼，现在城市里人们都到医院做割礼手术。做割礼的年龄现在城市里的也比以前大一些，有到十二三岁才进行割礼的。割礼在非洲已是一种相当稳固的社会习俗，女孩子如果到十三四岁还没有行割礼，会感到羞耻，在同龄的女孩子面前抬不起头。完成割礼的女孩子感到骄傲，这表明她已长大，已是一个成熟的女子了。割礼是对妇女的一种残酷摧残，这是非洲古代社会遗留下来的根深蒂固的社会陋俗，这种习俗事实上具有不成法的法律威力，它只能随着社会的文明进步和彻底变革才能消除。

11. 丧事

几内亚同非洲其他许多地区一样，死了人家属和亲戚朋友都不哭。在农村妇女们唱歌跳舞，民间歌手歌颂死者一生的功绩与美德。在城市的上层社会死了人还要放轻音乐，人们显得很平静，随着悠扬轻飘的音乐轻轻哼着，在这种平静中显露出隐隐的哀伤。丧事不请吃饭。亲戚朋友在出殡当天都去吊唁，送葬仪式很隆重，送葬队伍很长。

第三节　特色资源

一　自然景观

几内亚四大自然区在地形、地势、气候、自然景观和民族文化等方面

---

① 关于女孩子割礼的资料来自几内亚科纳克里东卡医院（l'Hôpitale Donka）妇产科主任、兰萨纳·孔戴政权第一届政府社会事务部部长贾娅洛·巴（D'jialo ba）向驻几内亚外交使团所做的报告。

各具特色，呈现多彩多姿的非洲景观。尤其在富塔－贾隆和东部萨赫勒草原区，有奇特的自然风貌。

以"西非水塔"闻名的富塔－贾隆气候凉爽，景色迷人。在海拔1000多米的高原上，放眼四周，尽见挺拔冲天的山峰，多姿妖娆的山峦。在那郁郁葱葱的山腰间流出大大小小的瀑布，有的奔腾咆哮气势磅礴冲泻下山，有的是涓涓细流，犹如从天空撒下的一条条白色缎带。在高原各地漫游，还可见到非洲稀有的茂密的松树林和竹林。在这片高原的西部，有气候宜人的避暑胜地达拉巴，至今还保留着当年法国常驻塞内加尔达喀尔的法属西非殖民总督避暑的建筑遗址。从达拉巴再往南，到廷博可以参观西非第二大河塞内加尔河的源头，塞内加尔河上游最大支流巴芬河发源于廷博。在富塔－贾隆的北部靠近塞内加尔边境有巴迪亚尔（Badiar）国家野生动物园。这里是观赏野生动物和打猎的理想场所。

位于几内亚东部的上几内亚是另一番自然景象。上几内亚在地势和气候上属于西非内陆萨赫勒草原区。在这里可以观赏到非洲有名的半沙漠区萨赫勒地区的自然风貌——萨赫勒稀树草原风光。这里有几内亚另一个野生动物园"尼日尔野生动物园"。在这个动物园里有各种撒哈拉沙漠和萨赫勒草原特有的动物。这一带是尼日尔河上游地区，发源于几内亚南部边境的尼日尔河在这里汇集众多的支流，变成大河向东北方向奔流。从康康市沿米罗河南下，再经陆路可以到达靠近塞拉利昂的边境区，那里是尼日尔河的源头。从东面富塔－贾隆方向过来的廷基索河河畔是几内亚著名的金矿区，从公元5世纪起，这里的黄金就闻名世界。现在到那里也可以买到虽然工艺不是很精细，但比别处便宜许多的金首饰。

上几内亚是单一的马林凯族人居住的地区。马林凯族人是古代马里帝国创始人松迪亚塔的后代，古代松迪亚塔创建马里帝国的英雄故事在这里广为传颂。许多民间说唱师（Griot）都会背诵松迪亚塔创建马里帝国的英雄史诗和其他历史篇章，外国人到这里可以欣赏到非洲古老的口头文学，从而了解西非古代历史。

位于大西洋边的下几内亚是大西洋风光。首都科纳克里三面环海，海上还有美丽的洛斯群岛与科纳克里遥遥相望。在洛斯群岛中的鲁姆岛（Roum）上有美丽的海滩和风景区，岛上建有度假村。

在科纳克里往东 100 多公里的金迪亚附近有几内亚著名旅游景点"新娘面纱"。在那里有一条高高飘落下来的瀑布稀薄如纱，故被称为"新娘面纱"。周围是一个天然热带植物园。这条神奇的瀑布就洒落在这片有茂密挺拔的热带树林的植物园里。

几内亚东南部的森林区有着非洲热带森林的自然风貌。这里也是几内亚的少数种族地区，保留了西非和几内亚传统文化与民间手工艺以及非洲原始宗教文化。

二 名胜古迹

几内亚从古至今都是极端贫困地区，没有像样的名胜古迹，只有几处对于几内亚具有历史意义的遗迹。

康康古商场　康康市是古代商业集散中心，早在西方入侵以前，在非洲还是通过撒哈拉沙漠同阿拉伯世界通商的时候，康康就是重要商业集散中心。如今康康还保留着 8 世纪遗留下来的古商场遗址，但早已破落不堪。

历史名城廷博（Timbo）位于马木东北方向 50 多公里的廷博是 18 ~ 19 世纪富塔 – 贾隆地区的政治与宗教中心，现在那里还保存着 18 世纪的清真寺。由于廷博早已衰落成一个村庄，这个清真寺也不为人所注意了。

奴隶贩卖遗址　在科纳克里对面洛斯群岛中的福托巴岛（Fotoba）上有当年西方贩卖奴隶时关押和装运奴隶的历史遗址。

三 主要城市

几内亚的城市是随着贸易发展和历史变迁分批形成的。

第一批城市形成的时间大约在公元 8 世纪前后，是随着穿越撒哈拉沙漠与北非的贸易活动发展起来的。第一批城市主要分布在如今几内亚东部尼日尔河上游和中西部的富塔 – 贾隆地区，有康康、拉贝、廷博、库鲁萨等。这些城市当时都是西部沿海和东南部森林区同西非内陆贸易的商业转运站。其中廷博随着历史的变迁和贸易的改道，已衰落成一个村庄。其他城市都经久不衰，一直保持到今天。

15世纪末欧洲人到非洲沿海进行贸易，接着又进行奴隶贩卖，在沿海建立起了一批商栈。这批商栈逐渐发展成了城市。这就是今天的杜布雷卡和福雷卡里亚等城市。这些沿海据点最初是葡萄牙人建立的，后来被荷兰人占领，到19世纪末英国和法国又进行了激烈争夺，最后被法国全部占领。

19世纪末法国占领几内亚后，根据划分殖民地行政区的需要，将一些村庄作为行政区的首府，这样又发展起了一批城市，其中最有代表性的是科纳克里。科纳克里在此之前是只有十几户人家的渔村。这个时期在内地建立起来的城市有锡基里等。

19世纪初，法国建设了从大西洋边的科纳克里到东部康康的铁路。铁路沿途的车站又发展成了城市，例如马木、达拉巴、金迪亚等。

第二次世界大战后，法国、美国、联邦德国等国的国际矿业集团到几内亚建立现代化工矿企业，发展起了一批矿业城市，弗里亚（Fria）、博凯等都属于这一类城市。

科纳克里　几内亚首都，也是全国最大的城市和海港。它是在19世纪末，法国占领几内亚后在划分行政区时，选作沿海行政区首府，才由一个渔镇逐渐变为城市的。坐落在伸入大西洋的半岛上，三面环海，背靠绿树茂密的卡库利马山（Kakoulima）。由卡鲁姆半岛和属于洛斯群岛的通博岛两部分组成的。原来仅是长3.5公里，宽1~6.5公里的卡鲁姆半岛。直到19世纪中叶，这个半岛还只是个小村庄。由于这一带海面宽阔，海底很深，加上洛斯群岛的缓冲海浪，海面常年风平浪静，渐渐发展成一个小渔镇。那时岛上的土著族巴加族信奉拜物教，每年都要举行拜神仪式。巴加语称拜神的地方为"卡卢姆"，人们就把这个半岛称为"卡卢姆"。岛上有位有名的渔夫名叫科纳，内陆的人将到半岛上去称为"恩科纳克里"，意思是到海边的科纳家去。后来就把那地方称为科纳克里。

1891年人们筑起一条300米长的堤，将卡鲁姆半岛同它对面的通博岛连接起来。20世纪初法国人筑了与之相平行的另一条堤，并在上面修建了矿山专用铁路线。20世纪60年代，中国在几内亚承担援外任务的工程技术人员将两堤之间200米宽的海面填平，并在上面建起了科纳克里人民宫。这就形成了当今科纳克里的基本地域格局。

科纳克里在20世纪末的面积为308平方公里。21世纪头十年市区向东延伸，面积已增加到347平方公里。这是由于科纳克里三面环海地势低，气候潮湿闷热。但它的东边是地势较高的丘陵与山地，气候凉爽，稍有钱的人就到东面山地盖房，城市也就向东扩展。

科纳克里虽然三面环海，但它没有美丽的海滩，海滩是黑色的。这是由于科纳克里市及其沿海是在一个大铁矿床上，露出海面的岩石是铁矿石，经空气氧化以后变成黑色。但在科纳克里海面5公里范围的海域有洛斯群岛，那里有美丽的白色海滩，这就弥补了科纳克里的缺陷。

洛斯群岛的名称是由15世纪第一批来到几内亚沿海的葡萄牙人取的。他们看见岛上的居民在播种稻谷时举着他们所信奉的偶像，于是就管这些群岛叫偶像群岛（Iles Dos Idolos）。后来法国人来了，就用法文写成Les les de Loos（洛斯群岛）。

科纳克里是全国的政治、经济与文化中心。全国60%的工业生产集中在科纳克里，主要有饮料、面粉和面包生产以及烟草、家具、纺织和印染、塑料制造业等。这里有全国最大的高等学府科纳克里大学和全国最大的清真寺。

科纳克里同北京的时差是8小时，也就是说北京正午12点，科纳克里是凌晨4点。几内亚全国面积才24.6万平方公里，相当于我国一个中等省的大小，所以其他城市同北京的时差也都在8小时左右。

康康 几内亚第二大城市，位于几内亚东部的尼日尔河上游地区，坐落在尼日尔河支流米罗河畔，海拔380米。在历史上，康康属于几内亚早期形成的城市之一。公元8世纪前后，随着穿越撒哈拉沙漠贸易的发展，康康就发展成为几内亚东部地区的重要商业城市。由于优越的地理位置，使它从古至今都享有特殊的经济地位。几内亚独立以后，特别是从20世纪90年代随着公路和桥梁等基础设施的改善，康康在几内亚和整个西非地区的地位更加重要了。在20世纪90年代修筑了从马里首都巴马科，经

康康到科特迪瓦欧迪埃内（Odienne）的西非地区公路，以及从几内亚东部通向富塔－贾隆的廷基索河上的库鲁萨大桥以后，又使康康的交通进一步畅通。今日康康是几内亚和西非地区的公路交通枢纽，几内亚、马里、科特迪瓦三国边境贸易的中心。康康还是几内亚伊斯兰文化中心。

金迪亚 位于科纳克里以东100多公里的岗岗山（Cangan）脚下。大西洋沿海平原由西向东伸展至此，富塔－贾隆高原由此起步。金迪亚是下几内亚区仅次于科纳克里的第二大城市。市区有欧式天主教堂，使城市具有法国南方小城市的风貌。金迪亚也是20世纪初法国殖民者修建从科纳克里到康康的铁路以后，由车站发展成商业城市的。现在是沿海与内地贸易集散中心，同时也是公路交通枢纽。在经济上是几内亚的重要农业区。

拉贝 位于富塔－贾隆中央海拔1050米的高原上。它也是几内亚比较古老的城市，在中世纪马里帝国时期就是同北非进行贸易的重要商业城市。现在的拉贝是几内亚北方门户，同塞内加尔的边界贸易非常活跃。

恩泽雷科雷 位于森林几内亚的南部，是森林几内亚区的首府。市区有一个人工湖是这个城市的特色。现在是几内亚、科特迪瓦、利比里亚三国边界贸易中心，也是森林区农林产品的集散地。工业有锯木工业和榨棕榈油的榨油业等。

马木 富塔－贾隆最南边的城市，也是20世纪初科纳克里到康康的铁路建成以后由车站发展成商业城市的。现在是几内亚的重要农业区。

法拉纳 位于几内亚南部靠近塞拉利昂的边境地区。尼日尔河的源头就在它南面100多公里处，所以它是尼日尔河从源头开始流经的第一个城市。这里是富饶的农业区，主要农作物是水稻。法拉纳在历史上的名称是巴朗杜古（Balandougou）。最早这里是一个村庄。根据几内亚历史学家易卜拉赫伊马·巴巴－卡凯（Ibrahima Baba-Kake）的解说，法拉纳（Faranah）的"纳"（nah）在马林凯语里是平原的意思。巴朗杜古村周围是一片平原。后来巴朗杜古村的酋长将这片平原交给一位名叫法拉（Fara）的农民耕种，从此大家称这片平原为法拉纳。法拉纳是几内亚第一任总统塞古·杜尔的家乡，在20世纪60年代和70年代杜尔总统时期，

法拉纳得到了很大发展，修建了机场和通往全国各地的公路。那时法拉纳
还是上几内亚区的首府。

达博拉 位于几内亚中部的上几内亚区东部边缘，在自然区域上属上
几内亚区，也是在科纳克里—康康铁路建成以后由车站发展起来的。从
20 世纪 90 年代中开始，伊朗人到那里开采铝矾土，达博拉成为几内亚新
的铝矾土矿产区。

锡基里 公元 5 世纪起这里就是著名的金矿区。那时有两大金矿，布
雷金矿和塞凯金矿。19 世纪末法国入侵时发展成为城市。法国殖民军入
侵萨摩里帝国时，军队和物资都是从马里运过来的，锡基里成为重要转运
站。1888～1889 年法国在这里建立了军事据点。现在还保存着法国入侵
时建立的城堡。

库鲁萨 位于上几内亚区，在康康西北方向 30 多公里的尼日尔河
畔。是几内亚当代著名作家卡马拉·拉耶（Kamara Laye）的家乡。据他
的解释，库鲁萨（Kouroussa）这个地名是从 Korossa 这个词变过来的。
曼丁哥语 Ko 是事情的意思，Rossa 是没有成功的意思，Korossa 就是没有
办成事。库鲁萨最早是一片肥沃的荒野。古代马里帝国灭亡后，马里帝
国创建人松迪亚塔的家族一直住在马里帝国的首都尼阿涅。后来他们派
松迪亚塔弟弟的曾孙子德曼江·凯塔（Demandjian Keita）到库鲁萨开荒
种地和建立村庄。按照非洲的传统，到一个地方去耕种土地，必须先祭
土地神。当德曼江·凯塔去那里祭土地神的时候，祭神的日子已过，他
只得在没有完成祭土地神任务的情况下回去了，大家给他取了个外号叫
"Korossa"（没有办成事）。

库鲁萨是在 17 世纪发展成城市的。1997 年建成了全长 180 米的跨越
尼日尔河的库鲁萨大桥。

丁几拉伊 图库勒尔帝国的创始人奥马尔在 1850 年建立的城市。
1896 年被法国人占领，今天还有 19 世纪中期奥马尔建的清真寺。

博凯 位于几内亚西北部靠近大西洋的地方，是在 18～19 世纪随着
沿海贸易，特别是奴隶贸易发展起来的城市。20 世纪 60 年代几内亚最大
的工矿企业几内亚铝矾土公司建立以后，博凯就发展成一个矿业城市。

凯鲁阿内 位于森林区北端中央，是几内亚的钻石矿区，到那里可以参观钻石矿和钻石开采。在历史上，这里是几内亚民族英雄萨摩里·杜尔居住过的地方。1856 年前后，为躲避家族之间的纠纷，萨摩里的母亲曾带着萨摩里到这里定居。萨摩里是从这里开始去建立萨摩里帝国的，现在该市还有当年萨摩里建的城墙和炮楼。

廷博 位于今天马木东北方向 50 多公里处，是 18～19 世纪富塔国的政治与宗教中心。20 世纪初科纳克里—康康铁路建成以后，马木逐渐替代了廷博在商业上的地位，1908 年法国殖民当局发布行政令，将富塔–贾隆南部的政治中心迁到马木，从此廷博就失去了经济和政治上的重要地位，逐渐衰落为一个普通的村庄。但它一直作为伊斯兰历史名城闻名几内亚，至今还保存着 18 世纪的清真寺。

第二章

历　史

第一节　概　述

几内亚是撒哈拉以南非洲一个历史比较悠久的国家。由于古代缺少文字记载和尚未进行系统的考古发掘，更翔实的史料还没有为后人所掌握，因此人们对几内亚的史前史知之甚少。根据法国非洲历史学家 Muriel Dever 所著《几内亚》一书介绍，在如今的几内亚地区发掘出了石器时代的工具，农业已有 3000 多年的历史，铁器在公元前就已普遍使用。

尼日尔河与塞内加尔河是西非许多国家文明的摇篮，这两条大河都发源于几内亚，尼日尔河发源于几内亚南部，塞内加尔河发源于几内亚中西部的富塔－贾隆高原。尤其是尼日尔河，对几内亚的历史有重要影响。尼日尔河的支流廷基索河沿岸自古就是西非有名的黄金产地布雷金矿所在地和马里帝国的发祥地。[1]

几内亚在西非历史的各个时期都写下了特殊的篇章，古代有马里帝国的光辉历史，19 世纪末有萨摩里·杜尔领导的英勇抗法斗争，现代有塞古·杜尔领导人民冲破法国在撒哈拉以南非洲的殖民体系，率先在法属黑非洲宣告独立的光荣历史。

15 世纪马里帝国衰落以后，现在的几内亚地区在政治上一直处于分散状态，再没有形成统一的国家。

---

① 　Muriel Dever, *la Guinée*, Paris：Karthala, 1997, p. 69.

15 世纪欧洲人来到几内亚沿海进行贸易后，几内亚原来由内地通过撒哈拉沙漠同北非和阿拉伯世界的对外贸易，逐渐转向沿海同欧洲人进行贸易。

几内亚沿海地区在 18 世纪以前一直没有形成国家，只有分散的，以不同生产内容形成的居民群体，有渔民群体、猎人群体和农民群体。随着沿海商业的发展，在杜布雷卡、博法、福雷卡里亚等沿海河湾地区，形成了一批以自然村和氏族为基础的酋长国。但沿海贸易的发展不同于中世纪内陆穿越撒哈拉沙漠的对外贸易，没有造就形成统一国家的经济基础。这些酋长国是依靠同欧洲人的贸易（包括奴隶贸易）发展起来的，还在西方奴隶贩子的挑唆下相互抢劫奴隶而结下冤仇，长期处于敌对状态。

19 世纪下半叶法国入侵和占领几内亚时，几内亚在政治上处于非常不利的形势。沿海地区由一批分散的酋长国统治。这些酋长国之间是对立的，在各酋长国的内部又几乎都有王位继承权之争。在富塔－贾隆地区，18 世纪颇耳族人在那里建立了一个富塔国。富塔国的情况同沿海酋长国相似，也是依靠沿海贸易生存和发展的，内部也长期有两大贵族之间的王位之争。东部的萨摩里帝国，虽然是军事强大、地域辽阔的帝国，但它是通过伊斯兰圣战用军事手段建立起来的，缺乏稳固的政治基础，而且帝国还在扩张中，还没有来得及巩固。各地政治上的弱点，都为法国殖民者利用。法国针对当时几内亚的政治形势，从两条路线和用两种方式入侵和占领了几内亚。一条路线是从沿海到富塔－贾隆，是由商人在海军保护下同各酋长国和富塔国分别签订接受法国保护的条约。另一条路线是从北面，即如今的塞内加尔和马里，由陆军深入几内亚东部，用武力征服萨摩里帝国。法国人在这里遇到了入侵西非过程中最强大的抵抗，萨摩里·杜尔领导人民进行了长达 16 年的抗法战争，最后于 1898 年失败，法国人实现了对几内亚地区的全部占领。

从 1885 年法国首次向几内亚沿海地区派驻殖民地行政长官，到 1958 年几内亚脱离法国统治宣告独立，法国在几内亚进行殖民统治与经济掠夺长达 73 年。法国将这个自然资源十分丰富的西非地区，变成了典型的经济畸形发展的殖民地。一方面发展了现代化的采矿企业和种植园；另一方面广大农村长期处于近乎半原始的落后状态。几内亚生产的产品（铝矾土、铁、黄金和钻石等）只能向国外出口，而几内亚人民，尤其是城市居民的生活必需品，基本上都要靠从国外进口。

第二次世界大战后，几内亚以工人运动为主体的争取民族解放的群众运动不断壮大。法国面对声势浩大的亚非民族解放运动，被迫改革殖民地统治体制，1958年戴高乐提出了法兰西第五共和国宪法，让法属非洲殖民地通过公民投票在独立或成为留在法兰西共同体内的自治共和国两者之间做出选择。1958年8月，几内亚年轻的民族解放运动领袖塞古·杜尔，同年近七旬的戴高乐总统，这两位性格刚烈的强硬人物，各自竭力维护本民族利益，在科纳克里的群众大会上进行了一场激烈交锋。戴高乐向杜尔发出威胁，几内亚可以选择独立，但法国将与之一刀两断，断绝一切财政与经济援助。杜尔则向戴高乐说出了后来成为激励非洲民族解放运动的名言："我们宁要贫穷的自由，也不要受奴役的富裕。"此后一个月，1958年9月28日，法国就第五共和国宪法在本土和海外殖民地举行公民投票；几内亚以绝对多数否决了戴高乐宪法，选择了独立，成为撒哈拉以南非洲法属殖民地中唯一拒绝戴高乐宪法的地区。同年10月2日几内亚在法属黑非洲率先冲破法国在非洲的殖民统治体系而宣告独立。在萨摩里·杜尔反抗法国入侵的抗法战争失败60年后，他的曾孙塞古·杜尔再次以不屈的民族精神，领导几内亚人民摆脱了法国的殖民统治，使几内亚在非洲史上写出了令人瞩目的篇章。

几内亚独立之初的国际环境促使它向社会主义的方向寻找出路。年轻的几内亚共和国经历了"非洲社会主义"和"非资本主义"发展道路的实践与失败。到20世纪70年代中期，世界上的社会主义在酝酿着深刻的变革，苏联走向衰落，中国处在"文化大革命"内乱后的困难时期。在几内亚，"非洲社会主义"和"非资本主义"发展道路，已将杜尔政权拖入困境。杜尔总统不得不进行改革，开始放弃国有化、合作化和计划经济等政策，对外由依靠社会主义国家援助转向改善同西方国家的关系。杜尔在经济政策上的改革是明确和坚定的，只是80年代初西方特大经济危机影响了他改革的成效。

杜尔总统晚年在政治上失去自信，把国内的政治形势估计得过于严重，以致扩大了打击面，甚至残酷镇压异见者。这是他一生的悲剧。

1984 年塞古·杜尔总统病故，陆军参谋长兰萨纳·孔戴发动了没有流血的军事政变，上台接管了政权。

兰萨纳·孔戴总统明确宣布放弃"非洲社会主义"和"非资本主义"发展道路，实行自由经济政策。1986 年几内亚接受世界银行和国际货币基金组织在非洲普遍推行的经济结构调整计划，关闭国有企业，紧缩预算。结果经济萎缩，失业剧增，国家更加贫困。20 世纪 90 年代初苏联东欧政治剧变的风浪冲进非洲；非洲掀起多党民主风潮；几内亚被深深卷进西非地区的动乱中，生产与经济受到严重干扰。与此同时，世界高科技迅速发展和西方国家经济转型，导致几内亚赖以生存的世界传统工业原料市场价格下跌，对几内亚经济造成雪上加霜的打击。

寻找摆脱贫困的发展道路一再受挫，灾难接连不断，几内亚在困惑与困难中走出了 20 世纪。

第二节　古代史

一　几内亚与加纳王国

古代西非内陆较早就越过撒哈拉沙漠同北非和阿拉伯世界进行贸易。这种交往使西非内陆发展出一批商业城镇，进而形成了国家。公元 4 世纪前后，在今天几内亚的北面，建立了西非历史上第一个国家——加纳王国。加纳王国的疆域包括今毛里塔尼亚东南部、塞内加尔东部和马里西部，没有涵盖今几内亚的领土。但几内亚东部的尼日尔河流域，从 5 世纪起就同加纳王国有了密切的经济联系，并且通过加纳王国同撒哈拉沙漠以北地区发展了贸易关系。加纳王国同北非的贸易中很重要的商品是黄金，而加纳王国的黄金很大一部分来自布雷金矿。布雷金矿就在今几内亚锡基里金矿附近。加纳王国的商人将几内亚的黄金贩卖到加纳王国，从撒哈拉沙漠以北来的商人又把这些黄金从加纳王国贩卖到北非和阿拉伯世界。几内亚的黄金使古代的阿拉伯和意大利商人发了财；而几内亚则借此较早地同非洲以外的世界发生了联系，并且促进了内部经济与政治的发展。在 5 世纪，几内亚布雷金矿的采金业十分兴旺发达。以黄金开采和同加纳王国贸易为主体的经济发展，为在几内亚形成政治中心和建立国家奠定了基础。

二　索索王国

在加纳王国的南部，即今马里的西南部，大约在 8 世纪末出现了一个小王国索索王国（Le Royaume Sosso），其首都在巴马科与坎加巴之间的基里纳（Kirina）。由于该王国的人民善于炼铁和经商，又靠近金矿区，所以经济很发达，1076～1180 年迅速崛起并多次向加纳王国发起进攻，1203 年占领了加纳王国的首都库姆比－萨勒赫（Koumbi Saleh）。加纳王国后期同北非的奴隶贸易猖獗，人民深受其苦。索索王国高举废除奴隶制的旗帜，得到各地大小酋长国的拥护，很快就控制了加纳王国几乎全部领土，同时还兼并了尼日尔河上游，如今几内亚东部地区的马林凯人诸小王国。所以，索索王国是几内亚历史上出现的第一个国家。索索王国的鼎盛时期是 1200～1235 年，1235 年为马里王国所灭亡。

三　马里帝国

12 世纪以前，位于今天几内亚上几内亚区的布雷金矿地区，出现了一个小王国——马里或曼丁哥。① 这是一个由曼丁哥族许多小酋长国联合组成的王国。这些曼丁哥族人原来都是居住在从基塔到锡基里的曼丁哥高原，后来在凯塔氏族的带领下，逐渐向南边迁移，在尼日尔河上游和塞内加尔河上游定居下来。其分布范围东至今几内亚和马里边界的桑卡拉尼河（Sankarani），西到布雷金矿。这个地区就是今几内亚的东部，可能还包括马里西南部边缘地区。关于马里王国在 12 世纪以前的历史，人们只知道一些国王的名字，其中最有名的一位国王是穆萨·凯塔（Moussa

---

① Muriel Dever, *la Guinée*, Paris: Karthala, 1997, p. 74.

Keita）。他曾到麦加朝圣，可见马里王国在 12 世纪以前就已皈依了伊斯兰教。马里王国在很长时期里一直隶属索索王国。公元 1218～1230 年在纳雷·法马汗（Naré Famaghan）国王统治的时期，马里王国开始向外扩张，向南和西南方向发动征服其他小王国的战争，把疆域扩大到尼日尔河上游的右岸，接近今几内亚的森林区。但直到那时，马里王国仍然是它北面的索索王国的隶属国。纳雷·法马汗国王的儿子松迪亚塔·凯塔（Soundjta Keita）立志要使他的国家摆脱索索王国的统治，但由于他和他的兄弟们之间争夺王位的纠纷，他退居到塞古。后来马里王国不堪忍受索索王国的压迫与勒索，全国迫切希望从索索王国的统治下解放出来，而这时松迪亚塔的那些兄弟都已逃到几内亚森林区的基西杜古了，马里王国的酋长们便请松迪亚塔回来领导人民反抗索索王国的统治。松迪亚塔在桑卡拉尼河、锡基里和富塔－贾隆一带组织了一支军队，并进行了严格的训练，于 1234 年发动了向索索王国争取自由的解放战争。他在团结一致决心要争取国家独立的人民支持下，于 1235 年攻占了索索王国的首都基里纳。基里纳一战使马里王国取得了决定性的胜利。索索王国的国王战死，松迪亚塔接管了索索王国的政权。从此索索王国及其附属国都并入马里王国的版图。1240 年马里王国迁都尼阿涅（Niani）。尼阿涅位于靠近如今几内亚东北边界的马里境内。从此马里王国成为马里帝国。在这以后松迪亚塔又发动了几次对外征服邻近小国的战争，最后的疆域向东一直推进到今布基纳法索首都瓦加杜古，向西扩大到塞内加尔河和冈比亚河下游原加纳王国的边境，向北到毛里塔尼亚原加纳王国的首都库姆比以北。松迪亚塔死于 1255 年，也就是在 1235 年战胜索索王国以后的 20 年。据马里和几内亚的民间歌手说唱传下来的民间口传历史资料，松迪亚塔是在一次同颇耳族人的战争中淹死在桑卡拉尼河里的。

松迪亚塔以后马里帝国比较有名的国王是曼萨·穆萨（Mansa Moussa）。他在位的时间是 1312～1332 年，1324 年他曾到麦加去朝圣。他的财富和排场震惊了阿拉伯世界。从麦加回国的途中，为巩固马里帝国在尼日尔河湾地区的统治地位，他在廷巴克图停留，并在那里修建了金格贝尔清真寺（La Mosquée Djinguerber）。

曼萨·穆萨统治时期是马里帝国的鼎盛时期，其疆域北自撒哈拉沙漠南缘，南至今几内亚的森林区，西起大西洋沿岸，东至今布基纳法索。帝国下辖 13 个小王国。这 13 个小王国同时也是行政区划 13 个省。省以下的行政单位是县和自然村。县和村的政权是二元制，即有两位统治者，一位是宗教长老，主持教务并支配土地，另一位是行政长官。除了这 13 个小王国（省）以外，还有一些边远的酋长国，在行政区划上没有进入马里帝国的版图，但都承认马里帝国的统治地位。

诞生于今几内亚东部地区的马里帝国，在长达一个多世纪里，在西非地区实现了某种政治联合。马林凯族、邦巴拉族、桑海族、图阿雷格族、颇耳族等十几个种族共同生活在一个帝国内，共同承认唯一的国王的统治地位。

马里帝国的主要经济活动是农业。这首先是因为马里帝国所在的尼日尔河流域是富饶的农业区，同时也由于马里帝国的第一任国王松迪亚塔非常重视农业，他从国外引进了棉花、花生和木瓜等农作物。除农业以外的其他经济活动有畜牧业、淘金、贸易等。

马里帝国同加纳王国一样，同北非的贸易是它重要的经济部门。加纳王国衰落以后，西非内陆同北非的贸易往来出现了一条新的通道。在加纳王国时期同北非的贸易通道是经如今马里北方的加奥，穿过阿尔及利亚东南部，最后到达利比亚的斐赞。马里帝国时期穿越撒哈拉沙漠的贸易通道则在原来通道的西边，即经马里北方的廷巴克图到摩洛哥南部的西吉尔马萨（Sidjilmasa）。那时廷巴克图是马里帝国的对外门户，在尼日尔河畔的吉内（Djenne）是重要的商业中转站。马里帝国向北非的出口主要有来自邦布克（Bambouk）金矿和布雷（Bouré）金矿的黄金以及奴隶、树胶、胡椒、科拉果、象牙等，其中奴隶贸易占很大的比重。黄金出口使马里帝国同世界许多地区发展了贸易关系，西非的黄金充盈着北非地中海沿岸国家的市场，甚至还行销到欧洲，大批意大利商人从中发了大财。马里帝国从北非进口的有盐、棉布、地中海的贝壳以及摩洛哥等地中海沿岸国家的手工艺品。

1337 年马里帝国遭到第一次外来入侵。侵略者来自今布基纳法索北方亚滕加（Yatenga）的亚滕加王国。入侵者占领了马里帝国的北方重要商业城镇廷巴克图。由于外部遭到侵略，内有王位继承权纠纷，马里帝国迅速衰落。1450 年，位于马里北方的加奥和廷巴克图之间的桑海王国向马里帝国发起进攻，占领和烧毁了马里帝国的首都尼阿涅，马里帝国从此灭亡。

第三节　近代史

一　种族地域分布的形成

15 世纪中期马里帝国灭亡以后的两个多世纪里，今天几内亚这个地区再没有形成统一的国家。在这期间经历了种族大迁移，今天几内亚四大自然区的种族分布格局就是在那个时期形成的。

马里帝国以后的桑海王国驱赶异族，将大批马林凯族人从马里驱逐到以康康为中心的几内亚东部地区。原来在这一地区的当地种族托马族和基西族等则被马林凯族排挤到森林区。

几内亚富塔－贾隆高原，雨水充足、土地肥沃、草原辽阔，吸引了从北面撒哈拉沙漠的游牧民族颇耳族人来此放牧和定居。16 世纪初第一批颇耳族人来到富塔－贾隆，16 世纪末和 17 世纪初又有一批已皈依伊斯兰教的颇耳族人来到富塔－贾隆。这第二批来的颇耳族人，后来在西非地区伊斯兰复兴统一运动的潮流下，向信仰拜物教的苏苏族和贾隆凯族等当地种族强行传播伊斯兰教，甚至发动圣战将苏苏族和贾隆凯族驱赶到西部沿海地区。

几内亚各种族的地区分布格局就这样形成了。位于西北与中西部的富塔－贾隆是颇耳族人为主的地区，东部以康康为中心的尼日尔河上游流域几乎是单一的马林凯族人居住地，西部沿海地区是以苏苏族人为主的地区，东南部森林区是托马族和基西族等小种族的聚集地区。历史上形成的这一种族地区分布格局一直保持到今天。

二　伊斯兰神权国家的建立

正当欧洲人在西非沿海一带疯狂进行奴隶贩卖、传教与地理考察，为入侵非洲内陆加紧准备的时候，几内亚内地从17世纪末至19世纪70年代经历了西非地区伊斯兰复兴统一运动，并在伊斯兰圣战中出现了一些伊斯兰神权国家，先后有富塔国、图库勒尔帝国和萨摩里帝国。在这一时期的几内亚沿海地区，随着沿海贸易（包括奴隶贸易）的发展，出现了一批分散的酋长国。

（一）富塔国（1743～1897）

16世纪末和17世纪初，一批皈依了伊斯兰教的颇耳族人来到如今几内亚富塔－贾隆的中南部，在马木以北50多公里的廷博（Timbo）和比塔附近的富古姆巴（Fougoumba）定居下来。这批颇耳族人来自塞内加尔的富塔－托罗。他们是在桑海王国崩溃以后，经马里的马西纳来到几内亚的。开始的时候，他们到这里只是为了放牧和寻找新的定居点。虽然他们信仰伊斯兰教，但只在内部奉行宗教仪式，同贾隆凯族等当地种族和睦共处。大约从17世纪下半叶起，颇耳族人就开始公开传播《古兰经》，进而向信拜物教的当地种族强行推广伊斯兰教，甚至发动圣战，征服周围的异教种族。当地种族，尤其是贾隆凯族进行了激烈的抵抗。这场圣战经历了半个多世纪。1727年颇耳族人和贾隆凯族人在比塔附近的塔兰藏（Talansan）村进行了一场激战，颇耳族人最终击败贾隆凯族人，确立了他们在富塔－贾隆地区的统治地位。1743年卡拉摩科·阿尔法雅（Karamoko Alfaya）当选为富塔－贾隆的伊斯兰教教长，颇耳族人的伊斯兰神权国家——富塔国正式建立，首都建在富古姆巴。

颇耳族人在富塔－贾隆立国的过程中有两位起重要作用的人物，一位是卡拉摩科·阿尔法雅（Karamoko Alfaya），另一位是易卜拉赫伊马·索里（Ibrahima Sori）。前者是一位对《古兰经》有很深研究的伊斯兰教学者，他将伊斯兰教的卡迪里亚（la Qadirya）教派传进几内亚，在富塔－贾隆地区推广。他曾在比塔附近的蓬博里（Bomboli）村召开群众大会宣讲《古兰经》，为富塔国的创建奠定了思想基础。后者是位军事战略家，

他的凌晨袭击战术在对贾隆凯族人的圣战中发挥了重要作用。

卡拉摩科·阿尔法雅于 1775 年去世，富塔国的酋长大会指定易卜拉赫伊马·索里接替卡拉摩科·阿尔法雅继续领导传播伊斯兰教和进行伊斯兰圣战的重任。阿尔法雅是位文人和伊斯兰教学者，他重视政治与宗教立国；而索里是位军人，偏重军事，一上台就取得了征服异族的新胜利，1776 年他自封"阿尔马米"的称号。"阿尔马米"是伊斯兰教的最高封号，是伊斯兰国家元首与宗教最高教长的双重封号。这引起人们对他的非议。为摆脱伊斯兰教上层势力对他的束缚，1780 年索里把首都从富古姆巴迁移到廷博。此后他继续发动对周围酋长国的战争。如果说在此以前发动对异族的战争是进行伊斯兰圣战，主要是为推广伊斯兰教，此后的对外战争逐渐转向以经济目标为主，重在抢劫奴隶和向沿海的欧洲奴隶贩子提供奴隶。

对内治理方面，索里虽然颁布法律，规定王位由阿尔法雅和索里两个家族轮流继承，可事实上，富塔国这时已开始了两个家族之间的王位争夺纠纷。1784 年索里去世以后，富塔国内部王位争夺更加激烈，国家逐渐陷入内乱当中。

富塔国是一个奴隶制占统治地位的国家，与中世纪西非各地的王国不同，富塔国是一个单一种族国家（颇耳族人的国家），并对其他种族实行压迫与奴役政策，并不断向周围种族发动征服战争，战败种族沦为奴隶。

富塔国全国划分为 9 个省，分别是廷博、富古姆巴、布里亚、凯巴利、科拉戴、罗因、廷比、拉贝和富戴哈吉。除了这 9 个省以外，还有一些边远的酋长国，虽然没有划进富塔国，但都是富塔国的属国，要向富塔国纳贡。富塔国的属国分布很广，西边到沿海地区，东边到今几内亚与科特迪瓦边境的桑卡拉尼河。

富塔国的社会有明显的等级划分，有贵族、自由民、奴隶以及由铁匠、木匠、口传历史的民间说唱师等专业人员组成的"特殊阶层人"。阿尔法雅和索里两人是建国功臣，其家族及后代都是贵族。军事、政治和宗教大权都由这两个家族轮流掌控。颇耳族人的酋长也都是贵族，百姓都是自由民。其他种族，在接受了伊斯兰教以后，酋长也可以成为贵族，百姓也可以成为自由民。拒绝接受伊斯兰教的战败种族的酋长和百姓一律沦为奴隶。富塔国有大量的奴隶，除了在战争中劫获奴隶以外，属国纳贡的贡品往往也是奴隶。最初富塔国向异教种族发动战争是为推行伊斯兰教，抢劫来的奴隶只是作为家奴和兵源补充，后来发展到向沿海地区的欧洲奴隶贩子出售奴隶。

富塔国的经济部门主要是畜牧业和农业。畜牧业是外来征服者颇耳族人的产业，当地种族主要从事农业，被颇耳族人打败的酋长国百姓都成为农奴。农作物主要有水稻、福尼奥米和甘薯等。

商业一直是富塔国的重要经济来源，富塔国主要是同来自西面沿海的商人进行贸易。全国唯一的市场位于它西部边境线上的孔库雷河的北岸。富塔国出口的产品主要是牛羊、牛皮、橡胶、花生、芝麻、柑橘等。除了这些农畜产品以外，奴隶也一直是富塔国的重要出口商品。富塔国从沿海进口的是欧洲的工业品，如布匹、玻璃器皿、食盐、步枪和火药等。富塔国还是西非沿海地区同内陆贸易的转运站，许多来自内陆的商队到富塔国贩运商品。

富塔国虽然商业很活跃，但没有货币，基本是以物易物。有时牲口在贸易交换中被用作货币。从 1880 年起，橡胶、琥珀也作为货币。

富塔国从 17 世纪到 19 世纪末一直在富塔－贾隆地区占统治地位，直到 1897 年法国入侵几内亚内地，富塔国同法国殖民者签订接受法国保护的条约才宣告灭亡。

富塔国在几内亚的历史上没有发挥多少积极作用，它不同于以前的马里帝国，也不同于后来的图库勒尔帝国和萨摩里帝国，富塔国对异族采取压迫与奴役政策，后来发展为依靠同欧洲人的奴隶贸易生存和发展。19 世纪下半叶面对法国向内地的步步入侵，它没有进行任何抵抗就同法国殖民者签订了接受法国保护的条约。不过富塔国在传播伊斯兰教和伊斯兰文化方面对富塔－贾隆地区有较大影响。伊斯兰教 11 世纪就传入几内亚，但一直只限于宫廷和上层，富塔国使伊斯兰教从宫廷走到民间，广大人民群众开始信仰伊斯兰教。富塔国在富塔－贾隆地区传播的伊斯兰教卡迪里亚教派至今一直是几内亚伊斯兰教的两大教派之一。富塔国的首都廷博今天虽然已变成一个普通的村庄，但它是几内亚的伊斯兰教古都，至今还保存着 18 世纪的清真寺。

（二）图库勒尔帝国（1852～1893）

图库勒尔帝国是艾尔－哈吉奥马尔建立的。艾尔－哈吉奥马尔 1797 年生于塞内加尔的一个图库勒尔族（Toucouleur）家庭。艾尔－哈吉是他的宗教封号，他的名字是奥马尔·塔勒（Omar Tall）。他的父亲是位伊斯兰教师，他从小在家中就受到良好的伊斯兰文化教育。他青少年时代曾去麦加朝圣和在埃及艾尔阿扎尔大学（l'université El-Azhar）学习。他在麦加生活和学习 5 年，并在那里获得了艾尔－哈吉的宗教封号。他在麦加和埃及等地朝圣和学习期间结识了许多著名的伊斯兰学者。最初他接受的是伊斯兰教的卡迪里亚派，后来转信提江尼亚（la Tidjania）教派。

1845 年艾尔－哈吉奥马尔来到如今的几内亚东部，即当时富塔国的东部边缘。他这时已经是闻名西非地区的伊斯兰学者，受到当地颇耳族人和马林凯族人的欢迎。在得到富塔国阿尔马米的允许以后，他在那里建立了一所伊斯兰学校，并在那里从事伊斯兰教育长达 12 年。他个人的威望和他所传授的伊斯兰教提江尼亚派教义吸引了大批学子，除几内亚马林凯族和颇耳族的青年人以外，还有很多来自他的家乡塞内加尔富塔－托罗的年轻人。

艾尔－哈吉奥马尔有了威望和众多的弟子以后，就滋生了要参与政治和宗教的愿望。他在宗教上同富塔国阿尔马米分属两个不同的教派，富塔国推行的是传统的伊斯兰教派卡迪里亚派，而他宣传的是比较开放的提江尼亚派。他宣传自由平等，反对压迫异教，主张不同宗教共存，坚决反对法国入侵。他的这些政治与宗教思想为富塔国的阿尔马米所不容，便被驱逐出富塔－贾隆。他于 1850 年到了今几内亚北部廷基索河左岸的丁几拉伊，在那里建起了城堡，招募了一批追随他的年轻人进行军事训练。

19 世纪中叶，西非地区的伊斯兰复兴统一运动进入高潮。这场宗教运动有明确的政治目标，就是反对欧洲人到非洲传教，要求把长期处于混战中的非洲各地分散的王国统一起来。那时西方对非洲的侵略已有三个多世纪，非洲社会已遭到严重破坏与摧残，尤其是将近三个世纪的奴隶贩卖，不仅使非洲社会的生产遭到严重破坏，而且使非洲大陆内部陷入长期混战与分裂的状态。人们渴望和平与统一，西方在非洲各地传播基督教对伊斯兰教产生了强烈冲击，人们有亡国灭教的深重危机感。艾尔－哈吉奥马尔正是在这样的时代背景下起来领导西非地区的伊斯兰复兴统一运动的。这场宗教运动很快发展成一场争取和平与统一和反抗法国入侵的人民运动。从 1854 年起，艾尔－哈吉奥马尔从丁几拉伊率领军队进行伊斯兰圣战，力图统一西非地区。他的斗争取得了胜利，在西非地区建立起一个辽阔的伊斯兰帝国——图库勒尔帝国，其疆域从今几内亚北部丁几拉伊到马里东北撒哈拉边缘的廷巴克图，首都在今马里境内的哈姆达拉伊（Hamdallaye）。他后来遭遇法国殖民军入侵，无法继续伊斯兰复兴统一事业，于 1864 年去世。

奥马尔去世以后，他的一位弟子马马杜·萨克浩（Mamadou Sakho）将伊斯兰教的提江尼亚派传入康康地区，并于 1849 年在康康建立了政权，使康康成为一个很大的独立国家，同时在尼日尔河右岸继续进行伊斯兰圣战，并在乌阿苏鲁村和桑加拉尼河流域传播伊斯兰教。

奥马尔和他创建的图库勒尔帝国在几内亚的历史上有一定地位。他和他的弟子将伊斯兰教的提江尼亚教派在以康康为中心的几内亚东部地区的马林凯族人中间广泛传播。提江尼亚教派成为几内亚伊斯兰教的两大教派之一。康康至今仍是几内亚伊斯兰学术中心。

（三） 萨摩里帝国（1878～1898）

马里帝国崩溃以后，马林凯族向尼日尔河上游迁移，分散在今几内亚东部和马里西南部一带。直到 19 世纪中叶萨摩里建国前夕，马林凯族人仍处于分散状态，形成上百个村庄和小酋长国。而那时在他们周围已开始了伊斯兰复兴运动和建立起了统一的国家。它的西边有富塔国，北面有图库勒尔帝国，东面在今布基纳法索有莫西王国。经济方面，马林凯族人在这个时期是西非地区活跃的商人。他们从事从沿海到西非内陆的长途贸易。随着沿海贸易的发展，几内亚东部地区在马里帝国时期就已形成的康康等一批商业城镇，这时又成为繁荣的商业中心。马林凯族人逐渐有了要联合建立更大政治组织的意识。在外部，这时法国人已经控制了沿海的酋长国和在富塔－贾隆地区的富塔国，正从沿海向内地加紧入侵，步步逼近几内亚东部马林凯族人的地区。人民寄希望于萨摩里·杜尔，把他看作古代马里帝国开国皇帝松迪亚塔的再生，渴望在他领导下重建马林凯族统一与强大的国家。萨摩里·杜尔顺应这一历史潮流，起来进行伊斯兰复兴统一和创建萨摩里帝国。

萨摩里·杜尔系马林凯族人，1830 年生于今几内亚森林区贝拉专区的芒扬巴朗杜古村。他出生在一个下层家庭，父亲是在西非地区进行长途贩运的商人。他从小跟随父亲从事商业贩运，到过塞拉利昂的弗里敦和利比里亚的蒙罗维亚等沿海地区，也到过马里和如今的布基纳法索等内陆地区。

1851～1852 年，萨摩里·杜尔的母亲在一次酋长国之间的混战中被马迪纳（Madina）酋长国抓去当奴隶。为使母亲获得自由，他代替母亲到马迪纳酋长国的宫廷卫队服役 7 年。他在那里学到了军事技术，成为一名优秀的军人。富塔国军人出身的阿尔马米易卜拉赫伊马·索里看中了他的军事才能，请他到富塔国的军队服役。杜尔在索里手下不仅军事技术有了进一步提高，而且还加入了伊斯兰教的卡迪里亚教派。1868 年杜尔家乡萨南科罗（Sanankoro）酋长国的酋长请他回去统率军队，那时他才 31 岁。后来酋长在一次战役中阵亡，杜尔便被推选为酋长。

1870 年萨摩里·杜尔开始进行以伊斯兰教为旗帜的改革与统一运动。他招募来自西非各地的奴隶组成一支军队，从乌阿苏鲁村出发，向尼日尔河上游的酋长国发动伊斯兰圣战，一举征服了从库鲁萨到锡基里以及在锡基里西边丁几拉伊地带的各个酋长国，并控制了布雷金矿。1875 年他把首都从萨南科罗迁移到位于今天几内亚森林区东北部的比桑杜古（Bissandougou），到 1878 年萨摩里伊斯兰帝国①已基本形成。其疆域西起富塔－贾隆地区富塔国的东部边缘，南到几内亚森林区靠近塞拉

---

① 萨摩里是从乌阿苏鲁村发起伊斯兰圣战建立起他的帝国的，所以法国人称萨摩里的国家为乌阿苏鲁帝国（l'impire de Wassoulou）。乌阿苏鲁是几内亚东部地区一个村庄的名称，几内亚独立后塞古·杜尔总统将乌阿苏鲁帝国正名为萨摩里帝国。

利昂和利比里亚边境，东南到科特迪瓦西部边境，东面经马里西南部的锡卡索直到今天布基纳法索的南方城市博博－迪乌拉索。国土面积达 20 万平方公里，差不多相当于今天几内亚的面积（24.6 万平方公里）。人口有 100 多万。

1880 年杜尔自封为帝国的阿尔马米，即国家元首和最高教长。在这以后他便转而南下，去征服尼日尔河上游繁荣的商业城市康康。那时康康隶属奥马尔的弟子们建立的伊斯兰提江尼亚教派酋长国，萨摩里在1887～1889 年经过长期围攻才占领了康康。

萨摩里·杜尔痛恨少数人压迫和奴役多数人的不平等社会。他按《古兰经》教义建设理想国家，主张建设一个各族人民平等友好，人人都能在和平与安定的环境里劳动和生活的理想社会。他高举伊斯兰复兴统一的旗帜发动伊斯兰圣战，征服了几内亚东部和森林区长期处于混战中的大小酋长国。萨摩里帝国的建立在一定程度上为后来抵抗法国武力入侵奠定了政治和军事基础。法国人从几内亚沿海到富塔－贾隆一路都用签订保护条约的欺骗手段轻易入侵和占领了几内亚西部地区。但在几内亚东部，他们遇到了一个政治上统一、军事上强大的帝国。

但萨摩里帝国也有弱点，国家缺少稳固的经济与政治基础。萨摩里是通过伊斯兰圣战这样的军事手段建立起来的帝国。连续十几年发动征服弱小国家的战争，虽然在军事上取得了胜利并建立起了辽阔的帝国，但也使其处于四面为敌的不利境地，这也为法国人入侵时所利用。

三　沿海酋长国

几内亚古代对外交往主要是通过内陆与撒哈拉沙漠以北的世界发生联系，所以那时的经济与政治重心是在内陆，即在东部的尼日尔河上游流域和西北与中西部的富塔－贾隆地区。那些地区在中世纪已发展起像马里帝国那样的奴隶制国家。同时，由于内陆同外部世界联系比沿海地区早，早期进入撒哈拉以南非洲的阿拉伯旅行者和商人记录下了有关这一地区的史料也比较全面，几内亚沿海地区的古代史则没有任何文字记载。从 15 世纪上半叶到达几内亚沿海的葡萄牙人的记载来看，古代几内亚沿海和森林区没有形成过国家，只有以从事不同生产活动形成的居民群体，有渔民群体、农民群体和猎人群体等。这些居民群体都是相互孤立的生产和生活集体，内部没有明显的等级差异，各个群体的首领只起调解纠纷的作用。遇有大事，大家坐在树荫下商量做出决定。今天的几内亚人，把这种议事和决策的方式称为"大树下的民主制度"，认为这就是他们特有的传统民主制度。

几内亚沿海地区在 18 世纪以前没有形成过国家，18、19 世纪随着沿海贸易的发展，出现了一批分散的，以自然村和氏族为基础的小酋长国，比较大的酋长国有以下这些：

（一）纳卢王国（le Royaume des Nalou）

位于今天几内亚大西洋边博凯附近的尼奈河与卡西尼河之间。这是一个纳卢族人组成的国家。大约在 18 世纪中期由一位名叫芒加·达比隆（Manga Dapilon）的纳卢族人领导建立，首都设在达比隆。芒加·达比隆之后是由他的儿子克汉福里·拉蒂亚（Khanfori Ratya）接替王位。克汉福里·拉蒂亚将王位传给了他的朋友塔乌里（Tawuli）。塔乌里将王位传给了他的儿子尤拉·塔乌里（Yura Tawuli），后者于 1857 年登基并将首都由达比隆村迁移到索戈比村。

纳卢王国由于地处通向富塔－贾隆地区的大河沿岸，商业繁荣，很快强大起来，周围的朗杜马族人和巴加族人的一些村庄也都接受了它的统治。1876 年以后王国陷入尤拉·塔乌里的女婿和侄子之间的权力争夺。这一内部矛盾延续了很长时间。

（二）杜布雷卡王国（le Royaume de Dubreka）

这是苏苏族人的王国，位于今几内亚的杜布雷卡港周围。这里最初是巴加族人居住的地方，18 世纪初从富塔－贾隆过来的苏苏族人到这里定居。一位名叫苏姆巴·杜马尼（Soumba Toumany）的苏苏族人帮助巴加族人赶走了一批经常来抢劫和侵扰他们的强盗。巴加族人为感谢他就推举他为这个地区的国王。

王国由三个省组成，分别是以卡波罗为省府的卡卢姆省，以马纳阿赫为省府的马纳阿赫省和以杜布雷卡为省府的塔布恩苏省。

（三） 朗杜马国（Pays des Landouma）

朗杜马族人组成的国家，位于几内亚西北部，靠近大西洋边尼奈河上游的博凯。由于地处沿海到富塔－贾隆的交通要道上，随着沿海同内陆贸易的繁荣，在 17 世纪得到很大发展。18 世纪初，朗杜马族人受到从富塔－贾隆过来的一批信伊斯兰教的颇耳族人的影响，组成以博凯为中心的酋长国，同时接受了伊斯兰教。

朗杜马国同纳卢国因都在博凯港附近，故有争夺控制沿海同内陆贸易权利的矛盾。朗杜马国为了要在同纳卢国的争夺中占据优势地位，1838年国王萨拉（Sara）便同富塔国的阿尔马米签订条约，承认朗杜马国为富塔国的属国。

朗杜马国是由两个自然村组成的国家，由两个村轮流执政。

（四） 蒂亚王国（le Royaume de Thia）

蒂亚是一个村庄的名称，位于博法港附近。蒂亚王国是一个村联邦，由苏苏族人居住的七八个村庄组成的王国，其中最主要的两个村是蒂亚村和贡维亚村（Conveya）。这个王国最初是由邦古拉（Bangoura）家族在 18 世纪中期创建的，后来到了 19 世纪初由卡蒂（Katty）家族夺得政权。国王乌拉·卡蒂（Woula Katty）执政时期王国成为一个活跃的商业中心，还用武力征服了周围许多村庄。邦加兰村、克巴塞亚村、拉贝亚村、松姆博里村、里索村、勃拉马亚村等归属了蒂亚王国。在拉克哈塔村的巴加族人也承认蒂亚王国的权力。

蒂亚王国的商业非常活跃，主要是做内地富塔国和沿海欧洲商人的中间商。这里的贸易优势引起富塔国的重视，大约从 18 世纪起，富塔国阿尔马米的一位弟弟到蒂亚国的邦贝亚村建立了一个贩卖奴隶的市场。蒂亚王国在马蒂亚·卡蒂（Mathias Katty）国王执政时承认了富塔国的权力，成为富塔国的属国，国王也按富塔国的模式称阿尔马米，但同富塔国的隶属关系是松散的。到 19 世纪初，蒂亚村已成为一个繁忙的商业中心。商业虽很繁荣，但在政治上仍是个松散的村联邦。

（五） 莫雷阿赫王国（le Royaume de Moreah）

在今天科纳克里以南将近 100 公里的大西洋边的福雷卡里亚

（Forécariah），在 17、18 世纪也是重要贸易区，因为离福雷卡里亚不远的地方就是几内亚沿海另一较大的港口蓬蒂港（Ponty）。这里是沿海同富塔 – 贾隆和尼日尔河上游以及森林区三地贸易的重要商品集散地。随着沿海贸易的发展，从康康地区南下的马林凯族人 17、18 世纪在这一带建立了一批以自然村和家族为基础的独立的小酋长国。在这批小酋长国中较大的是莫雷阿赫王国。

莫雷阿赫王国是在 18 世纪末由马林凯族人福戴·杜尔（Fodé Touré）创建的。他带领原在康康地区的杜尔家族、扬萨内（Yansané）家族和福法纳（Fofana）家族皈依了伊斯兰教的马林凯族商人家族来到福雷卡里亚一带的大西洋沿海地区。当地的苏苏族人热情地接纳了这批马林凯族人。不久，在福戴·杜尔领导下建立了莫雷阿赫王国，建都福雷卡里亚。这批信伊斯兰教的马林凯人以和善的方式使苏苏族等当地种族都接受了伊斯兰教。而他们自己也接受苏苏族的文化和语言，最后为苏苏族所同化了。

由于莫雷阿赫王国是伊斯兰教国家，也向当地种族传播伊斯兰教，所以它同富塔国不是隶属关系。它是独立的王国，同富塔国保持平等的友好关系。

在今天几内亚的森林区，在 19 世纪萨摩里·杜尔建立萨摩里帝国以前，从未出现过国家组织，长期延续着大家族制的社会结构。社会的基层单位是村和大家族。为抵御森林区以外的种族来抢劫奴隶，由几个村组成松散的联盟，受一位酋长领导。劳动分工和社会等级都不明显。只是到了 19 世纪 70 年代，在基西杜古和科尼昂（Conian）两个地区，为抵制伊斯兰教出现过建立政权的尝试。

四 法国入侵与占领

（一）自由贸易与地理考察

15 世纪以前几内亚同外界贸易往来都是从内地穿过撒哈拉沙漠进行的。那时几内亚的黄金等资源要经北非和意大利的中间商才能到达欧洲。随着西方资本主义发展，欧洲对非洲资源的需求增加，除了黄金和象牙以外，还增加了橡胶等工业原料。从 15 世纪起，欧洲人便从海上直接到非洲沿海从事所谓的自由贸易，以获取欧洲工业所需的原料。首先来到几内亚沿海的是葡萄牙人。1447 年葡萄牙人越过冈比亚到了今几内亚西北部的博凯。1453 年一位名叫尼诺·特里斯道（Nuño Tristao）的葡萄牙骑士沿着流经博凯的河流探明了从沿海通向富塔－贾隆的道路，他便以他家族名字的排名，给博凯通向内陆的这条河流取名为尼奈河（le Rio Nunez）。尼奈河的名称一直保持到今天，它是发源于富塔－贾隆的法塔拉河的下游河段。在这同时葡萄牙人还考察了塞拉利昂和利比里亚的大西洋沿岸。1467 年，葡萄牙人完成对几内亚沿海的全部考察，并从后来成为科纳克里的地方首次从大西洋直接登上几内亚。

从 15 世纪下半叶起，西方逐步开通了从几内亚沿海河口通向内地的商业通道。当时经几内亚通向西非内陆的商业通道主要有三条。一条是从几内亚西北部靠近今几内亚比绍边境的博凯，在今科纳克里以北 30 公里的杜布雷卡，以及科纳克里以南将近 100 公里的福雷卡里亚这三个大西洋沿海口岸，经几内亚西北部和中西部的富塔－贾隆到康康。另一条是从塞拉里昂的弗里敦，经几内亚南部城镇法拉纳到几内亚东部商业重镇康康。第三条是从利比里亚，经几内亚森林区到凯鲁阿内（Kérouané），再从尼日尔河的支流米洛河到康康。那时几内亚富塔－贾隆的拉贝，东部的康康和库鲁萨等城镇，都是西非沿海和内陆的贸易枢纽。

葡萄牙人控制西非沿海贸易长达一个多世纪，从 15 世纪到 16 世纪，他们以欧洲廉价工业品换取非洲的黄金、象牙、橡胶等贵重自然资源。在这场贸易中几内亚传统的经济与政治重心发生了深刻变化，繁荣了将近 10 个世纪的内陆通过撒哈拉沙漠的对外贸易开始衰落。原来作为马里帝国经济与政治基础的内陆商业城镇也随之失去了重要地位，经济重心开始向沿海转移。

（二）贩卖奴隶与传教

西方国家在非洲沿海的贸易很快就不满足于对黄金和象牙等自然资源的掠夺，而转向更有利可图的奴隶贩卖。在这场罪恶交易中，走在前面的仍是葡萄牙人，后来荷兰、法国、英国等西方国家也纷纷加入。法国在西非沿海进行奴隶贩卖的中心基地是塞内加尔的戈雷岛（Gorée）。1714 年法国在几内亚建立第一个奴隶贩运码头。在整个奴隶贩卖期间，几内亚的洛斯群岛以及博凯附近的冈姆萨港、博法港、杜布雷卡港，都是装运奴隶的码头。洛斯群岛还是关押奴隶的露天牢场，抓来的奴隶被放在岛上，等待装船运往美洲。如今洛斯群岛的福托巴（Fotoba）还保留着当年关押和装运奴隶的遗址，并已为联合国教科文组织列为世界历史遗址保护区。

在长达三个世纪的奴隶贩卖期间，从几内亚运出的奴隶估计有 50 万，还不包括在抢劫奴隶的混战中死伤的人数。

在奴隶贩卖之后，西方国家开始到非洲传教和进行地理考察。19 世纪初，西方国家虽已在沿海大肆掠夺了非洲的许多自然资源和奴隶，但还没有深入非洲内陆，非洲在政治与文化上仍保持着自己的传统。19 世纪中叶，西方国家传教士深入非洲内地。1872 年英国的传教士首先来到塞拉利昂，并从塞拉利昂很快到了几内亚沿海。虽然那时几内亚沿海在政治上已属于法国的势力范围，但在宗教上归属于由英国控制的塞拉利昂教区领导。法国不甘心在文化侵略方面落后，便于 1875 年从塞内加尔向几内亚派出了传教士，并将当时已属于塞拉利昂教区的杜布雷卡酋长国国王的三个儿子带到达喀尔教堂，培养成第一批几内亚人传教士，几年后派回几内亚传教。1877 年，法国在博法港建立了几内亚第一个天主教堂，1878 年建立了几内亚第一个天主教会，同年 12 月 18 日法国同博法酋长国签订了在那里传教的协议，从而走到了英国人的前面，首先获得了在几内亚传教的权利。1890 年在科纳克里建立了天主教会，并派了一名修女到几内亚开办医院和学校。1897 年法国向科纳克里派出大主教，成立了几内亚教区。从此，几内亚便脱离英国人的塞拉利昂教区。与此同时，法国开始从沿海向金迪亚和富塔－贾隆等内地传教。

几内亚的东部和森林区，西方传教士进去较晚，到 1915 年才开始在那一带传教，而且是从马里进去的。在领导体制上不属于科纳克里教区，而属苏丹（今马里）教区。

跟在传教士后面的是西方国家的探险家，他们进入几内亚内地进行地理考察。第一批到几内亚进行地理考察的是两个英国人，是由 1788 年在伦敦成立的非洲协会（African Association）派出的。他们是从塞拉利昂的弗里敦进入几内亚的，1794 年到达几内亚博法港，并从那里到了富塔－贾隆。紧接着伦敦非洲协会又向几内亚派出第二批地理考察人员，由一位名叫蒙哥·帕克（Mungo Park）的英国人率领，于 1795～1797 年考察了从冈比亚到今几内亚和塞拉利昂边境的尼日尔河源头。然后他们进入几内亚东部，沿尼日尔河的支流廷基索河到了富塔－贾隆。1805 年蒙哥·帕克被廷基索河的激流冲走淹死，中断了对几内亚的地理考察。1818 年法国人加斯帕尔·莫利昂（Gaspard Mollien）也来考察几内亚。在此之前，他已完成了对廷巴克图一带的考察。他从廷巴克图出发向西去寻找西非一些河流的发源地，首先到了几内亚的富塔－贾隆，从那里向西考察了塞内加尔河和冈比亚河。在这些考察的基础上，最后一位进入几内亚考察的也是法国人，名叫勒内·加耶（René Caillie），他于 1827 年跟着一支几内亚商队到了几内亚东部尼日尔河上的库鲁萨（Kouroussa），成为第一个到达尼日尔河的欧洲人（在他前面的人都只到过尼日尔河的支流）。1828 年他回到法国后，法国地理学会授予他 8000 法郎的奖金，法国海外部也向他颁发了 3000 法郎奖金。1830 年他发表了考察几内亚内地的日记，轰动全法国。这时法国已掌握了几内亚内陆详细的地理情况。

（三）入侵与占领

随着工业革命的蓬勃发展，19 世纪上半叶西欧国家发生了深刻变化，西欧对非洲的需求改变了。由于机器生产广泛代替人力劳动，欧洲不再需要从非洲贩卖奴隶到美洲开发资源了。西欧国家需要非洲为它们的发展承担新的角色，成为欧洲工业的原料基地与倾销工业品的市场。

西欧资本主义的发展到了需要对外扩张的阶段，已不满足于在非洲沿海通过自由贸易掠取工业原料，而是要深入非洲内地去系统开发资源，需要占领非洲。从此，西欧国家派军队到非洲从探险家和传教士手上接过接力棒，去完成侵略非洲的最后阶段——征服和占领非洲。这一关键性的转折是在 1880 年前后完成的。法国也正是在这一时代背景下去占领非洲和几内亚的。

到 19 世纪中叶，欧洲殖民主义者对几内亚的侵略已有 3 个多世纪，从自由贸易到奴隶贩卖，再到后来的传教与地理考察，一步步深刻改变了几内亚经济的地区布局，破坏了几内亚生产和传统的社会秩序。在中世纪曾经非常繁华的内陆经济衰落了，经济重心向沿海转移。几内亚在政治上陷入分裂状态，形成三个各自为政的地区：在沿海地区，随着贸易的发展，在18～19世纪出现了一批分散的酋长国；在内陆的富塔－贾隆地区，18世纪颇耳族人在那里建立了伊斯兰神权国家富塔国；在东部，萨摩里·杜尔正在进行伊斯兰复兴统一运动和建立萨摩里伊斯兰帝国。

法国着手占领几内亚时，面对的形势是十分困难的。

首先，法国要同英国进行激烈争夺。法国由于第二帝国时期内部长期动荡和1870年普法战争的失败，在19世纪西方国家侵占西非的过程中，最初大大落后于英国等其他西欧国家。在西非沿海最初是葡萄牙占优势。从1820年起，英国取代葡萄牙在沿海占据了优势地位。英国在1808年就占据了后来成为塞拉利昂的这块西非沿海殖民地。而法国在19世纪中期以前，只在几内亚在西北部沿海有一两个孤立的据点。而19世纪中期的英国，建立塞拉利昂殖民地已有几十年的历史了。而且英国的商人已从塞拉利昂深入内陆，到了现在几内亚东部尼日尔河上游和几内亚中西部的富塔－贾隆地区。所以当法国在19世纪中叶要去占领几内亚时，几内亚的内陆已在英国的势力范围之内。因此，法国要去占领几内亚内陆就要面对同英国的激烈争夺。

其次，在几内亚东部和东南部森林区有个强大统一的萨摩里帝国。萨摩里帝国在地域上是一个辽阔的帝国，有20万平方公里的国土和100万人口。在军事上有一支3万兵力的正规军，这支军队已经有十几年伊斯兰圣战的经验，在装备和武器上得到在塞拉利昂的英国人的支持与供应，并可以从东边萨赫勒草原的莫西族人那里买到骏马。所以法国占领这个地区必然要面对非洲人民的反侵略斗争。

最后，那时几内亚已经是欧洲工业的重要原料基地之一，欧洲工业已离不开从几内亚出口的橡胶等工业原料。所以法国在占领几内亚的过程中要始终保持从富塔－贾隆到沿海商业通道的稳定和对欧洲的原料供应。

根据以上这种形势，法国为占领几内亚进行了以下三个方面部署：

1. 海军建立海上据点

1865 年和 1866 年法国派海军占领了西北部博凯附近的冈姆萨港和南边靠近几内亚同塞拉利昂边境的福雷卡里亚附近的蓬蒂港，并在那些地方建立了第一批海军常驻军事哨所，从而从南北两头挡住了英国人从海上向几内亚步步进发的势头。1876～1880 年又取得了对后来成为科纳克里的廷博岛一带的权利。最后在海军的保护下在科纳克里、杜布雷卡、蓬蒂等沿海港口建立了一批商栈。

2. 商人签订保护条约占领阵地

在稳固占领了海上据点以后，法国派商人在海军的保护下，用欺骗手段同几内亚沿海酋长国分别签订接受法国保护的条约，从而逐步控制了从沿海到富塔－贾隆的地区。

法国在沿海首先下手的是朗杜马国。朗杜马国在博凯港的有利地理位置使它不仅控制着沿海同内地的商业，同时还控制着博凯港，连法国人也得向它交纳进港停泊费。所以法国商人首先要控制这个地区。早在 1838 年法国就宣布朗杜马国的国王萨拉（Sara）为法国在几内亚沿海唯一承认的国王。法国因而取得了在博凯港的优惠停泊权。1844 年萨拉去世以后，纳卢国进攻朗杜马国，朗杜马国被打败；法国趁机介入两国纠纷而获得了对博凯港的控制权。朗杜马国新国王为反抗纳卢国的入侵，同法国签订了接受法国保护的条约，把博凯港的管理权让给了法国商人。

法国占领的第二个沿海酋长国是纳卢国。纳卢国也在博凯港附近，它占据了通往内陆的河口，并控制了通向内地的贸易。法国控制纳卢国的手法是利用它内部的王位之争。当时国王尤拉·塔乌里（Yura Tawuli）想让他的女婿曼加·博卡里（Manga Bokari）接替王位；他的侄子迪纳赫·萨里夫（Dinah Salifou）起来争夺王位。1885 年萨里夫在法国人的支持下当上了纳卢国的国王。法国人想使萨里夫成为听从法国意志的傀儡，但萨里夫是一位有强烈民族主义思想的爱国者。他在富塔国的伊斯兰学校受过教育，有文化，是一位伊斯兰教的传道人。他鄙视法国人，注意团结邻邦，并同它们签订了贸易协定和结盟条约。他的行动使法国人恼火，他在国内和邻国的威望更使法国人害怕。法国决心除掉他。这时法国征服萨摩里的战争开始转入有利阶段，使法国敢于在沿海采取更强硬的手段。1890年法国把萨里夫抓起来流放到塞内加尔的圣路易岛，7 年后，即 1897 年 11 月 27 日萨里夫死于该岛。除掉萨里夫以后法国就转而支持原国王的女婿博卡里为王，骗取他签订接受法国保护的条约，法国就这样又控制了纳卢国。在这期间法国还用差不多同样的手段同沿海其他酋长国签订了接受法国保护的条约。

对于在富塔－贾隆的颇耳族人国家富塔国，法国更是采用先软后硬逐步控制的手段。1881 年法国人到富塔－贾隆时，英国人在几个月前已同富塔国签订了接受英国保护的条约。所以法国人首先要用更软的手法将富塔国从英国人那边拉过来。后来法国同富塔国签订了友好条约。条约规定，所有颇耳族人地区都受法国保护和只有法国可以在富塔国建立商栈。法国同时还使富塔国承认法国对富塔国在沿海的属国享有特权。

1884～1885 年柏林会议以后，英国、法国、德国和葡萄牙对西非进行瓜分和逐步划定势力范围。法国得到英国认可独占富塔－贾隆，到 1888 年法国征服萨摩里帝国已成定局。法国从内外两方面都有条件最终解决对富塔国的全面占领问题，于是强迫富塔国修订保护条约，进一步加强对富塔国的控制。

富塔国内部阿尔法雅家族和索里家族争夺王位的纠纷不断。1886 年再次发生争夺王位的内战，这为法国提供了最终全面控制富塔国的机会。法国支持阿尔法雅家族取得了王位，然后于 1897 年强迫新国王向法国全部交权。在全面控制了富塔国以后，法国便完成了从沿海到富塔－贾隆地区的殖民占领。

3. 武力入侵

19 世纪 80 年代，法国已从普法战争的失败中恢复元气，加强了对外的侵略扩张，在西非地区同英国更加激烈地争夺殖民地。当时萨摩里帝国所在的几内亚东部地区实际上已在英国的势力范围之内，而且在瓜分非洲的柏林会议上英国也提出了对这个地区的领土要求。法国决心以武力征服萨摩里帝国，以实际军事占领从英国势力下夺过这一地区。这样法国就可以将它在几内亚沿海已占领的殖民地同在北面的塞内加尔和东面内陆的马里等连在一起建成法属西非。

到 19 世纪 80 年代，法国已完成从几内亚沿海到富塔－贾隆地区的殖民占领，牢牢控制了这条从几内亚内地运出资源的商业通道。这就为法国以武力占领东部的萨摩里帝国解除了后顾之忧。与此同时，法国还镇压了在萨摩里帝国北面的图库勒尔帝国艾尔－哈吉奥马尔领导的抗法斗争和马里图阿雷格人的武装反抗，完成了从塞内加尔到马里的武装入侵与殖民占领。这一形势不仅使法国可以全力去对付萨摩里帝国，而且还使法国打通了入侵萨摩里帝国的路线，法国可以从北面南下和从东面西进去进攻萨摩里帝国。

五　几内亚的抗法战争

萨摩里帝国位于如今几内亚东部内陆，而那时几内亚东部的沿海地区已经是被英国占领的塞拉利昂。也就是说，萨摩里帝国是在英国殖民地的后院，英国人公开支持萨摩里帝国的抗法战争，萨摩里同法国人打仗的武器都是从在塞拉利昂的英国人那里买来的。法国无法从海上深入内地去进攻萨摩里帝国。

1882 年萨摩里在今马里西南部的萨马亚村同法国殖民军首次交锋。法国人要萨摩里让出一个重要的市场——肯尼埃朗市场，遭到萨摩里·杜尔的拒绝，双方交火，各有胜负。这时萨摩里·杜尔一心想扩大和巩固他的伊斯兰帝国，主动避开法国人继续向东扩展势力范围。1885 年法军占领了几内亚布雷金矿。布雷金矿是萨摩里·杜尔的财政宝库，他依靠这里的黄金向塞拉利昂的英国人买武器。萨摩里·杜尔组织了强大反攻，法军惨败逃回塞内加尔。萨摩里·杜尔虽然取得了暂时的胜利，但他预感到法军会卷土重来。他想利用法国人同英国人的矛盾，于是派了一位特使去塞拉利昂求助英国人，但在 1882 年英、法之间已有妥协协议，萨摩里·杜尔向在塞拉利昂的英国人求援没有成功。这时萨摩里·杜尔仍一心想巩固与扩大他的伊斯兰帝国，担心法国会插手分裂他的国家，也担心东面的对手锡卡索王国的国王马马杜·拉米纳（Mamadou Lamine）投靠法国而推翻他的统治。所以他在 1886 年 3 月 28 日抢先同法国人签订了《克尼埃巴布拉条约》（Keniebaboura），同意将除布雷金矿以外的尼日尔河左岸地区让给法国人。一年以后，1887 年 3 月 25 日他又同法国人签订了比桑杜古条约，向法国人做出了更大的让步，甚至接受法国的保护。萨摩里·杜尔以为他这样让步和屈从以后，法国会帮助他镇压帝国东部地区的反抗运动。在同法国人签订第二个条约和接受法国保护后一个月，即 1887 年 4 月，萨摩里·杜尔就向锡卡索王国发动进攻；而法国人不但没有帮助他，反而还在他的国家鼓动叛乱和分裂，并阻止他到塞拉利昂购买武器，企图切断他的军需来源。到这个时候萨摩里·杜尔终于看清了法国，丢掉幻想准备战斗，并进一步装备军队。1890 年他又同塞拉利昂的英国人签订了在三年内连续向英国人购买武器的协定。但所有努力都为时已晚，法国人已做好了全面向他进攻的准备。

1892 年 6 月，法国向萨摩里帝国发动了大规模进攻。萨摩里抵抗法国武装入侵的重大战役都是在这一年进行的。法国出动了一支 1300 人的步兵；萨摩里亲自指挥一支 2500 人的精锐部队。经过几次激战，萨摩里战败。战争进行得非常激烈，连指挥法军同萨摩里作战的路易斯·阿希纳尔上校也承认，法军虽然打败了萨摩里，但法军的伤亡也十分惨重。

萨摩里经 1892 年同法国人一年的激烈交锋以后，只得向东撤退。但他仍边退边打，同法国殖民军展开了游击战。他采取"坚壁清野"战术，撤退时将百姓以及凡能带的物资都带走，带不动的物资和房产全部烧光，使法国人占领以后无法生存。所以法国殖民军推进十分困难，还出动了3000 多人的军需运输队。撤退过程中，萨摩里在 1895 年 10 月、1896 年 1 月和 1897 年 5 月还打了几场胜仗，重创了法国殖民军。最后他退到如今布基纳法索的南方城市博博－迪乌拉索。从那里再往科特迪瓦边境撤退时，于 1898 年 9 月 29 日在盖勒姆遇到法军袭击而被俘。萨摩里被流放到加蓬奥果韦河河口的岛上，1900 年死于该岛。

1968 年 9 月 28 日，在几内亚取得独立 10 周年时，几内亚政府举行隆重仪式，将萨摩里·杜尔象征性的尸骨运回祖国。

萨摩里抗法战争的失败，使法国完成了对几内亚的武装占领，同时也实现了对整个西非地区的殖民占领。

第四节 现代史

一 法国殖民统治与资源掠夺

（一） 建立殖民地行政体制

法国入侵几内亚是由两条路线进行的：一条是由沿海到富塔－贾隆地区，由总部设在塞内加尔的海军完成。另一条是从东部尼日尔河上游地区到森林区，由总部设在马里的陆军进行。在法国占领初期，几内亚由在塞内加尔达喀尔的海军司令部和在马里的陆军军区（苏丹军区）统治。最初沿海地区叫南方水乡 （les Rivières du Sud）。南方水乡和富塔－贾隆地区都属塞内加尔的海军司令部统治。但南方水乡是殖民地，富塔－贾隆是保护地。如今几内亚东部地区和森林区 （即原萨摩里帝国地区） 和今天的马里划在一起，统称法属西苏丹。

1859 年，法国颁布法令成立南方水乡特别指挥部，这是第一个专门统治几内亚的殖民地行政机构。1882 年 10 月 12 日，法国又颁布第二道法令宣布南方水乡为一个单独殖民地领地。1885 年，法国派出了南方水乡的殖民地领地行政长官，但南方水乡仍由在塞内加尔的法国海军司令部统辖。1889 年 8 月 1 日，南方水乡脱离塞内加尔，成为一个独立殖民地。1890 年，法国向科纳克里派出了第一任常驻领地行政长官。1891 年 12 月 17 日的法令又宣布南方水乡和富塔－贾隆合并为法属几内亚。1892 年以后，法国对萨摩里帝国的武装入侵取得了决定性胜利，已将萨摩里赶到如今的布基纳法索和科特迪瓦北部一带。1895 年，法国又将法拉纳为代表的东部地区划进法属几内亚殖民地。至此，法属几内亚的地域范围已大致形成。

1895 年，法国确定科纳克里为法属几内亚首府。在此之前，科纳克里是只有 20 几户渔民的渔村。法国选择科纳克里为首府有多方面的考虑：首先，科纳克里那时是一个荒芜的半岛，周围没有任何酋长国，法国人到那里可以大兴土木而不受干扰。其次，科纳克里对面有洛斯群岛挡风，从长远考虑，可以建成一个优良的海港。最后，当时洛斯群岛的归属未定，暂时掌握在英国人手中，法国在离洛斯群岛最近的科纳克里建设法属几内亚的首府，这是向英国表明，法国决心从英国人手里夺取洛斯群岛。

1905 年，法国在几内亚的殖民统治体制最终确定。几内亚正式划进 1895 年成立的法属西非。

法国从 1885 年向几内亚沿海地区派出殖民地领地行政长官，到 1958 年几内亚独立，法国占领和统治几内亚长达 73 年。

法国对非洲的殖民地建立了一套完整的统治体制。法国政府设有专门统治海外殖民地的殖民地部。在撒哈拉以南非洲划分为两个殖民地行政区，法属西非和法属赤道非洲。这两个殖民地行政区的总督府分别设在塞内加尔的达喀尔和刚果的布拉柴维尔。几内亚和塞内加尔、马里、尼日尔、上沃尔特（今布基纳法索）、象牙海岸（今科特迪瓦）和达荷美（今贝宁）7 个领地组成法属西非，由法国政府派出一位常驻达喀尔总督府的总督代表法国政府全权统治。包括几内亚在内的每个领地分别有一位领地行政长官，代表驻达喀尔总督行使权力。几内亚全国划分为 20 个行政区（Cercle administratif），行政区以下划分为县（Canton），最基层的行政单位是自然村。由于法国入侵和占领几内亚是由海军和陆军分别进行的，所以最初这 20 个行政区就是原来的 20 个军区，行政区的区长也都由法国军人担任。县长和村长由几内亚人担任，但由法国殖民当局任命。一般都是任命当地的传统酋长和村长，或者是忠实服务于法国殖民当局的雇员和翻译官。但这些几内亚人地方官并没有实权，只起传声筒的作用，将法国殖民当局的命令和法令传达下去，并为殖民当局征收人头税、征集劳役和征兵。

（二）圈定几内亚边界线

1884 年 11 月至 1885 年 2 月，西方国家在柏林召开了瓜分非洲的会议。法国取得了在西非沿海，尤其在几内亚地区的优势地位，但英、葡、德或在几内亚占有地盘，或提出领土要求。柏林会议以后，法国用了 20 多年的时间，才同其他西方国家一一签订瓜分几内亚的协议，最终划定了

几内亚的边境线。在柏林会议上德国提出要占有几内亚科纳克里以北 130
公里的科巴（Koba）这块沿海地区。会后法国同德国达成协议，德国放
弃对几内亚的领土要求，法国将它在多哥与贝宁之间的一长条地盘让给德
国作为补偿。1886 年法国同葡萄牙划定了几内亚西北部同如今几内亚比
绍之间的边界线。法国同意葡萄牙占有几内亚比绍这片沿海地区，但葡萄
牙向法国让出了在塞内加尔的卡萨芒斯（Casamance）和放弃对几内亚富
塔 – 贾隆地区的领土要求。

在西非同法国争夺最激烈的还是英国。英国人很早就在塞拉利昂建立
了它在西非沿海的据点，并且还控制了从塞拉利昂的弗里敦经如今几内亚
东部地区通向西非内陆尼日尔河流域的商业通道。在柏林会议上，英国提
出了对这一地区的领土要求。但在柏林会议后法国征服了在那一带的萨摩
里帝国，用武力实际占领了这个地区。这样就导致在几内亚的东部沿海是
英国人占领的塞拉利昂，而内陆是法国人占领的地区。英、法两国要划定
法属几内亚同英属塞拉利昂之间的边界线十分艰难。此外英、法两国对几
内亚洛斯群岛的争夺也很激烈。所以两国在柏林会议后用了 18 年的时间，
才将几内亚的边境线最终划定。首先在 1889 年 8 月 10 日两国原则达成划分
几内亚同塞拉利昂之间边界线的协议。后来在 1891 年 6 月 26 日和 1895 年 1
月 24 日两国又签订了两个补充协定，才最终确定了几内亚同塞拉利昂之间
的边界线。关于英、法对几内亚东部的争夺，英国是在法国同意对西非内
陆的尼日利亚北部和加纳北部做出让步以后，才退出对几内亚东部地区争
夺的。法国同英国在 1887 年、1888 年和 1890 年经三次艰难的谈判签订了三
个协议，英国才最终同意将几内亚东部的尼日尔河上游地区让给法国。

至于洛斯群岛的最终归属，直到 1904 年英、法才达成协议，法国最
终从英国手里争得了洛斯群岛。

1911 年 1 月 13 日，法国同利比里亚签订了划定几内亚同利比里亚的
边境线的条约。利比里亚是美国在西非沿海建立的黑人移民国家，名义上
是独立的，但实际上是附属美国的。所以法国实际上是同美国签订划分法
属几内亚同利比里亚边界线的条约。至此，法属几内亚的边境线最终确定
下来。

（三）大肆掠夺资源

法国统治几内亚期间，在掠夺自然资源方面大致经历了三个阶段：19世纪末至第一次世界大战前是对橡胶等农业资源进行原始掠夺；第一次世界大战后是发展种植园和开采黄金与钻石；第二次世界大战后在继续开采黄金与钻石的同时开采铁矿和铝矾土。

1. 原始掠夺

法国从19世纪80年代起就从几内亚大量出口橡胶和棉花等经济作物。最初是用征收人头税的办法搜刮农产品。法国在1897年12月28日颁布征收人头税法令，第二年就在几内亚全国征收人头税。农民为交税被迫去采割和种植橡胶等可供出口的农作物。最初农民是用橡胶等农产品交税，后来殖民当局规定要用现金交税，农民必须将农产品拿到市场去出售以后才能得到现金，这样几内亚人民不仅要交税，而且还不自觉地被纳入了法国在非洲的商业体系和货币体系，承受附加剥削。

法国在非洲很快建立起了殖民地商业体系，法国和西欧的几家大商业公司垄断了法属非洲的商业。其中最大的一家商业公司是法属马赛资本的法国西非公司，它是1897年在法国殖民当局的大力支持下建立起来的。第二家大商业公司是法国尼日尔公司，这是英国和荷兰资本的国际托拉斯集团尤尼莱弗公司（Unilever）的子公司。第三家大商业垄断公司是属于瑞士资本的西非商业公司。除了这三家大的商业垄断公司以外，还有其他大大小小的法国商业公司，以及英国、比利时、德国、瑞士等西欧国家的商业公司。这些商业公司在几内亚最初都是进行收购和出口橡胶。但它们不是直接向几内亚农民收购农产品，而是通过黎巴嫩人到农村收购后再转卖给这些法国和欧洲大商业公司，由这些大商业公司将几内亚的农产品出口到欧洲。法国从1880年起就从几内亚出口橡胶。随着欧洲汽车工业的发展，欧洲对橡胶的需求量急增。法国人先是在沿海地区收购，当沿海地区的橡胶被劫掠枯竭以后就深入内地收购，先到富塔－贾隆，最后一直到森林区。这是一种没有任何投资的原始掠夺。

2. 开辟种植园

随着天然橡胶被掠夺一空，在第一次世界大战后法国便在几内亚大力发展橡胶种植园。到 20 世纪 20 年代，由于受东南亚橡胶的竞争，法国便转向发展香蕉种植园，从几内亚出口香蕉。尤其在 30 年代，几内亚的香蕉生产发展达到最高潮。从这时起，几内亚经济开始畸形发展，向着典型的殖民地经济发展，在还处于几乎半原始耕作方式的农村发展少数现代化的种植园。

在发展香蕉种植园的同时还发展咖啡种植园，最初是在沿海种植咖啡，后来发展到在森林区大面积种植咖啡。除香蕉和咖啡两大出口作物以外，法国还在几内亚发展茶叶和烟草种植园以及制作巴黎香水的香料种植园。法国政府大力资助在几内亚发展种植出口作物的各种种植园，专门成立了"几内亚农业信贷中央金库"，负责向这些农业种植园发放贷款。

3. 开采矿产资源

法国在几内亚自然资源的掠夺更重要的还是对矿产资源的掠夺。最初是开采黄金。1900 ~ 1914 年许多法国商人从法国殖民当局领到了在几内亚开采黄金的许可证。1934 ~ 1939 年几内亚黄金开采达到高潮。虽然都是手工开采，但每年黄金的出口达 3 ~ 4 吨。

从 1935 年起法国殖民者开始在森林区开采钻石。第一家到几内亚大规模开采钻石的公司是"几内亚矿业勘探与开采公司"（la Société Guinéenne de Recherche et d'Exploitation minières）。这是一家法国和英国合资开办的矿业公司。它同时在几内亚森林区的贝拉（Beyla）、基西杜古（kissidougou）和马桑塔（Macenta）三个矿区开采钻石。当时年产钻石约 10 万克拉。

法国在几内亚大规模开采矿产资源是在第二次世界大战以后。在继续开采黄金和钻石的同时将更大的力量投入铁矿和铝矾土的开采。1904 年法国在修建从科纳克里到康康的铁路时，发现科纳克里的卡鲁姆半岛有铁矿。1917 年法国完成了对卡鲁姆半岛的地质考察，1939 年法国成立了科纳克里矿业公司（la Compagnie minière de Conakry），准备开采铁矿。后由于第二次世界大战而中断了进程，直到 1953 年才正式开始开采卡鲁姆半岛的铁矿。1957 年生产了 100 万吨铁矿砂，是产量最高的一年。产品主要向英国、卢森堡和比利时出口。

几内亚最丰富的矿产资源是铝矾土，早在 1920 年一家美国公司就对几内亚洛斯群岛的卡萨岛（Kassa）的铝矾土矿进行了地质勘探。1934 年，这家美国公司将卡萨岛铝矾土矿的开采权转卖给了加拿大铝矿公司法国分公司"南方铝矾土公司"（la Société des Bauxites de Midi）。法国南方铝矾土公司于 1952 年开始在卡萨岛进行露天开采，最初年产量为 10 万吨，产量最高的 1955 年达到 48 万吨。法国南方铝矾土公司还考察和勘探了博凯地区的铝矾土矿。法国贝希纳公司［la Société fran（aise Péchiney）］分别于 1942 年和 1954 年对金迪亚和弗里亚的铝矾土矿进行了考察和勘探。1956 年，由美国、法国、英国、联邦德国、瑞士五国的工业财团联合组成弗里亚氧化铝公司开始在弗里亚建设现代化的氧化铝厂。1958 年几内亚独立时弗里亚氧化铝厂正在建设中，1960 年正式投入生产。

二 几内亚争取民族独立的斗争

（一） 非洲在两次世界大战中觉醒

在欧洲人统治非洲的半个多世纪里，世界经历了两次以欧洲为中心的大战。统治非洲的殖民主义国家都是这两次战争的参战国，非洲被其宗主国拖进了战争，大批青壮年被迫去为欧洲人打仗。但战争使沉睡的非洲大陆苏醒。第一次世界大战是非洲觉醒的起点，第二次世界大战使非洲认识了世界，也认识了自己和自己在世界应有的地位。战后非洲开始走上世界政治舞台。

早在第一次世界大战还没有开始的 1912 年，几内亚所属的法属西非殖民地当局，就颁布法令建立黑人常规军，规定 20 ~ 28 岁的男子都必须服兵役。1914 年第一次世界大战爆发的当年，法国就在法属西非征集了14785 人到欧洲参战。在 1915 年和 1916 年的两年里，又有 5 万非洲青壮年应征入伍到前线打仗。还有比这更多的非洲人被迫去为战争服劳役。非洲人为战争做出了贡献和牺牲，但战争使他们漂洋过海，第一次看到了非洲以外的世界。他们开始认识世界和思考自己，看到欧洲殖民者之间的矛盾、争夺，最后我胜你败的结局，从而认识到统治他们的白人并不是不可战胜的上等民族。他们开始认识自己，看到非洲人为欧洲人的战争所做出的贡献和所付出的牺牲。第一次世界大战后在非洲各地爆发了参加大战的退伍军人抗议殖民当局扣发退伍费的群众性斗争。接着，在一些建设工地的非洲劳工也起来进行要求改善劳动待遇的斗争。虽然直到第二次世界大战前夕，非洲人民的斗争都只是要求改善生活条件，是自发和分散的经济斗争，但它是千年沉睡的非洲大陆觉醒的起点。

第二次世界大战爆发时，法国等欧洲盟国是打着反法西斯主义的旗帜动员非洲参战的。所以非洲人民这一次跟随宗主国去打仗是有明确政治目标的，是去反抗压迫与侵略其他民族的法西斯主义。在战争最艰难的1941~1942年，盟国制定的《大西洋宪章》宣布，各民族都有权选择自己的政权形式。在战争胜利前夕的1944年，法国领导人戴高乐在非洲召开的布拉柴维尔会议上也许诺：将在战后改善殖民地的政治地位。战争结束后，非洲人民希望宗主国实现他们的诺言，让非洲分享战争胜利果实，改变非洲受压迫和被奴役的地位。

战争改变了欧洲，也改变了非洲，更深刻地改变了欧洲宗主国同非洲殖民地之间的关系，尤其是法国同法属非洲的关系。法属非洲的人民不仅直接在战场上为反法西斯战争做出了牺牲，而且在整个战争期间，法属非洲是法国的大后方。在法国沦陷以后，戴高乐最后是在非洲建立起"战斗法国"（其前身是1940年在伦敦建立的"自由法国"），领导法国人民坚持反法西斯战争，并从非洲打回欧洲解放法国的。欧非之间在战争期间的这种联系，在战争结束后已不可能回到战前那种奴役与被奴役的关系了。

非洲已在政治上觉醒，战后非洲各地要求独立的群众运动日益高涨，并且很快就向着联合反帝反殖的方向发展。1946年10月19日，法属非洲各地民族解放运动的领袖聚首今马里首都巴马科，成立了非洲联合争取国家独立民族解放的组织"非洲民主联盟"（Rassemblement Démocratique Africain）。

面对战后欧非关系的深刻变化和非洲蓬勃发展的民族解放运动，法国被迫对殖民地的统治体制进行改革。1946年10月法国颁布了法兰西第四共和国宪法，宣布由法国本土和法国在海外的殖民地联合组成法兰西联盟，将殖民地改名为海外领地，法属托管地改为加盟领地。原法属西非和法属赤道非洲都成为法兰西联盟的海外领地，多哥和喀麦隆成为法兰西联盟的加盟领地。接着法国还在海外各殖民地选举地区议会。法国国民议会也有了来自非洲的议员。

（二）几内亚在法属非洲率先独立

1946 年非洲民主联盟成立以后，法属非洲各地纷纷设立地方支部。1947 年 5 月，非洲民主联盟几内亚地方支部成立。1950 年非洲民主联盟几内亚地方支部改名为几内亚民主党（Parti Démocratique de Guinée）。1952 年，塞古·杜尔当选为该党总书记。在塞古·杜尔领导下的几内亚民主党积极开展工人运动，多次组织工人罢工运动要求增加工资。尤其在 1953 年秋季组织了长达 73 天的全国大罢工，最后迫使法国殖民当局做出让步，不仅同意提高几内亚工人的工资，而且其他法属非洲殖民地的工人和几内亚工人一样提高了工资。这极大提高了几内亚民主党和塞古·杜尔在几内亚和法属非洲的威信，塞古·杜尔当选为非洲民主联盟副主席。

20 世纪 50 年代中期，法国在世界各地的殖民统治受到亚洲和非洲民族解放运动的猛烈冲击。越南人民取得了自 1945 年至 1954 年的 9 年抗法战争胜利以后，法国在亚洲的殖民统治体系已经崩溃。北非的阿尔及利亚人民在 1954 年开始的抗法战争的烈火正在熊熊燃起。在黑非洲大陆，反抗殖民统治的群众运动风起云涌。1955 年万隆会议以后，亚非人民的民族解放运动相互呼应，相互支持；法国在全世界的殖民统治体系面临总崩溃。法国为挽救其在非洲的统治地位，被迫对法属非洲的殖民统治体制再次进行改革。1956 年 6 月，法国议会通过《根本法》，该法规定将非洲殖民地都改成法兰西共同体内的半自治共和国，成立半自治政府，由法国人担任政府总理，非洲人担任副总理。同时还在各殖民地选举地区议会，议长由非洲人担任。《根本法》规定半自治共和国政府有权处理地区事务。这就使几内亚民主党获得了处理几内亚地区事务的权力。根据《根本法》，在 1957 年组织的地区议会选举中，几内亚民主党获得多数议席，杜尔担任了半自治共和国政府的副总理，民主党的第二位领导人赛义富拉易·迪亚洛（Saifoulaye Diallo）当选为议长。当时几内亚除了民主党以外，在 20 世纪 40 年代中期至 50 年代中期还出现了其他一些政党和政治组织，如 1949 年 6 月成立的几内亚协商委员会（Conseil de l'Entente Guinéenne），1947 年建立的法国几内亚联盟（l'Union Franco-guinéenne），1954 年成立的几内亚社会主义民主（la Démocratie Socialiste de Guinée），几内亚非洲集团（le Bloc Africain de Guinée）等。几内亚民主党在竞选中取得了压倒优势，基本掌握了处理几内亚地区行政事务的权力。民主党按照党纲进行削弱殖民统治和地方封建势力的改革，其中最有影响的一项改革是在 1957 年 12 月 31 日颁布的半自治政府法令。法令宣布撤销酋长制。民主党根据这项法令采取了一系列行政改革措施，如撤销县一级行政机构和废除传统的村长和县长，建立村委会，由民主党任命新的村长。原来由法国人控制的 20 个行政区，这时也由民主党任命的大区委员会负责领导行政事务。民主党还进行了一系列社会改革，如降低人头税、提高最低工资等。总之，几内亚民主党在半自治共和国时期的执政使它在全国建立起了广泛的政治基础，为后来在 1958 年公民投票时，全国为争取独立进行统一行动起到有力的铺垫作用。

1958 年法国戴高乐重新上台执政时，1954 年 11 月 1 日开始的阿尔及利亚人民的抗法战争已进行了将近 4 年，抗法战争正如火如荼地在向前发展，非洲各地争取民族解放的群众运动风起云涌。戴高乐想通过立法手段来稳住法国在非洲的殖民统治地位，提出了法兰西第五共和国宪法。宪法规定成立法兰西共同体，将法国在非洲的殖民地又从半自治共和国改为法兰西共同体内的自治共和国。戴高乐将这部宪法付诸全民表决，在法国本土和海外殖民地举行公民投票。塞古·杜尔曾向法国建议建立一个真正的多民族联邦的法非共同体，参加共同体的各民族在法律上一律平等和有权随时选择独立。戴高乐对塞古·杜尔的建议断然拒绝，并明确表示，非洲各殖民地对这部宪法或者投赞成票，成为法兰西共同体内的自治共和国，或者投反对票立即独立，但法国将与之断绝一切关系，首先是断绝财政援助和经济与技术援助。1958年8月，在举行公民投票前一个月，戴高乐亲赴法属非洲为他提出的宪法游说。8月28日他到了科纳克里。从机场到他下榻的宾馆，沿途有10多万激情沸腾的群众夹道欢呼。但戴高乐很快发现，他们是在向自己的领袖塞古·杜尔欢呼，而非向他戴高乐。他感到受到冷落和被置于尴尬的境地。在科纳克里的群众大会上，杜尔和戴高乐展开了面对面的激烈交锋。一位是非洲民族解放运动的年轻领袖，一位是在竭力维护摇摇欲坠的旧制度的年近七旬的老人。两位都是性格刚烈的斗士，在几千人的群众大会上爆发了一场鲜明的对立与冲突。杜尔在大会上的讲话慷慨激昂，以论战的口气抨击法国的殖民制度。站在大厅里的群众欢呼、跳跃，热烈支持杜尔的讲话。一时间，欢迎戴高乐的群众大会变成了抨击法国殖民制度的声讨大会。戴高乐感到难堪和恼怒。第二天当戴高乐离开科纳克里时，去机场的街道两旁空荡、冷清，人们对他的离去毫无表示。戴高乐苦涩、沮丧地离开了几内亚。他已清楚地预感到，将在一个月以后的公民投票时，几内亚将会投反对票，选择离开法国。他在登机前绝望地喊出几内亚，永别了！（Adieu la Guineé！）

在戴高乐访问几内亚以后的整整一个月，1958年9月28日，法国在本土和海外殖民地同时对第五共和国宪法举行公民投票，几内亚95%以上的人民投了反对票，成为法属非洲殖民地中唯一否决戴高乐宪法的国家。同年10月2日，几内亚宣告独立，结束了法国在几内亚长达73年的殖民统治。

第五节　当代史

一　建设政权与登上国际政治舞台

几内亚在法国组织的公民投票时以压倒性多数否决了第五共和国宪法而宣告独立，冲破了法国在黑非洲的殖民地统治体系，是对法国的沉重打击。法国想用强大的经济压力扼杀年轻的几内亚共和国，立即断绝对几内亚的财政、经济与技术援助，撤走了全部行政和技术人员，以及所有的物资与档案。同时在国际上孤立几内亚。以塞古·杜尔为首的几内亚领导人，顶住了法国强大的压力，果断采取一系列措施建设新政权。首先解散法属几内亚殖民地议会，成立几内亚共和国制宪议会，制定了宪法和成立了几内亚共和国临时政府。塞古·杜尔被推选为共和国总统和政府首脑。

在国际上，那时撒哈拉以南非洲仅有的两个独立国家加纳和利比里亚，都立刻承认了几内亚并与它建立了外交关系。在非洲以外，苏联等东欧社会主义国家，以及美国、英国、联邦德国等西方大国，也在几内亚宣布独立后就立刻予以承认，而且也都是在几内亚独立当年，就同几内亚建立了外交关系。中国在 1958 年 10 月 2 日几内亚宣布独立的当天就向几内亚致电祝贺，10 月 8 日毛泽东主席再次致电塞古·杜尔总统正式承认了几内亚共和国。但由于西方国家害怕中国进入撒哈拉以南非洲扩大影响而加以阻挠，同时那时中国在撒哈拉以南非洲没有任何外交代表机构，联络较为困难，因而中几未能及时建立外交关系。尽管如此，在一年以后，1959 年 10 月 4 日中国和几内亚终于建立了外交关系。

此外，在几内亚宣布独立后 11 天，联合国就接纳它为联合国第 92 个成员国。新独立的几内亚共和国终于在政治上站住了阵脚，登上了国际政治舞台。

在经济方面，杜尔政府面对法国的高压政策，果断地从法国人手里收回了国家的经济主权，及时控制了国家的经济命脉。主要措施包括：关闭法国银行，成立几内亚共和国中央银行；退出法郎区，发行自己的货币几内亚法郎；成立国家外贸公司和国内贸易公司，控制国内外贸易；成立几内亚电力公司和自来水公司等。通过这些政策措施，几内亚清除了法国经济势力，控制了国家的经济命脉。

这些经济政策措施都是为确保国家刚刚取得的政治独立所必需的。虽然也有过激之处，但也是为法国所逼。几内亚本来没有想立刻退出法郎区，在法国断绝财政援助以后，加纳向几内亚提供 1000 万英镑现汇紧急援助以补贴几内亚的财政紧缺，但法国对这笔英镑现汇拒绝兑换，逼迫杜尔退出法郎区，成立几内亚自己的中央银行和发行本国货币。

二　发展道路几经挫折

（一）社会主义道路遭失败

几内亚政府在政治上稳住阵脚，经济上挺过独立初期最困难时期以后，要解决的问题是选择适合几内亚的发展道路。对外要制定正确的外交政策，特别是对非洲国家和对其他第三世界国家的政策，以及东西方政策。

1958 年几内亚独立时，世界社会主义发展正处高潮，社会主义国家在国际上已有相当的声势。而几内亚是从西方资本主义势力的统治下解脱出来的新独立国家，客观上使它要远离西方和向往社会主义。同时当时苏联一些非洲问题学者提出了"非洲社会主义"和"非资本主义"发展道路的理论。他们认为，社会主义制度的一些基本原则早已存在于非洲传统大家族制中，非洲国家在独立后只要恢复和发扬这些基本原则，就可以绕过资本主义社会，直接进入社会主义社会。以塞古·杜尔为首的几内亚独立后的第一代领导人急于建设一个平等的富裕社会，接受了这些理论。在这样的国际环境与指导思想下，1962 年 12 月召开的几内亚民主党第六次代表大会做出了要通过"非资本主义"发展道路，向社会主义方向发展的决定。1967 年秋季召开的几内亚民主党第八次代表大会又进一步明确和强调了"非资本主义"发展道路和社会主义发展方向的决策方针。杜尔总统相信沿着这条道路发展就可以彻底改变几内亚的经济与社会结构，建立起一个消灭了人剥削人的制度，根本改变人们的道德观念的社会主义社会。他还相信，只要通过发扬非洲传统的大家庭精神，就可以使多种族的几内亚建成一个单一民族国家。

杜尔总统从民主党六大开始就在经济政策上脱离现实，在政治上向高度个人集权发展。首先是实行计划经济，在 1961～1984 年的 20 多年间几内亚实施了 4 个经济发展计划。第一个计划是 1961～1964 年的三年经济发展计划。第二个计划是 1965～1972 年的七年经济发展计划。第三个计划是 1973～1980 年的七年经济发展计划。第四个计划是 1981～1987 年的七年经济发展计划。最后一个计划因杜尔逝世而中止了。这 4 个经济发展计划扼杀了本来就很弱的经济活力，到最后国家经济变成一潭死水，甚至陷入混乱。

杜尔在经济领域的另一重要政策是全面实行国有化。在这方面应该加以说明的是，不能全面否定杜尔的国有化政策。因为在独立之初从法国人手里收回的一批涉及国家经济命脉的企业，在当时的环境下只能建立相应的国有企业。从当时的政治环境和经济环境来看也只能由国家来接管和经营。事实上这批国有企业在顶住当时法国的经济高压政策和稳定独立初期的经济秩序方面是起到了积极作用的。

20世纪60年代和70年代，苏联、东欧和中国等社会主义国家援建几内亚的一批中小企业，在当时的国际环境下也只能是国有企业。因为这是社会主义国家的政府向几内亚政府提供的援助。这批国有企业的出现是那个时代的产物，后来其中的大部分被关闭也有时代的因素。这在非洲是普遍的现象。另外在60年代后期至70年代中期，几内亚政府和西方国家合办的一批合资的工矿企业也是应予肯定的。这些工矿企业长期以来一直是几内亚经济的重要支柱。

杜尔政府在国有化政策上的主要问题是扩大化，将中小企业和零售商业等都实行国有化。国家对经济的干预包括一切领域。国家取缔了一切商业活动，连农村的农贸集市也被禁止。后来又发展到完全用行政手段管理经济，连日常生活用品都通过行政渠道分发。

杜尔政府在经济政策上第三个重大失误是大搞农村合作化运动。最初是在农村普遍建立农业生产合作社和农村现代化中心。虽然很快就办不下去了，但政府仍一意孤行继续大搞，一再变换形式，一再失败。从农业生产合作社到农业生产与销售合作社，再到机械化农业生产队，最后办国有农场，都一一失败。农村经济遭到严重破坏，农民苦不堪言。

在政治上杜尔过分集权，民主党以党代政的情况非常严重。杜尔一人独揽党政军大权。民主党的干部包揽一切，企业管理、农业生产、农产品收购与销售、商品分配等全由民主党的干部掌管。一些干部没有任何生产与管理经验，仅仅凭民主党党员的身份就担负着各种领导职务。不少干部都贪污腐败。百姓开始对政府不满，政界也出现不同意见。正在这时发生

了 1970 年 11 月 22 日葡萄牙雇佣军从海上入侵几内亚的事件。这次事件对杜尔的震动很大，动摇了他的自信心，以致发展出草木皆兵的变态心理。他把政权内部刚刚开始的意见分歧同这次外来入侵联系在一起，认为国内有"第五纵队"里应外合。在全国齐心一致粉碎外来入侵以后，杜尔没有进一步发扬团结一致反抗外国侵略的爱国主义精神，反而进行内部大清洗。许多重要干部，包括一些长期跟随杜尔为几内亚独立而奋斗的民族功臣，都遭到残酷镇压。其中有曾担任非统组织秘书长，时任杜尔政府司法部长的特利·迪亚洛（Telli Diallo）和几内亚非洲舞蹈团的创始人、曾任杜尔政府内政部长的福戴巴·凯塔（Fodéba Keita）。前者被捕后长期关押在布瓦罗集中营（Camp Boiro）并死在那里，后者被捕后当即判处死刑。同时，还有上千人被捕和关进布瓦罗集中营，大批知识分子和政府官员流亡国外，全国在政治上处于人人自危的恐怖状态。下层民众，尤其是小商小贩，也都离乡背井逃到塞内加尔、塞拉利昂和科特迪瓦等邻国谋生。

到 20 世纪 70 年代后期，杜尔政权从经济到政治都已到了山穷水尽的地步。在国内，人民群众开始起来反对杜尔政府的政策和民主党干部的腐败与专横跋扈。1977 年 8 月 27 日，科纳克里的女商贩上街游行反对杜尔政府的经济政策。这次事件对杜尔政权的震动很大，杜尔开始总结"非洲社会主义"和"非资本主义"发展道路的失败经验并进行改革。

70 年代后期几内亚的外交形势也促使杜尔进行内政改革。在法国的主动推动下，1975 年几内亚同法国和联邦德国恢复了外交关系。1976 年几内亚加入了《洛美协定》，同欧洲共同体和世界银行等西方金融和经济机构建立了联系。外交上的这一形势促使杜尔认识到必须对国内经济政策进行改革。在这以前，几内亚主要是接受社会主义国家的援助，受援机构是国有企业，现在转向以接受西方资本主义国家的援助为主。援助国援助的条件之一是援助私营企业。在此形势下，1978 年几内亚民主党第九次全国代表大会做出了对内实行私有化和向市场经济方向进行改革，对外进一步向西方国家开放的决策。在这次大会以后，几内亚政府开始关闭一些严重亏损的国有企业，允许私人办企业，欢迎外资到几内亚投资兴业，并颁布了新的投资法。几内亚政府还和一些国际资本集团合资创办了一批工矿企业。

几内亚走上了新的发展道路。但杜尔的改革没有遇到好的国际环境，20 世纪 80 年代初西方严重经济危机影响了改革的成效。

杜尔晚年虽然使几内亚走上了改革之路，但几内亚更彻底的改革是由杜尔以后的兰萨纳·孔戴政权进行的。

(二) 私有化政策加剧贫困

1984 年 3 月 26 日塞古·杜尔总统病故；时任陆军参谋长的兰萨纳·孔戴于 4 月 3 日发动了一场没有流血的军事政变，宣布由军人组成的 "全国复兴军人委员会" 接管政权。几内亚在平静中完成了从塞古·杜尔政权到兰萨纳·孔戴政权的交替，开始了新的历史时期。兰萨纳·孔戴总统执政时期为 1984 年 4 月 3 日至 2008 年 12 月 22 日。

兰萨纳·孔戴总统上台面临的国内与国际形势比塞古·杜尔总统上台时期要困难得多。国内方面杜尔政权留下沉重的包袱，经济几乎已经崩溃。国际环境也很严峻。20 世纪 60 年代对于整个非洲是充满希望的 10 年。那时是在冷战时代，非洲是在独立之初，社会主义阵营和资本主义阵营都对非洲寄予希望。非洲有重要战略地位，新独立的非洲受到重视和得到各方的援助，特别是社会主义国家的大力援助。但 70 年代非洲开始进入困难年代。非洲 1973～1984 年经历了 10 年特大旱灾。与此同时，1973 年中东石油危机后西方国家出现经济危机。几内亚等依靠向西方国家出口工业原料生存的非洲国家经济受到严重影响。

20 世纪 80 年代非洲进入 "危机年代"。80 年代国际经济与政治形势都发生了深刻变化。经济上，西方国家在 70 年代经济危机的刺激下开始经济转型，积极发展不需要很多能源与原料的高科技产业，对非洲原料市场需求有所下降。

在国际政治环境方面，兰萨纳·孔戴上台执政时的 20 世纪 80 年代中期已在冷战结束前夜，非洲的战略地位已经下降。世界社会主义运动正在发生深刻变化。苏联已是戈尔巴乔夫执政时代，苏联在非洲全面收缩与撤退。中国正在进行改革开放，已不能像 60、70 年代那样向非洲提供大量

力所难及的援助。世界社会主义国家一致大力援助非洲的时代已经过去。非洲在经济与政治上都被边缘化，非洲有深重的危机感。

面对严峻的国内外政治经济形势，兰萨纳·孔戴上台后首先宣布几内亚摒弃前政权执行的"非洲社会主义"和"非资本主义"发展道路，实行自由经济政策和全方位开放的对外政策。那时世界银行和国际货币基金组织正在非洲普遍推行经济结构调整计划。从 1986 年起，几内亚也接受了这个计划。几内亚执行经济结构调整计划的重点是实行企业私有化和紧缩预算。200 多家国有企业小部分转卖给了私人经营，大部分关闭，这实际是消灭了大部分国有企业。

可是，私有化政策没有增加经济活力。200 多家国有企业关闭，使经济萎缩、失业猛增，加剧了社会的贫困，宏观经济严重失衡。1986 年执行经济结构调整计划第一年，在全国 5 万名公务员和国有企业职工中，就有 1.2 多人被裁减而失去工作。1986～1992 年执行经济结构调整计划的 7 年里，有 4 万多公务员和国有企业职工被裁减。同时大学毕业生没有分配工作，有 1 万多大学毕业生流浪街头。政府承受着巨大的社会压力。但即使到了这样严重的地步，私有化的速度与程度都还没有达到世界银行和国际货币基金组织的要求。几内亚政府还得承受巨大的外部压力，同国际货币基金组织和世界银行进行了艰难的谈判，经济结构调整贷款多次遭冻结，被迫中断执行经济结构调整计划。几内亚政府为获得贷款来推动经济发展，只得加快私有化步伐，在执行预算方面实行一紧再紧的政策。

（三）向多党民主寻求出路

塞古·杜尔政权向东方寻找发展道路，走社会主义发展道路，实行计划经济和合作化，结果经济一潭死水，到了崩溃地步。兰萨纳·孔戴总统向西方寻找发展道路，实行私有化政策，关闭国有企业和紧缩预算，结果经济萎缩，国家更加贫困。全国上下都在思考几内亚路在何方。这时恰逢20 世纪 80 年代末，东欧政治形势剧变。苏联东欧的共产党政权都被推翻，通过所谓的多党民主选举重建新政权。从东欧刮起的这股多党民主风潮冲进非洲，几内亚也未幸免。

非洲国家独立后基本都是一党制。几内亚在第一任总统塞古·杜尔时期是几内亚民主党一党专政。兰萨纳·孔戴总统执政时禁止组织政党，所以那时几内亚没有政党。非洲从东欧的政治剧变中得到启发，受到鼓舞，仿佛找到了国家不能摆脱贫穷落后的原因就在于没有实行多党政治，只要像东欧那样实行多党民主政治，国家就有新生的希望。于是非洲掀起了多党民主风潮。各国一下出现许多政党，政府被解散，总统、总理、部长们靠边站，由多党组成的过渡政府，组织多党参加的民主选举建立新政权。但各国都陷入了多党争权的动乱。特别是法语非洲，贝宁、多哥以及中部非洲的刚果、扎伊尔、喀麦隆，甚至政局长期稳定的科特迪瓦和加蓬，都陷入了连续多年的多党民主运动的动乱，甚至发生了内战。

几内亚民众也向多党制寻找出路，要求政府撤销党禁，允许自由组织政党。一些青年学生和知识分子也跃跃欲试，要在几内亚立即开展多党民主选举。1990 年春天几内亚也出现街头动乱。

西方国家想将苏联东欧的多党民主浪潮推进非洲，扫除苏联、中国等在非洲的社会主义影响，将非洲全面纳入西方的政治体制。1989 年刚刚庆祝过法国大革命 200 周年的法国社会党政府，想以世界民主运动先驱的身份来领导非洲的多党民主运动。1990 年 6 月在法国西部大西洋边的拉博勒市召开的法非首脑会议上，当时的法国总统密特朗公开教训非洲国家领导人要认清形势，自觉起来领导开展多党民主运动。密特朗向非洲国家领导人发出威胁，法国今后对非洲国家的援助要同多党民主进程挂钩，法国只向由多党民主选举选出的政权提供援助。

几内亚无力抗衡这强大的内外压力，只得顺应这股多党民主风潮。但几内亚与其他非洲国家不同，几内亚坚持先立法，在法律的规范与约束下进行多党民主选举。几内亚政府从 1990 年上半年开始组织力量制定《根本法》，也就是宪法。在制定过程中组织全民讨论和提出修改意见，最后交全民表决通过。1991 年又在《根本法》的原则指导下制定了《政党法》和《群众游行集会法》等多项法律和法令。在非洲其他法语国家几乎都处于多党民主运动大动乱的 1990 年和 1991 年，几内亚则在有条不紊地进行法制建设。到 1992 年夏季，非洲多党民主浪潮转向低潮时，几内亚才正式开始多党民主选举进程。1992 年 4 月，几内亚开放党禁，允许自由组织政党和开展竞选活动。但一切党派活动和竞选运动都必须在法律许可范围内进行。在 20 世纪 90 年代非洲的多党民主运动时期，几内亚是法语国家中仅有的两个没有出现大动乱的国家之一（另一个是布基纳法索）。

在允许自由组织政党以后，几内亚很快出现了 45 个政党。其中有较大影响的是分别以几内亚三大种族为基础的 3 个政党。这 3 个政党是：

统一进步党（le Parti de l'Unité et du Progrès）。这是以苏苏族为主的政党，是支持兰萨纳·孔戴的党。

几内亚人民联盟（le Rassemblement du Peuple guinéen）。这是现在的执政党，那时是最大的反对党，领袖是阿尔法·孔戴（Alfa conté），以马林凯族为主。

复兴进步党（le Parti de Renouveau et du Progrès）。以颇耳族人为主，领袖是西拉迪乌·迪亚洛（Siradiou Diallo）。

1992 年下半年和 1993 年是几内亚进行多党总统选举的竞选时期。非洲国家的多党民主选举过程一般都是一开始就解散政府，原国家领导人一律靠边站，由多党组成的过渡政府领导选举。往往在讨论成立过渡政府时，就陷入各党派权力之争的动乱中，甚至爆发内战。像当时的扎伊尔成立过渡政府，用了五六年的时间都没有成立起来。几内亚的反对派也要求由多党组织的过渡政府来领导选举。兰萨纳·孔戴坚决拒绝这一要求，坚持由政府内政部领导选举，由各党代表组成的选举委员会在内政部的领导下负责选举的组织工作。在整个选举过程中虽然也有反对党组织的游行等事件，也发生过个别流血事件，但总的来说选举没有发生大的波折。政府依靠法律和军队，保证了多党民主选举总统的平稳进行。

当时的国际形势也为几内亚的总统选举营造了缓和的气氛。几内亚总统选举是在 1993 年底进行的，1989 年底首先从贝宁开始的非洲多党民主运动到这时已进行了整整四年，非洲已经历了一场大动乱，非洲人民从动乱中吸取教训，开始了新的觉醒。非洲人民看到了多党民主运动造成的动乱给非洲带来的危害，认识到非洲当务之急仍是稳定与发展。多哥等国已从痛苦的教训中走出动乱，重建国家的和平与稳定。法国也已改变了对非洲多党民主运动的政策。1991 年 9 月在巴黎召开的法非首脑会议部长会议上法国也提出，非洲的根本任务是稳定与发展。因为非洲多党民主运动造成的动乱也激烈地冲击了法国在非洲的利益。首先是一些长期同法国保持密切关系的非洲国家领导人，如科特迪瓦的博瓦尼和多哥的埃亚德马等，都在多党民主运动一开始就面临被推翻的危险。而一批长期在美国学习和工作的新一代知识分子想通过多党民主选举夺取政权，这一形势威胁到法国在非洲长期建立起来的政治基础。总之，各方面的因素使非洲多党民主运动走入低谷。

1993 年 12 月 19 日，几内亚举行由多党参加的总统选举投票。这一天虽然也出现了一些小的风波，但总的是在平静中进行的。12 月 23 日凌晨，内政部宣布总统选举投票结果，兰萨纳·孔戴以超过半数的选票当选总统。首都科纳克里各区立刻枪声齐鸣，夜空一时火光闪闪。但这不是动乱的枪声，而是军队在朝天鸣枪，代替鞭炮庆祝孔戴的胜利。

几内亚最高法院宣布投票结果是，统一进步党推举的候选人兰萨纳·孔戴得票 51.7%，最大的反对党几内亚人民联盟的候选人阿尔法·孔戴得票 19.55%，新共和联盟的候选人马马杜·巴得票 13.37%。兰萨纳·孔戴以压倒多数就在第一轮竞选中当选总统。1994 年 1 月 29 日，孔戴正式宣誓就职，由军人总统成为几内亚第一位民选总统。

总统选举一年半后的 1995 年 6 月 11 日举行议会选举。国民议会 114 个议席由 21 个政党的 846 名候选人竞选产生。选举结果是，支持孔戴的统一进步党获得 114 个议席中的 71 席。至此，几内亚完成了第一次多党民主选举的全部过程，兰萨纳·孔戴军政权在形式上转变为文职政权。

（四）　在困惑中走入 21 世纪

几内亚完成了多党民主选举，选出了总统和由多党组成的议会。但这更多的是在形式上的程序，政权的性质没有多少实质改变。兰萨纳·孔戴总统虽然脱下军装，由军人总统变为由全民投票选出的文职总统，但几内亚仍是高度集中的总统集权制，其政权的基础仍是军队，也可以说实际上仍旧还是军政权。正因为如此，已经年迈病重的兰萨纳·孔戴在 1998 年和 2003 年还能两度竞选和连任总统，而且保持了政局的稳定。但整个国家几乎已处于停滞状态。在 20 世纪 50 年代末和 60 年代初曾是非洲民族独立运动先锋，在非洲，甚至在世界都享有盛名的几内亚，到 20 世纪末在非洲政治舞台上已无足轻重，听不到它的声音了。

多党民主选举也没有使几内亚走上摆脱贫困的发展道路。相反多党民主运动的动乱扰乱了生产，使得经济更加困难。首先，几内亚在长达四五年的时间里精力主要用在多党选举上，国家的经济在步步下滑。其次，更为严重的是，多党民主风潮在非洲引发的动乱重创了本来已经举步维艰的几内亚经济。几内亚的邻国利比里亚和塞拉利昂先后进行了长年内战，几内亚被深深卷进了西非地区的大动荡中，在 10 多年的时间里有 50 多万难民滞留几内亚，严重干扰了几内亚的生产和人民的正常生活，加重了几内亚的经济困难与社会动乱。

几内亚在困难和困惑中走入 21 世纪。

第六节　著名历史人物

松迪亚塔·凯塔（Soundjata Keita，1210~1255）　　松迪亚塔是曼丁哥族的凯塔氏族人，是马里帝国的创建人。13 世纪加纳王国衰落和灭亡以后，在西非地区居统治地位的是索索王国。而马里王国在很长时期里一直是索索王国的属国。

1218~1230 年松迪亚塔的父亲纳雷·法马汗（Naré Famaghan）统治马里王国时期，马里王国也强大起来，便要摆脱索索王国的统治，与索索王国争夺在西非地区的统治地位。青少年时期的松迪亚塔就立志要协助父亲向索索王国争回祖国的自由。他长大后便在凯塔氏族酋长们的扶植下起来领导人民反抗索索王国的统治，并于 1234 年发起向索索王国争取民族解放和人民自由的解放战争。1235 年，索索王国的国王战死，松迪亚塔接管了索索王国的政权与全部领土，索索王国连同其属都并入马里王国，马里王国成为马里帝国。

此后松迪亚塔继续对外征战，使马里帝国成为加纳王国之后西非最大的帝国，在中世纪的非洲史上占有重要地位。松迪亚塔成为名垂千史的民族英雄。直到今天，松迪亚塔的名字永远激励着几内亚的马林凯族等西非地区属古代曼丁哥族的各民族人民。几内亚的马林凯族人视松迪亚塔为民族魂，始终以成为松迪亚塔的后代而自豪。长篇英雄史诗《松迪亚塔》是家喻户晓的爱国主义教材。

松迪亚塔死于1255年，据几内亚和马里民间歌手说唱流传下来的口传历史，他是在一次同颇耳族人的战争中淹死在桑加拉尼河里的。

卡拉摩科·阿尔法雅（Karamoko Alfaya，？~1775）　　卡拉摩科·阿尔法雅是18世纪从塞内加尔富塔-托罗来到几内亚富塔-贾隆地区的颇耳族人，是一位有很高学历的伊斯兰学者，富塔国的两位创建人之一。是他首先在富塔-贾隆地区发动伊斯兰圣战和在民间广泛传播伊斯兰教的。富塔国建立后，他于1743年被推选为富塔国的最高教长（国家元首）。他是18世纪以廷博为中心的几内亚伊斯兰文化的奠基人。他将伊斯兰教的卡迪里亚派在几内亚富塔-贾隆地区广泛传播。卡迪里亚教派至今一直是几内亚伊斯兰两大教派之一。阿尔法雅晚年因富塔国在伊斯兰圣战中遭失败而精神失常，于1775年去世。

艾尔-哈吉奥马尔（El-Hadj Omar，1797~1864）　　19世纪西非著名的伊斯兰学者，是在西非发动伊斯兰圣战和传播伊斯兰教的著名历史人物，也是反抗法国入侵西非内陆的民族英雄。

他从小在家庭中受到很好的伊斯兰文化熏陶，青少年时期曾到麦加和开罗学习。

19世纪中叶，哈吉奥马尔起初在几内亚创办伊斯兰学校，传播伊斯兰文化，后来领导伊斯兰圣战和统一西非的斗争，在西非地区建立起了一个辽阔的伊斯兰帝国——图库勒尔帝国。由于法国入侵西非内陆，他被迫全力反抗法国入侵而停止了伊斯兰复兴统一事业。他死于1864年。

在他以后，他的弟子马马杜·萨克浩（Mamadou Sakho）将提江尼亚教派在康康地区广泛传播。提江尼亚教派一直是几内亚伊斯兰教的两大教派之一，康康至今仍是几内亚最有权威的伊斯兰学术中心。

萨摩里·杜尔（Samori Toure，1830~1898）　　几内亚著名的民族英雄。1830年生于今几内亚森林区贝拉专区的芒扬巴朗杜古村的一个马林凯族家庭。少年时代的萨摩里·杜尔跟随父亲做过长途商业贩运，到过西非内陆和沿海许多地方。

19世纪中叶，今几内亚内陆处于分裂和诸酋长国混战状态。青年时期的萨摩里·杜尔曾作为战败酋长国的人员到战胜国去当奴隶，在战胜国的宫廷卫队服役7年，他在那里学到了打仗的本领。后来富塔国的军事将领易卜拉赫伊马·索里看中了萨摩里·杜尔的军事才能，招他到富塔国军队打仗。他又跟随富塔国的易卜拉赫伊马·索里东征西讨。当他在外闯荡十几年回到家乡时，已是一名作战经验丰富的军事将领。这时他家乡的人民因长期受地区分裂与混战之苦热切希望萨摩里·杜尔像古代马里帝国的松迪亚塔那样起来建立强大统一的国家。与此同时，西非地区的伊斯兰复兴统一运动已广泛展开，萨摩里·杜尔深受这股时代潮流的影响。1870年，他从今几内亚森林区北部的乌阿苏鲁村出发，高举伊斯兰复兴统一的旗帜发起圣战，征服了如今几内亚的东部和东南部长期处于混战中的大小酋长国，于1878年建立了萨摩里帝国，定都比桑杜古（Bissandougou）。但这时法国已完成了对几内亚沿海和在萨摩里帝国西北与北面的塞内加尔与马里的殖民地占领，法国殖民军正从塞内加尔东进和从马里南下进逼萨摩里帝国。1882年萨摩里·杜尔的军队同法国殖民军首次交锋。在这以后，他领导人民进行了将近16年的抗法战争，多次重创法国殖民军，法国在这里遇到了入侵西非以来最顽强的抵抗。

1898年9月29日，萨摩里·杜尔在今布基纳法索南部城市博博-迪乌拉索以南靠近科特迪瓦的地方遭到法国殖民军的伏击而被捕，被流放到大西洋边靠近加蓬的奥果韦河河口的岛上，1900年死于该岛。

阿尔法·雅雅（Alfa Yaya，？～1912）颇耳族人，生于富塔-贾隆的拉贝。他的父亲是19世纪末隶属富塔国的拉贝酋长国的酋长。

阿尔法·雅雅也是一位在几内亚家喻户晓的抗法民族英雄，如今在科纳克里国家博物馆有他高大的塑像。他在1905年领导拉贝地区的人民武装反抗法国的殖民统治，遭到法国殖民当局的残酷镇压。他本人被法国殖民当局逮捕流放到达荷美（今贝宁），后又转移到毛里塔尼亚的沙漠里，1912年死在那里。今天几内亚的国歌就是歌颂他英勇抗击法国入侵的英雄事迹。

塞古·杜尔（Sékou Touré，1922～1984） 20世纪几内亚民族解放运动的领袖，是几内亚独立后的第一任总统（1958年10月2日至1984年3月26日）。20世纪50年代末和60年代前半期，他和加纳的恩克鲁玛总统、马里的莫迪博·凯塔总统并驾齐驱，是非洲政坛的三位风云人物。

塞古·杜尔1922年1月9日出生在今几内亚南部法拉纳市一个马林凯族的农民家庭。他的外曾祖父就是几内亚民族英雄萨摩里·杜尔。少年时代的杜尔先后在法拉纳和康康的伊斯兰学校学习《古兰经》，1932年考进法拉纳一所法国人办的小学。小学毕业后进入科纳克里的一所法国中等专科学校——乔治·波阿雷技术学校学习。1937年，15岁的塞古·杜尔组织罢课要求学校改善学生伙食，结果被学校开除。此后他刻苦自学，学完了技术学校的全部课程。1941年，19岁的塞古·杜尔通过考试进入科纳克里邮局当会计。

塞古·杜尔青年时期受法国共产党及其领导的法国总工会影响，积极投身几内亚的工人运动，并在工人运动中逐渐成为几内亚民族解放运动的领袖。20世纪40年代末和50年代初，他以几内亚总工会和几内亚民主党领导人的身份秘密访问了苏联、波兰和捷克斯洛伐克等社会主义国家，1953年到法国出席了法国总工会代表大会。杜尔的这些经历，与他后来在几内亚独立后为几内亚选择社会主义发展方向是有直接联系的。

塞古·杜尔一生最光辉的亮点，是在1958年领导几内亚人民冲破法国在非洲的殖民统治体系，使几内亚在法属非洲13个领地中首先宣布独立，并在独立后旗帜鲜明地奉行反对帝国主义和殖民主义、支持非洲和世界各地民族解放运动的政策。

塞古·杜尔在领导民族解放运动的道路上勇往直前，一路领先。但在国家取得独立后，在为国家寻求生存发展的道路上，他历尽挫折，一再失败。

塞古·杜尔为新独立的几内亚选择了社会主义发展方向和"非资本主义"发展道路。他实行计划经济，大搞国有化、农业合作化与集体化，经历了"非洲社会主义"发展方向和"非资本主义"发展道路的实践与失败，最后把国家经济拖到崩溃的边缘。20世纪70年代末和80年代初，杜尔开始改革，但尚未见成效时就去世了。

杜尔总统选择脱离非洲现实的社会主义发展方向和实行过激的经济政策，既受到当时国际时代背景的影响，也有他这一代非洲政治家的特殊经历和当时所处环境等多方面的因素。他的国家和他本人受尽西方殖民统治的苦难，他本能地要摒弃西方资本主义制度寻找新的出路。在国际上，社会主义当时正处上升时期，社会主义国家在国际上已有较大影响。同时那时苏联的一些非洲问题学者提出了"非洲社会主义"和"非资本主义"发展道路的理论。杜尔急于想使他的国家摆脱贫穷和建成一个人人平等和富裕的社会。他接受了这些理论，照搬社会主义国家的发展模式，实行计划经济，国有化与合作化等脱离非洲现实的经济政策。

塞古·杜尔难以为后人原谅的错误是在国内政治方面。他高度集权，集党政军大权于一身。他实行党政合一，任用执政党几内亚民主党的干部统治一切。民主党内部和国家领导层出现意见分歧后，杜尔失去自信，把国内政治形势估计得过于严重，把领导权的圈子越缩越小，最后造成家族统治的局面。他对周围与其持不同政见的干部进行打击，甚至残酷镇压。

塞古·杜尔于1984年3月赴美国治病（心脏病），3月26日死在美国。

兰萨纳·孔戴（Lansana Conté，1934～2008） 几内亚的第二位总统（1984～2008），苏苏族人，1934年出生在科纳克里以北30多公里的杜布雷卡（Dubréka）的一个农民家庭。少年时代在伊斯兰学校学习《古兰经》。青年时期先后在科特迪瓦和塞内加尔的法国军校学习和接受军事培训。1955年6月至1958年10月在法国军队服役。几内亚独立后，从1959年3月起一直在几内亚军队任职。他曾参加几内亚比绍的民族解放战争。1970年11月葡萄牙雇佣军入侵几内亚时，他担任保卫首都科纳克里的军事指挥官。在这以后他先后担任过博凯军区司令和几内亚陆军参谋长。

他在1984年塞古·杜尔总统逝世后，发动不流血的军事政变上台执政，当上总统。1991年几内亚实施《根本法》，开始由军政权向多党制文职政权过渡，他脱下军装，由军人总统成为文职总统。1993 年 12 月，在由多党参加的总统大选中获得绝对多数的选票，当选为几内亚第一任民选总统。1998 年 12 月，又以绝对多数票蝉联总统。2003 年 12 月，第三次当选总统。

杜尔是位职业军人，但他更像是一位忠厚朴实的农民。平时很少穿军装，而是经常穿着传统的非洲长袍"布布"。他在公开场合显得严肃和稳重，沉默寡言、行动缓慢，说话慢条斯理，语调平和。他是农民家庭出身，他的父母都是农民，他自己在当兵以前也是在家乡种田的。当了总统以后，杜尔还继续在家乡经营农场，周末也常回到家乡农场，有时还亲自下地劳动。由于他保持着朴素的农民形象以及重视农业，所以有"农民总统"的称号。

杜尔是位虔诚的伊斯兰教徒。据他自己说，他每天清早五点半至六点起床，起床后的第一件事就是去清真寺做祈祷。他的政治思想深受宗教思想的影响，尤其是"包容"哲理，是他重要的治国思想。他常要求几内亚各族人民相互宽容和团结。他本人虽然是位军人，可他不轻易使用暴力。他比较和蔼善良，执政时期政权虽几经风险，但都能化险为夷，政局始终能保持稳定。他善于用宽容与善良化解矛盾。他曾说："我从小就接受父母向我灌输的《古兰经》里上帝的训律，我没有权力杀人，我没有权力做坏事，我没有权力伤害别人。如果说我在这方面做得不错，那是我父母对我教育的结果，那是因为我怕上帝。"[1]

在政治上孔戴也不赶潮流，而坚持按自己的计划进行国家的政治建设。在 20 世纪 90 年代初非洲掀起多党民主运动时，他拒绝按照西方提倡的模式和进程组织多党民主选举，而坚持按自己的计划与方式进行多党政治建设。在东欧剧变的影响和西方的推波助澜下，1990 ~ 1992 年非洲的多党民主运动来势凶猛。孔戴沉着冷静，顶住内外压力，关起大门先立法，直到 1992 年完成法制建设以后才开始进行多党民主竞选运动。他在这方面有一句通俗而意义深刻的话："我认识我的家，我知道回家的路。"

---

① Jeune Afrique Ûconomique，1998 年 11 月 30 日 ~ 12 月 13 日。

（Je connais mon village，je sais la route.）在当时他是用这句话来回击西方对非洲国家的政治干预。意思是"我了解我的国家，我知道我的国家该如何发展"。

孔戴清醒地认识到，几内亚是一个发展中国家，是一个穷国，要依靠外国援助来发展经济。他有明确的外交要为国家经济发展服务的思想，他奉行全方位开放的外交政策，明确宣布，"几内亚向全世界所有国家开放，奉行全方位开放的外交政策。全世界所有的国家，不论其政治制度，都可以到几内亚来"。他在重点争取西方发达国家援助的同时，也积极争取中东石油富国的援助，并且努力发展同非洲国家以及同伊朗、马来西亚等伊斯兰国家的合作关系。

他不爱出头露面，很少参与同几内亚无直接关系的国际活动，连法非首脑会议一类的国际会议也很少出席。所以他在国际上的知名度不是很高。

孔戴务实的外交政策还表现在他重视同周边国家的关系。几内亚系法语非洲国家，但孔戴更重视同周边两个英语国家塞拉利昂和利比里亚的关系。他一上台就同这两个近邻建立了很好的关系。20世纪80年代，他同当时的利比里亚总统多伊（Doe）和塞拉利昂总统莫伊（Moie）的关系非常亲密，被誉为"西非三兄弟"。他很少到国外去访问，但他每年都要到塞拉利昂和利比里亚这两个邻国访问，有时一年去几次。20世纪90年代这两个邻国都发生了政局变动，多伊在内战中被打死，莫伊被推翻。在这两个邻国政权发生变化后，孔戴为重建几内亚、塞拉利昂、利比里亚三国间的友好关系和为地区稳定做了很多工作。

第三章

政　治

第一节　概　　述

一　基本政治格局

几内亚独立以来，国内政局的基本格局是三大种族鼎立。这三大种族是中几内亚的颇尔族、上几内亚的马林凯族、下几内亚的苏苏族。自1992 年可以自由组织政党以来，三大种族在政坛较量的力量便是三大政党：颇尔族的几内亚民主力量联盟，马林凯族的几内亚人民联盟，苏苏族的几内亚统一进步党。三大种族之间的权力之争是政坛的基本矛盾。寻求种族间的权力平衡，克服地区主义和狭隘的种族观念，建立包容、协调、统一的政权，是几内亚政治建设的主要任务。

独立将近 60 年来，马林凯族与苏苏族轮流执政，第一任总统塞古·杜尔和现总统阿尔法·孔戴都是马林凯族的。第二任总统兰萨纳·孔戴是苏苏族的。三大种族中最大的颇尔族一直是在野的反对力量。三大种族各有优势，但也各有弱点。长期以来对立最严重的是马林凯族与苏苏族。马林凯族所在的上几内亚是四大自然区中地域最广阔的自然区。在历史上马林凯族有显赫功绩。古代马里帝国的开国帝王松迪亚塔，近代抵抗法国入侵的民族英雄萨摩里·杜尔，当代民族解放运动的领袖和独立后的第一任总统塞古·杜尔，都是马林凯族人。因此他们总觉得应该占据国家领导地位。在过去苏苏族的兰萨纳·孔戴执政时期，马林凯族的几内亚人民联盟是最大的反对党。马林凯族人有光荣历史，但缺乏创新精神。他们的经济是四大自然区中比较落后的，这影响他们在全国人民心目中的形象。与之相比较，苏苏族所在的下几内亚却是经济最发达的地区，全国主要经济命脉都在下几内亚，国家的经济大权掌控在苏苏族人手里。在军人总统兰萨纳·孔戴执政的 24 年里，军权也已为苏苏族人所控制。但苏苏族的弱势是地域小，人口少。苏苏族执政，颇尔族和马林凯族两个大民族的人心理很难平衡。中几内亚的颇尔族一直没有执掌国家大权。可他们是三大民族中最大的民族，其所处的富塔－贾隆地区在经济上和地理位置上都有相当重要的地位，所以他们想在国家的权力分配中占有一席之地。但在过去，颇尔族一直没有出现能执掌全国政权的领袖人物。现在他们的政党——几内亚民主力量联盟是最大的反对党，党的主席是塞卢·达兰·迪亚洛，其在 2010 年的总统选举中败给阿尔法·孔戴。

三大民族谁也难以长期平稳地控制国家局势。独立后的第一任总统，马林凯族的塞古·杜尔是靠独立初期人民的政治热情和他后来的集权高压统治。军人起家的第二任总统，苏苏族的兰萨纳·孔戴是靠军队稳定统治地位。但今天毕竟已是 21 世纪，个人专权的高压统治和军政权已为时代所不容。近五年来几内亚政治形势发展已证明这一点。几内亚再也不能困扰在种族观念与地区主义里，需要通过正常的民主程序进行政权建设。幸运的是，几内亚已有好的开始，2010 年 11 月选举阿尔法·孔戴总统，被国际舆论认为是几内亚第一次真正的民主选举。2013 年 9 月的立法选举也得到国际舆论的积极肯定。

二 政权形式与政治体制演变

（一）法国入侵前是奴隶制

在法国入侵和建立殖民统治以前，在如今几内亚东部尼日尔河上游和中西部富塔－贾隆地区，先后形成了马里帝国、富塔国、图库勒尔帝国和萨摩里帝国。从马里帝国到萨摩里帝国时间跨越 400 多年，但国家的政权形式与政治体制基本相同，都是奴隶制占统治地位的国家。但同时有封建制和原始社会的成分。社会基层结构还保留着原始公社制的痕迹，政权已是中央集权制的封建政权形式，有些地区的土地关系已有封建制的色彩。

　　四个国家都是以奴隶制为主。马里帝国是较为发达的奴隶制国家。当时社会上广泛存在奴隶，奴隶是农业生产的主要劳动力和军队兵力的唯一来源。同时奴隶是重要的商品，撒哈拉以南非洲同北非和阿拉伯世界的贸易中，奴隶同黄金和象牙一样，是非洲向外输出的主要商品之一。

　　18 世纪从塞内加尔过来的颇耳族人在几内亚富塔－贾隆建立的富塔国也是一个奴隶制国家。颇耳族人向当地民族发动伊斯兰圣战，将战败民族人民都沦为奴隶。最初奴隶只作为家奴和兵源，后来发展到向沿海的欧洲奴隶贩子出卖奴隶。富塔国的边缘属国向富塔国纳贡的贡品主要也是奴隶。萨摩里帝国是在 19 世纪中后期，在今几内亚东部地区建立起来的国家，也拥有大量的奴隶，被萨摩里征服的民族也都沦为奴隶。萨摩里帝国是一个奴隶制的军事帝国。

　　虽然那时的政治体制是奴隶制占统治地位，但在整个几内亚地区同时还广泛存在原始社会政治体制。首先在西部沿海地区和东南部森林区，西方入侵以前没有形成过国家，只有以不同生产所形成的各种居民群体。这种居民群体明显地还保留着原始公社的社会结构。群体的首领只起调解纠纷等作用，内部并无明显的等级差异。在已经形成国家的地区，无论是马里帝国还是萨摩里帝国，其社会的基层结构都是原始社会遗留下来的氏族制和大家族制。

　　但马里帝国、富塔国、图库勒尔帝国和萨摩里帝国，都已出现封建制的成分，其政权都是中央集权制。马里帝国实行以国王为中心的中央集权制，政权和军权都由中央控制。行政与司法大权也均掌握在国王手里。国家各级官员都由国王任免。萨摩里帝国和富塔国的政权性质和组织形式同马里帝国大致相同，也实行中央集权制。萨摩里帝国的政治、军事、宗教大权全由作为宗教与政治最高领袖的萨摩里·杜尔所一手控制。富塔国的权力控制在两家贵族的手里，由两家贵族轮流执政。此外，从马里帝国到萨摩里帝国，社会都已有明显的等级划分和封建制的土地关系。全国的百姓划分为贵族、自由民、奴隶。在土地关系方面，在马里帝国时期除了有奴隶村，把奴隶集中起来为中央政府种田以外，全国各省都要无偿为中央政府耕种一定的田地。在萨摩里帝国，每个村也要无偿为萨摩里·杜尔种一块地。在广大农村，土地由村长或酋长掌管，农民可以随意在各地选地耕种，但必须得到村长或酋长的许可，并向他们赠送一定的礼物，通常是一只鸡或一头羊。

（二）法国占领期间是殖民地制

法国在 19 世纪末占领几内亚以后，几内亚的政治体制便成为法国统治下的殖民地政治体制。几内亚和法属西非其他殖民地一起，都属法国政府的海外部管辖。法国海外部在塞内加尔达喀尔设立了法属西非总督府，派出常驻总督管辖几内亚等西非 7 个殖民地。每个殖民地派有一名领地行政长官。1885 年法国向几内亚派出了首任常驻领地行政长官。在领地行政长官的统治下，全几内亚划分为 20 个行政区，由法国人担任区长。一个区统辖若干由自然村组成的县，县长和村长由殖民当局任命的当地人担任。领地行政长官向常驻达喀尔的法属西非总督负责，总督受法国政府海外部领导。所以那时几内亚和所有法属非洲殖民地的政治体制都是法国政治体制的一个组成部分。政治、经济、军事等大权直接由法国政府海外部控制。这套殖民地行政体制从 20 世纪初一直保持到 20世纪 50 年代中期。

法国的殖民统治只是到行政区一级是由法国人直接统治的，行政区以下的县与自然村是由法国殖民当局任命的当地人担任县长和村长的。法国人任命的县长和村长一般都是酋长或村长，这就基本上保留了非洲传统的基层政治体制——氏族酋长制和大家族制，这些制度一直延续到当代。

第二次世界大战后，随着非洲民族解放运动的蓬勃发展，法国被迫改革殖民地政治体制，1956 年法国颁布了《根本法》。根据《根本法》，所有法国的海外殖民地和法国本土共同组成法兰西共同体，海外殖民地成为法兰西共同体内的半自治共和国，并在各殖民地举行领地议会选举，选出领地议会，成立半自治政府。这样法国的议会制和政党制等一套政治制度便搬到法属非洲殖民地。半自治政府由法国常驻的领地行政长官任总理，由领地议会选举中的多数派领袖担任副总理。在几内亚的领地议会选举中，几内亚民主党获得多数议席，民主党领袖塞古·杜尔担任了半自治政府的副总理。

（三）　塞古·杜尔时期是总统集权制

1958 年几内亚独立后颁布的第一部宪法规定，几内亚实行总统制，总统是国家的最高元首。虽然在宪法上并没有对政党做出规定，但塞古·杜尔总统宣布几内亚实行一党制。这就使得由塞古·杜尔领导的几内亚民主党成为几内亚唯一合法的政党，政治制度很快发展为党政合一的政权形式与政治体制，几内亚民主党被推上了领导地位和置于宪法之上。国家的各级行政机构都受民主党相应机构领导，全国划分为中央、大区、县和自然村 4 级行政体系，这 4 级行政机构分别受几内亚民主党的政治局、大区委员会、县委员会、村委员会的领导。

1978 年几内亚民主党代表大会将党的名称改为几内亚国家民主党。1982 年颁布的第二部宪法更强调党政合一的政治体制，以法律形式把党政合一写进了宪法。宪法规定要在几内亚建立党和国家一体化的政体。宪法总纲规定，党政合一，使党和国家的机构成为单一的整体。塞古·杜尔为党政军一体化的最高领袖，一人担任共和国总统、政府首脑、国家民主党总书记、武装部队总司令。这样就确立了塞古·杜尔总统高度集中的总统集权制。那时虽然也有议会，而且宪法规定议会是立法机构，但实际上议会有名无实。这套政治体制一直保持到 1984 年塞古·杜尔总统去世。

（四）　兰萨纳·孔戴时期是军政权

1984 年 3 月 26 日塞古·杜尔总统逝世以后，当时的陆军参谋长兰萨纳·孔戴于 4 月 3 日发动不流血的军事政变上台执政，从此开始了几内亚的军人政权专政时期。最高权力机构是全国复兴军人委员会（Comité Militaire de Rdressement National），简称军委会，由 17 名军人组成。军委会设主席、常务秘书、执行局。孔戴任军委会主席、国家总统、政府首脑和军队最高统帅。政府有 30 名内阁成员，一半以上是军人。

军政权取缔了几内亚民主党及其领导的所有群众组织，同时禁止组织政党和任何政治组织。所以几内亚从 1984 年 4 月孔戴上台到 1992 年 4 月开放党禁后的这8年里没有政党和政治性的群众组织，也没有议会，一切权力归军人政权机构。

20世纪80年代末到90年代初，世界政治形势与政治格局发生深刻变化，特别是东欧政治形势的巨变，非洲的政治形势也随之变化，兰萨纳·孔戴高度集权的军人专政政权难以继续下去。1989年10月，孔戴总统宣布了从军政权向文职政权过渡的计划，准备用5年时间实现从军政权向两党制文职政权的过渡。孔戴建立文职政权的计划刚宣布不久，在东欧政治形势的影响下，非洲掀起了多党民主运动，几内亚受到激烈冲击，几内亚民众要求政府加快民主政权的建设进程。面对非洲，特别是法语非洲来势凶猛的多党民主运动和国内人民的呼声，孔戴总统做出让步，缩短过渡期，由5年改为3年，并接受多党制。

几内亚于1990年起草和经全民投票通过了《根本法》（即宪法）。1991年按照《根本法》，开始从军政权向文职政权过渡。在过渡期由全国复兴过渡委员会（Comité Transitoire de Redressement National，CTRN）行使国家最高权力。孔戴总统担任委员会主席，委员会的委员都由孔戴总统任命。

1992年4月孔戴政权宣布解除党禁，允许组织政党。

1993年12月19日，几内亚举行了由多党参加竞选的总统选举，孔戴当选，在形式上成为几内亚历史上第一任民选总统，1994年1月29日孔戴宣誓就职。

虽然军政权已向文职政权转变，也自由成立了几十个政党，但政权仍高度集中在总统孔戴的手里。孔戴仍依靠军队的支持和他所属的苏苏族的根底，牢固地掌握着政权，并且在1998年12月和2003年12月能连续以高票当选连任。在他晚年长期病重的情况下，政权一直能稳固地维系，直到2008年12月22日他病故。这一时期的政权是形式上的多党民主政治制，实质上是仍以军队为基础的总统集权制，也可以说仍是军人专政的政权。

（五）2010年开始实行真正的多党民主制

几内亚目前实行多党民主制，即由多党参加竞选选出总统。在形式上，这一体制在 1993 年就开始实行了，兰萨纳·孔戴在 1993、1998、2003 年三次竞选总统都是在多党竞选中胜出出任总统的。但兰萨纳·孔戴政权的基础始终是军队，所以舆论普遍认为这不是真正的多党民主选举。

现任总统阿尔法·孔戴是 2010 年多党民主竞选选出的文职总统。根据 1990 年颁布的宪法《根本法》，几内亚实行多党总统制。该体制的含义是总统由多党参加竞选的全民选举产生。总统是国家元首和政府首脑。《根本法》还规定，几内亚实行行政、立法、司法三权分立。议会为一院制的国民议会。政府总理和部长均由总统任命。政府不对议会负责，而向总统负责。议会仅是立法机构。总统和议会均向选民负责。议会无权以不信任票迫使总统辞职，总统也无权解散议会。

三 2008～2014 年的政局

（一）军事政变和建立文职政权

2008 年 12 月 23 日兰萨纳·孔戴总统去世的第二天，以首都兵营一位燃料管理员穆萨·达迪斯·卡马拉（Moussa Dadis Camala）上尉为首的军人发动军事政变，宣布解散政府，中止宪法，由军人组成的"全国民主与发展委员会"（le Conseil national pour la démocratie et le développement）接管政权。军政权由穆萨·达迪斯·卡马拉上尉任委员会主席兼任共和国总统，空军独立营司令瑟库巴·科纳特（Sekouba Konaté）将军是军事政变的第二号人物，担任国防部长，卡比内·科马拉（Kabiné Komara）为总理。

军事政变遭到非洲乃至世界舆论的谴责。在强大的国际压力面前，卡马拉承诺，他领导的军政权是暂时的，他和其他任何军人都将不参加预定在 2010 年举行的总统竞选。但卡马拉很快变卦了，他不断通过媒体制造他要竞选总统的舆论。2009 年 9 月 28 日，科纳克里的群众在科纳克里体育场集会举行和平请愿，要求军政权恪守还政于民的诺言。军队向请愿群众开枪，死伤 200 多人，造成几内亚自 1958 年独立以来最大的流血事件。这一重大流血惨案激怒了非洲与世界舆论，以卡马拉为首的军政权遭到国内外的强烈谴责。联合国派出人权小组赴几内亚调查，明确宣告要追究几内亚军政府的责任。在这样强大的压力面前，军政府内部相互推卸责任且发生争执，瑟库巴·科纳特出走国外（黎巴嫩），卡马拉在争吵时被他的副官开枪打伤而赴摩洛哥治疗。至此军政权彻底瓦解，几内亚政权出现真空。

布基纳法索总统孔波雷出面调解。他首先将卡马拉从摩洛哥接到瓦加杜古疗养，然后又请瑟库巴·科纳特到瓦加杜古。经孔波雷调解，在2010年1月15日，卡马拉和瑟库巴·科纳特在瓦加杜古达成协议：由瑟库巴·科纳特担任过渡总统，任命反对党领袖让－玛丽·多雷（Jean Marie Doré）为总理。这样重新组织起了过渡性的军政权。

多雷担负起组织全国团结政府和组织大选的重任。经2010年6月和11月两轮选举，塞古·杜尔总统时期的地下党，兰萨纳·孔戴总统时期的最大反对党，几内亚人民联盟的领袖阿尔法·孔戴（Alpha Condé）胜出，12月21日宣誓就职，成为几内亚共和国第三任总统，而且被公认是几内亚第一位真正的民选总统。

阿尔法·孔戴于2011年1月组成政府，宣布要在半年内完成立法选举，选出新议会。但以颇尔族政党领袖塞卢·达兰·迪亚洛为首的反对派在选举程序等方面持不同立场，立法选举一再推延。后在法国和国际舆论的强大压力下，反对派退让，终于在2013年9月28日完成推延已近3年的立法选举。2014年1月，阿尔法·孔戴总统进行了大刀阔斧的政府改组，将几内亚著名经济专家，长期担任几内亚中央银行行长的凯尔法拉·扬萨内（KerfalaYansane）等技术专家安排在政府的重要职位上。至此，几内亚经全民选举产生的政权——阿尔法·孔戴总统政权建立起来了。

（二）寻求权力平衡与流血动乱

几内亚从2008年12月前总统兰萨纳·孔戴逝世，到2013年9月阿尔法·孔戴总统政权完成立法选举，再到2014年1月阿尔法·孔戴总统执政以来的第三次政府改组，经历了5年动荡与动乱期，人民付出了沉痛的代价。前两年是军政权动荡与混乱期，人民起来要求建立民选文职政权，遭到血腥镇压。人民付出的代价终于使几内亚有了民主选举的文人总统——阿尔法·孔戴总统。但阿尔法·孔戴总统执政伊始难以驾驭国内各派政治力量，无法使权力再平衡。原定 2011 年年底以前完成的立法选举，由于各政党在选举程序与候选人名额分配等方面无法达成一致，立法选举迟迟不能举行。围绕立法选举问题多次出现社会动乱，造成群众与军警冲突和群众用石块与木棍混战的流血事件，其中最严重的是发生在 2013 年 5 月 23 日科纳克里郊区的流血大动乱。

阿尔法·孔戴总统上台伊始就面临非常严峻的形势。经历半个多世纪的前三任政权（塞古·杜尔总统 26 年，兰萨纳·孔戴总统 24 年，军政权 2 年）留下了严重的社会问题。塞古·杜尔总统 26 年的计划经济使几内亚经济变成一潭死水。兰萨纳·孔戴 24 年的自由经济和私有化政策使本来脆弱的经济进一步萎缩，失业剧增，加剧了社会贫困。在两年军政权时期，国家的经济与国计民生处于无政府状态。第一年是以穆萨·达迪斯·卡马拉上尉为首的军政府时期，政府的精力放在面对国内外压力，稳住政权上。第二年是瑟库巴·科纳特为过渡总统时期，政府全力组织大选，无暇顾及国家的经济发展。军政府滥发货币，耗尽了外汇储备。在此期间，西方国家与国际组织对几内亚军政权实行经济制裁，中止对其援助与投资，使几内亚本来已极度困难的经济到了临近崩溃的地步。大批失业人员流落街头，社会治安状况严重恶化。

面对这样严峻的社会形势，阿尔法·孔戴总统决心推行改革，实施新政，努力想同前政权一刀两断，彻底改变国家的面貌。但是，前三任政权半个多世纪留下的深重经济与社会灾难，难以在短期内彻底改变。而几内亚人民又无法忍受长期处于极端贫困状态，已到了忍无可忍的地步。而各派政治力量为寻求权力平衡进行的斗争给了他们发泄怒火与积怨的火山喷发口。2009 年 9 月 28 日群众在科纳克里体育场集会请愿酿成严重流血事件，2013 年 5 月 23 日在科纳克里郊区发生伤亡惨重的大动乱，都是在这样的政治与社会背景下出现的。

国家的极度贫困还激化了社会矛盾。几内亚本来是一个种族和谐相处的非洲国家，可是 2013 年 7 月 15～17 日在森林区恩泽雷科雷和贝拉两个城市暴发了震惊世界的血腥种族冲突。这是几内亚两个小种族盖尔泽族和科尼昂盖族之间发生的冲突。起因是一名科尼昂盖族的司机在加油站被怀疑盗窃，同加油站的盖尔泽族人警察发生争吵，后者开枪打死了前者。由于发生在离首都将近 1000 公里的边缘地区，政府没有能及时调动足够的治安力量平息，因而发展成非常惨烈的流血冲突，95 人死亡，150 人受伤。事后有 131 人被捕。这是几内亚历史上首次发生的大规模种族冲突。

（三）走向新起点

几内亚今后有望走上新的起点。第一任总统的个人专制高压统治和第二任总统的军人专政时代都已过去。几内亚最近 5 年政局发展的经验表明，军事政变和街头政治都已为时代所不容。几内亚终于有了按法律程序，经全民选举的文人政权。同时，阿尔法·孔戴是高级知识分子、法学博士、大学教授，且曾长期在国外居住，视野宽、思路广，有符合时代发展的治国理念。他清正廉洁，决心要根除前政权的弊端，力图整顿经济，改变国家极端贫穷落后的面貌。他进行的改革已取得初步成效，特别在整顿财政预算和矿业等方面政绩显著。他对外争取到援助和被一些国家免除了巨额外债，在国际上也有好的声誉。国家的经济状况有了好转，通膨率从他 2010 年上台之初的 21%，降到 2012 年年底的 13% 以下。这些都显示几内亚已走上新的起点。

第二节 政府、议会、司法和协调机构

一 政府

几内亚政府机构分中央政府、行政区政府与科纳克里特区政府、专区政府三级。中央政府的总理和部长由总统任命，政府向总统负责。全国 7 个行政区区长和科纳克里特区区长也由总统任命。7 个行政区下属的 33 个专区区长和科纳克里特区下属的 5 个市区区长，由全民选举产生。

阿尔法·孔戴总统执政后于 2011 年 1 月组成了政府，并于 2013 年 4 月和 2014 年 1 月，对政府进行了两次改组。本届政府共有 35 名成员：总

理、6 名国务部长、25 名部长和 3 名部长级官员。三届政府的总理一直是穆罕默德·赛义德·福法纳。

二 议会、司法和协调机构

(一) 议会

几内亚历史上首次议会选举是在 1957 年。20 世纪 50 年代，法国面对非洲蓬勃高涨的民族解放运动，被迫改革殖民地行政体制，在 1956 年颁布了《根本法》，允许殖民地选举议会。虽然选出的议会并不是独立的议会，而是法国国民议会在殖民地的地方议会，但这是在几内亚首次有了议会。

1958 年几内亚独立后解散了隶属法国国民议会的殖民地议会，选出了独立后的第一届议会。在塞古·杜尔总统执政的 26 年里虽然一直有议会，并且也举行过多次议会换届选举，但议会实际是有名无实。

1984 年兰萨纳·孔戴总统执政后解散了塞古·杜尔时期的议会，由全国复兴军人委员会行使议会职能。全国复兴军人委员会不是议会，是国家最高权力机构，兼行议会职能。1995 年 6 月几内亚举行了多党参加的议会选举，选出了议会。

2008 年 12 月兰萨纳·孔戴逝世后，穆萨·达迪斯·卡马拉军政权宣布解散议会，2010 年 2 月成立了"全国过渡委员会"（conseil nationale de transition）。"全国过渡委员会"履行议会的职责，由 155 名来自各界的代表人士组成。

阿尔法·孔戴总统在 2010 年 12 月 21 日宣誓就职，2011 年 1 月组成了新政府并宣布要在年底完成立法机构选举，即选出新的议会。但由于以塞卢·达兰·迪亚洛为首的反对党人士同政府在候选人名额分配、选举程序等方面不能达成一致而一再推迟选举日期，直到 2013 年 9 月 28 日才完成议会选举，10 月 18 日公布了议会选举结果。

这届议会总共有 114 个议席。

执政的人民联盟——彩虹联盟（RPG-Arc-en-Ciel）获得 53 席，成为议会第一大党。该党连同几内亚共和力量联盟等其他的 6 个联盟党共得

59 个议席，超过简单多数。

最大的反对党几内亚民主力量联盟（Union des Forces Démocratiques de Guinée，UFDG）获得 37 席，几内亚进步联盟（l'Union Pour le Progrès de Guinée，UPG）获得 10 席。议长为科利·贡迪亚诺（Kory Koundiano）。

（二）司法

几内亚在独立后的前 26 年没有正规的司法机构与司法制度，司法大权全部由执政党几内亚民主党控制。民主党各级机构领导的革命法庭替代了各级司法机构，最高革命法庭就是最高法院，而最高革命法庭实际是由以塞古·杜尔为首的民主党政治局决定一切的。

1991 年几内亚开始实行宪法《根本法》。根据《根本法》规定，国家的司法权力由法院独立行使。司法机关有普通法院和特别法院。

普通法院包括最高法院、上诉法院、初审法院和治安法院。最高法院由院长、总检察长、民事法庭庭长、刑事法庭庭长、商业与社会法庭庭长和两名顾问组成。最高法院下设民事、刑事、商业与社会三个法庭。

特别法院下设特别最高法庭、军事法庭和劳动法庭。

上述司法机构都是在 1992 年 10 月 26 日成立的。2009 年 3 月，军政权曾撤销最高法院，2010 年 3 月又予以恢复，并任命马马杜·西马·西拉（Mamadou Sima Sylla）为最高法院院长，阿伊萨图·巴尔德（Aïssatou Balde）（女）为总检察长。

（三）协调机构——经社理事会

经社理事会既不是司法机构也不是立法机构，而是一个协调机构，其职能是根据国家的经济和社会发展计划，在政治经济各部门之间进行协商和调解。

几内亚的经社理事会是根据兰萨纳·孔戴总统在 1996 年 12 月 31 日迎接新年的招待会上宣布的决定，于 1997 年 7 月 19 日正式成立的。经社理事会共有 48 名理事组成，理事由社会各界推举后经总统任命产生，任期 5 年。理事会主席经全体理事选举产生后经总统任命，任期也是 5 年。

经社理事会在每年 3 月和 9 月召开会议。经社理事会的常设机构是执行局。

第三节 政党与团体和政界要员

一 政党与团体

（一）政党

几内亚各政党在政治纲领与政策主张方面的差异并不大，都主张建立民主与法制的共和国，主张促进全国各族人民的团结与国家的统一，建立公正与和谐的社会，促进经济发展与社会进步。比较有影响的政党有：

几内亚人民联盟（Rassemblement du Peuple de Guinée，RPG） 是1963年塞古·杜尔总统时期建立的地下政党。1992年4月兰萨纳·孔戴总统开放党禁后于4月3日注册登记成为合法政党和最大的反对党，现在是执政党。在过去很长时期里几内亚人民联盟一直以几内亚东部的上几内亚为大本营，党员和支持者主要都是马林凯族人。在成为执政党以后，其正在发展为全国性的政党，特别是得到森林区少数种族的支持。

该党的宗旨是将几内亚人民从一切形式的压迫下解放出来，团结全体人民，以平等、博爱为基础，建设民主自由社会，实现国家统一、民族独立、经济繁荣和社会公正。

该党是现总统阿尔法·孔戴创建的，他长期以来一直是该党领袖。现在党主席是哈贾·南特宁·科纳戴（Hadja Nantenin Konaté）。

2012年4月，几内亚人民联盟联合44个政党组成执政联盟——几内亚人民联盟—彩虹联盟。

几内亚民主力量联盟是在1991年9月从现在的几内亚进步与革新联盟的前身保卫新共和联盟分裂出来的，目前是最大的反对党。以富塔－贾隆的颇耳族为基础。宗旨是在实现社会团结和民族和解的基础上，建立民主和法治国家，使国家摆脱贫困，实现可持续发展，保障全体公民的合法权利和自由。该党的主席是塞卢·达兰·迪亚洛（Cellou Dalein Diallo）。

统一进步党（Parti de l'Unité et du Progrès，PUP） 1992 年 3 月 27 日成立，是兰萨纳·孔戴时代的执政党，党的成员主要是沿海地区的苏苏族人。兰萨纳·孔戴时期在全国各大城市都有地方支部和相当多的支持者，尤其在森林区。森林区是少数民族地区，少数民族的选民那时基本都支持统一进步党。但随着兰萨纳·孔戴政权的垮台，该党已沦为一个小党。

该党的宗旨是促进几内亚社会与经济的发展和进步，实现全国各族人民间的和解与团结，建立一个公正、法制、民主的国家，实行自由经济体制，为私有经济创造有利条件，增加就业；对外开放，与其他政党协商与合作。党的总书记是塞古·科纳特（Sékou Konaté）。

几内亚进步复兴联盟（Union Pour le progrès et le Renouveau，UPR） 该党是以富塔 – 贾隆为基地，颇耳族人为基础的政党。它是在 1998 年 8 月 15 日兰萨纳·孔戴第二次竞选总统选举前夕，由保卫新共和联盟和进步复兴联盟合并而成的。

该党的宗旨是在尊重自由、保障多党民主的基础上，建立三权分立的法治国家，加强民族团结和社会凝聚力，反对一切形式的种族中心主义，以实现可持续发展和全民福祉为目标，全面推进经济、社会和文化建设。该党的主席奥斯曼·巴（Ousmane Bah）在现政府中担任公共工程和交通国务部长。

几内亚共和力量联盟（Union des Forces Républicaines，UFR） 是反对党，2000 年成立，主席是在 1966～1999 年担任几内亚总理的西迪亚·杜尔（Sidya Touré）。党的宗旨是实现民族和解，建立民主、多元化社会，改变国家政治、经济和社会三重落后面貌。

几内亚进步联盟 兰萨纳·孔戴时期和现在阿尔法·孔戴时期都是反对党。党的领袖是让 – 玛丽·多雷（Jean-Marie Doré）。

非洲民主联盟几内亚民主党（Parti Démocratique de Guinée—Rassemblement 的 émocratique africain，PDG-RDA） 该党最早是在 1947 年 5 月由塞古·杜尔领导建立的。1946 年法属西非和法属赤道非洲的民族解放运动领袖在巴马科集会，会上决定成立一个共同的政治组织——非洲民主联盟（Rassemblememnt Démocratique Africain，RDA），并规定在各法属殖民地建立非洲民主联盟地方支部。第二年塞古·杜尔就在几内亚工会运动的基础上成立了非洲民主联盟几内亚民主党。非洲民主联盟 1957年在巴马科代表大会上就非洲独立的时间表问题发生分裂，以象牙海岸（今科迪特瓦）总统博瓦尼为首的多数派认为非洲还没有做好独立的准备，主张法属非洲各殖民地继续留在法兰西共同体内，暂时保持在法兰西共同体内的半自治共和国的地位；以塞古·杜尔为首的少数派主张法属非洲各殖民地应尽快争取彻底独立和同法国建立平等的关系。1958 年在法国组织的对《戴高乐宪法》的公民投票中，几内亚成为法属非洲唯一投反对票选择独立的地区。几内亚独立后便同非洲民主联盟脱离关系，党的名称改为几内亚民主党。也就是说，在几内亚独立后，非洲民主联盟几内亚民主党就不存在了。1992 年几内亚实行多党制以后，在艾尔·哈吉 -伊斯马埃勒·穆哈默德·加西姆·古森（El Hadj Ismael Mohamed Gassim Gushen）的领导下，非洲民主联盟几内亚民主党得以恢复。

除上述政党外，在 2011～2013 年围绕立法机构选举的斗争中还出现了几个比较有影响的反对党：新民主力量（la Nouvelle force Démocratique，NFD）；民主与进步同盟（l'Alliance pour la Démocratie et le Progrès，ADP），民主与进步团结阵线（le Front d'Union pour la Démocratie et le Progrès，FDP）；共和国的新一代（la Nouvelle Génération pour la République，NGR）等。

（二）群众团体

几内亚基本上没有群众团体。在塞古·杜尔时期有在执政党几内亚民主党领导下的工会组织、妇女组织和青年组织。孔戴执政后取缔了民主党及其所属的一切群众组织，并规定不准组织政党和任何政治性的群众团体。1984 年成立了一个非政治性的工会几内亚劳动者联盟，但没有多大影响。1992 年开放党禁以后，出现了 50 多个政党，但没有出现群众组织。几内亚没有青年组织，也没有妇女组织。妇女工作由政府的社会事务部主管。在社会上有一些行业组织，如几内亚女商人协会、几内亚女企业家协会等。

二 政界要员简介

阿尔法·孔戴 2011年11月7日当选几内亚总统。是继塞古·杜尔和兰萨纳·孔戴以后的几内亚第三任总统。

1938年3月4日出生在下几内亚的博凯，系马林凯族人。15岁到法国上中学和大学。巴黎大学毕业后又在巴黎法学院获得法学博士学位。后在巴黎大学法律与经济学院教书10多年。在这以后又在巴黎邮政高等学校教书。在此期间，他投身于黑非洲留法学生联合会等的政治活动，并创建了几内亚劳动党（1988年更名为"几内亚人民联盟"）。

在塞古·杜尔总统时期，阿尔法·孔戴因成立地下政党等政治活动和发表著作与文章抨击政府，被缺席判处死刑。从此他便一直流亡国外，直到20世纪90年代初非洲掀起多党民主运动时，他才于1991年5月17日从法国回到几内亚。经由他领导的几内亚人民联盟的推举，参加了于1993年12月举行的几内亚第一次多党民主总统选举，获得19.6%的选票，成为反对党中票数最多的政治领袖。1998年第二次总统大选时，当时他仍得票16.2%，在颇耳族人的进步与革新联盟的候选人马马杜·巴之后，居第三位。他被以阴谋策划破坏国家治安罪被关押，2000年他被判5年监禁，2001年5月孔戴总统发布赦免令，他得以出狱和恢复自由。兰萨纳·孔戴去世后，他在2010年的总统选举中以52%的得票率当选总统。

他的著作有1972年出版的《几内亚——非洲的阿尔巴尼亚——美国的新殖民地》，1984年出版的《几内亚应有怎样的前途》等。

塞卢·达兰·迪亚洛（Cellou Dalein Diallo） 颇耳族，曾在兰萨纳·孔戴时期的2004~2006年任总理。2010年6月第一轮总统选举时得到42.39%的选票，第二轮败给阿尔法·孔戴，现在是最大反对党几内亚民主力量联盟的领袖。

穆萨·达迪斯·卡马拉 1964年生于森林几内亚洛拉。1989年在科纳克里大学财政经济系毕业，获经济学硕士学位。1990年参军，1996~1999年到德国军校学习。回国后参加联合国维和部队，到塞拉利昂靠近利比里亚边境地区执行维和任务。2004~2005年再次去德国，在德国汉堡陆军学校接受军事培训。回国后曾在科纳克里阿尔法·雅雅兵营担任燃油管理员；为上尉军衔。

前总统兰萨纳·孔戴去世后，卡马拉在 2008 年 12 月 23 日发动军事政变后任总统。2010 年 9 月 28 日群众举行要求他还政于民的请愿集会时，军队向群众开枪造成血案。在国内外强大的压力下，他的军政权很快瓦解了。卡马拉被他的副官开枪打伤，赴国外医治和疗养，从此退出政治舞台。但他在森林区仍是有影响力的政治人物。

瑟库巴·科纳特（Sekouba Konaté） 是 2008 年 12 月 23 日军事政变的第二号人物，担任军政权国防部长，在卡马拉受伤退出政坛后担任军政权的过渡总统。

他的母亲是黎巴嫩人，父亲是几内亚马林凯族人。他 1966 年出生在康康，在科纳克里卡鲁姆区长大。1985 年 19 岁时参军，先后在摩洛哥、法国、中国等军校学习与培训。1996 年由兰萨纳·孔戴任命他为拉贝军区伞兵连副司令。2000～2002 年参加联合国维和部队，到塞拉利昂与利比里亚边境地区执行维和任务。2008 年被任命为空军独立营司令。

拉明·西迪梅（Lamine Sidimé） 1944 年出生在马木市。毕业于法国巴黎大学法律系，在塞内加尔达喀尔大学获法学博士学位。1972～1989 年先后在阿尔及利亚的阿尔及尔大学和塞内加尔的达喀尔大学任教，20 世纪 80 年代初在达喀尔大学升为教授。1990 年应孔戴总统召唤回国，负责《根本法》起草工作。他是兰萨纳·孔戴总统制定宪法《根本法》的主要撰稿人，因此而获几内亚国家功勋勋章。1992 年兰萨纳·孔戴总统任命他为几内亚最高法院的第一任院长。1999 年 3 月～2004 年 2 月出任几内亚总理。

西迪梅是颇耳族人，是位文人，性格内向，忠厚朴实。他曾在 1994 年 6 月以几内亚最高法院院长的身份、2000 年 9 月以几内亚总理的身份两次访华。

他著有《塞内加尔法律的演变》和《法在非洲》等著作。

西迪亚·杜尔（Sidya Touré） 马林凯族人，1946 年出生在科特迪瓦，毕业于法国巴黎国立财政学院，曾到华盛顿国际货币基金组织实习过。他长期在科特迪瓦生活和工作，先后担任科特迪瓦政府财政部总监局，商业部、工业部和卫生部等部门办公厅主任，1990年担任当时科特迪瓦总理瓦塔拉（Ouattara）的办公室主任。1996～1998年任几内亚政府总理。卸任总理职务后，组织了以马林凯族人为基本群众的反对党几内亚共和力量联盟。由于他曾在法国学习和在国际货币基金组织实习过，并在科特迪瓦长期工作，在几内亚也担任过总理，所以在国内和国际上都有一定的影响。

西拉迪乌·迪亚洛（Siradiou Diallo）记者出身，曾任《青年非洲》主编。他曾被塞古·杜尔政权判处死刑。他曾长期流亡法国，也是在1993年几内亚开展多党民主选举总统时回国竞选总统的。当时他作为革新与进步联盟的候选人参选，得票13.4%，居第三位。他也是颇耳族一位有影响的政治人物。

第四章

经　济

第一节　概　况

一　丰富的自然资源

几内亚特殊的地质构造形成多种自然资源区，使其有得天独厚的丰富自然资源。这是几内亚经济的重要支柱。其地质构造的基本框架是由位于西北部与中西部的富塔－贾隆高原和东南部森林区的几内亚高原所构成的。

这两大高原特殊的地质构造使其成为丰富又优质的铝矾土和铁矿区。同时这两大高原还是西非众多河流的源头，号称"西非水塔"。由于这些地区的地质板块布满断层与裂谷，这两大水塔流出的水形成无数山川河流，且由于地势高，水势下落的落差大，汇成众多的瀑布，提供了丰富的水力资源。

几内亚的土壤、地形、水文地理、气候等都造就了优越的生态环境，提供了丰富的农、牧、渔、林和水利等多种自然资源。有由野草树叶多年沉积和雨水与河流冲积成的肥沃的黑土地，这些地区都可开发成优良农田。此外还有许多沿河平原与冲积平原都是富饶的农业区。

几内亚的森林资源非常丰富。森林主要分布在东南部森林几内亚，在那里有120万公顷的原始森林，其中有157片贵重木材林。贵重木材有柚木、黄檀木、红木和黑檀木等。除森林几内亚以外，在中几内亚富塔－贾隆山区也有很多森林，许多河流沿岸有森林走廊。富塔－贾隆还有在非洲其他地方几乎都没有的松树林、毛竹林和各种藤本植物。

由于自然环境的多种多样，动物的种类也很多。在上几内亚的尼日尔河流域，特别在廷基索河的河谷地带有河马、鳄鱼、狮子、羚羊、犀牛以及蛇和蜥蜴等各种各样的萨赫勒草原动物。在森林几内亚有非洲豹（Leopard）、水牛。在靠近利比里亚边境森林区还有一种红棕色的野猪和一种属于哺乳类的青蛙。这两种动物是世界其他地区所没有的。为此联合国教科文组织将这两类动物栖息的宁巴山脉划为生物圈保护区。此外在森林几内亚还有满山遍野的猴子和黑猩猩。在几内亚的全国各地还都有一种一般生长在美洲和亚洲的豹（Panthère）。

正是这样的地质构造造就了几内亚是矿产资源、农业资源、水力资源都很丰富的国家。

二　悠久的农业文明

几内亚有悠久的农业文明。"据一些人类学家测定，塞内加尔河流域和尼日尔河上游是撒哈拉以南非洲农业的发祥地，上百种农作物起源于撒哈拉以南非洲。"[①] 塞内加尔河和尼日尔河都发源于几内亚。尼日尔河上游就在几内亚的东部和马里的西南部。塞内加尔河上游是在几内亚的中部和东北部。这说明几内亚的东部和中部地区是在撒哈拉以南非洲农业发祥地范围。另据法国学者考证，几内亚的农业已有3000多年的历史，铁器在公元前就已广泛使用。[②] 可见几内亚的农业文明是悠久的。但几内亚和西非广大地区一样，在古代出现先进的农业生产技术以后，社会却长期停滞不前，特别是奴隶社会的历史时期很长。直到19世纪末法国入侵和占领前，几内亚地区还都处在前资本主义社会的各个阶段。

三　畸形的经济结构

法国占领几内亚以后，使几内亚的经济一步步发展成畸形的殖民地经济。这一过程大致经历了三个阶段。从19世纪80年代到第一次世界大战

---

① 葛佶：《非洲简明百科全书》，中国社会科学出版社，2000，第317页。
② Muriel Devey, *la Guinée*, Paris：Karthala, 1997, p.69.

前，法国通过商业公司对几内亚的自然资源进行原始掠夺；第一次世界大战后到第二次世界大战前，几内亚开采黄金和钻石，同时大力开辟种植园发展经济作物；第二次世界大战后联合欧美工业集团开采铁矿和铝矾土。

法国占领几内亚初期，是用征收人头税的办法，迫使几内亚农民为法国殖民者采集橡胶等欧洲所需的工业原料。法国殖民当局规定 8 岁以上的人都要交纳人头税。20 世纪初，法国开始在几内亚修建从科纳克里到康康的尼日尔铁路和科纳克里港口，殖民地的地方开支猛增，法国殖民当局便用增加人头税来填补庞大的地方开支。同时由最初的用产品交税改为用货币交税，农民必须把产品拿到市场换成货币才能交税。这时由法国和西欧其他国家组成的一些国际商业垄断公司进入西非和几内亚，其中最大的三家公司是属于法国马赛资本的法国西非公司，属于英国与荷兰资本的法国尼日尔公司和以瑞士资本为主的西非商业公司。这三大商业垄断公司在几内亚不仅建立分公司，还深入内地建立商业网点。欧洲商业垄断公司当时从几内亚出口的主要是橡胶。19 世纪末，西方汽车工业迅速发展，对橡胶的需求量增加，每年从几内亚出口的橡胶 1890~1910 年的 20 年间增加了将近 6 倍，从每年 890 吨增加到 5000 吨。这是一种不进行任何投资的原始掠夺，在国际商业垄断公司的掠夺下，几内亚经济开始向畸形发展，农民被迫放弃一部分粮食生产去采集和种植橡胶等经济作物。

第一次世界大战以后，法国从原始掠夺转向有计划地开辟经济作物种植园和开采黄金、钻石。

在开辟种植园方面，法国在几内亚主要发展香蕉、菠萝、咖啡等经济作物种植园，尤其是香蕉种植园，将几内亚发展成为西非地区的香蕉生产基地。1938 年法国从几内亚出口的香蕉达到 5.28 万吨，而这一年整个西非地区的香蕉产量仅为 6.5 万吨。20 世纪 50 年代，几内亚香蕉年产量达到 7 万~8 万吨。

关于黄金和钻石的开采，早在 1900 年法国就开始在几内亚开采黄金了。第一次世界大战后，法国为填补战争损失在非洲加强了对黄金的开采。20 世纪 30 年代法国从几内亚运出的黄金每年达 3~4 吨。1935 年起法国开始在森林区开采钻石，30 年代至 50 年代钻石的年产量平均为 10

万克拉。

第二次世界大战后法国在几内亚除继续开采黄金和钻石外，开始开采铁矿和铝矾土。1953 年开始开采卡卢姆半岛的铁矿，产量最高的 1957 年为年产 100 万吨铁矿砂。

1952 年法国开始在科纳克里海上洛斯群岛中的卡萨岛开采铝矾土，1955 年的产量将近 5 万吨。从 1956 年起，法国联合西欧和北美的工业集团组成几内亚弗里亚氧化铝公司，开始建设现代化的弗里亚氧化铝厂。

在法国殖民统治时期，由于单一发展采矿业和少数几种供出口的经济作物，几内亚经济畸形发展，到 20 世纪 50 年代末几内亚独立时，已发展成典型的殖民地经济，呈现严重畸形状态。一方面已发展起现代化采矿企业和经济作物种植园，另一方面总体经济非常落后。工业除矿业以外，没有重工业和制造业，只有极少量设备简陋的农产品加工业。广大农村基本还停留在刀耕火种的半原始耕作状态。现代化的矿产企业和法国人经营的种植园成为国中之国，同几内亚其他经济领域和整个社会几乎没有联系的独立王国。矿产企业全部由外国人经营，向几内亚社会提供的就业人数也非常少，产品全部出口到国外。而几内亚人民生活所需的日用工业品和城市人口的生活必需品，包括大部分食品和一部分粮食，都要从国外进口。

几内亚独立后就是在这样极端畸形的殖民地经济的基础上发展民族经济的，直至今天，这种经济结构的畸形状态并未得到根本改变。

四　曲折的发展道路

20 世纪 50 年代末几内亚独立时，世界社会主义正处于高潮，社会主义国家已在世界有广泛的影响，各种社会主义思潮涌进正在苏醒的非洲大陆，都想为非洲新独立国家寻找摆脱贫穷落后的捷径。苏联的非洲问题学者提出了"非资本主义"发展道路的理论。他们认为，非洲传统的大家族制和第二次世界大战后出现了社会主义阵营的国际政治环境，为非洲新独立国家提供了走向社会主义社会的捷径——"非资本主义"发展道路。非洲国家可以绕过资本主义社会直接进入社会主义社会。刚独立的几内亚急于彻底摆脱西方殖民势力和国家的极端贫穷落后，接受了这些理论。

1962 年 12 月几内亚民主党第六次代表大会宣布几内亚选择"非资本主义"发展道路。在此后的 20 多年里,几内亚全面实行计划经济,实行工商业全面国有化和农业合作化等经济政策。

从 1960~1984 年的 24 年里,几内亚共制订和执行了 4 个经济发展计划。这些计划的基本目标都是实现粮食自给和国家工业化。而执行结果,除了完全由外国投资和经营管理的矿业计划以外,其他计划都是投资大大超出预算,而基本目标一个也没有实现。

在国有化方面,几内亚政府在独立时从法国人手里收回了银行、保险、港口和国内外贸易等一批涉及国家重要经济命脉的企业。这批企业全部成为独立后的第一批国有企业。中国和苏联、东欧等社会主义国家在 20 世纪 60 和 70 年代,对几内亚援建了一批中小企业,这批企业也都是国有企业。到 70 年代末几内亚已有 130 多家国有企业。关于这些企业(从法国人手里收回的和社会主义国家援建的)建成国有企业,在当时的情况下是无可非议的。因为几内亚不存在私人资本,只能由国家经营。对这些国有企业的问题主要是在于后来的经营管理上。当时几内亚政府在国有化方面的主要问题是扩大化,连一些由本国人经营的非常弱小的个体户也作为资本主义经济被清除。同时国内零售商业也全面国有化,宣布要让社会主义占领一切阵地,连小商小贩和农村集市也都被取缔。各种商业活动一律由政府经营。商品不再经过市场流通,而是由各级政府调拨和分发。商品供应一片混乱,人民生活极端困苦。

在农村,从 20 世纪 60 年代初开始搞了 20 多年的"农业合作化运动",进行了多种合作化和集体化组织形式的试验,均告失败。搞乱了农业生产,严重伤害了农民的利益,农村进一步贫困化。独立之初农村还有一些经济作物可以出口到国外,例如,1961 年出口香蕉 4200 吨,到 1978 年就已没有香蕉可供出口了。农村甚至面临饥荒。

1978 年几内亚民主党第 11 次代表大会总结了"非资本主义"发展道路的失败教训,做出了对内整顿国有企业和放宽经济政策,对外向法国等西欧国家开放的内外政策调整的决定。20 世纪 80 年代中几内亚接受世界银行和国际货币基金组织在非洲普遍推行的经济结构调整计划。遵照世界银行和国际货币基金组织的旨意，1985 年 12 月 22 日兰萨纳·孔戴总统发表向市场经济改革的动员令，宣布关闭一批计划经济时代建立的国有企业，鼓励几内亚人私人办企业。紧接着大刀阔斧地关闭国有企业和实行紧缩预算。在农村撤销一切形式的合作化和集体化组织，撤销粮食征购制，开放农村市场，允许农产品自由买卖。可是，所有这些政策措施，只有在利用世界银行等提供的贷款进行公路、桥梁等基础设施建设和发展农业方面取得了成绩。企业私有化政策盲目关闭大批国有企业，造成资产的极大破坏与流失，不仅没有给经济带来活力，反而使经济进一步萎缩，失业剧增，社会贫困加剧。

几内亚受法国 73 年的殖民统治，独立后又实行经济国有化政策，使几内亚几乎不存在本国的私人资本。所以企业私有化，只能将企业卖给外国。在那个年代卖给外国很可能绝大部分就卖给法国人。这是几内亚政府不愿意做的事情。兰萨纳·孔戴总统曾说，"因为这会玷污我们曾以无比骄傲的方式所取得的独立。"① 在这样的客观条件下，按理应该对企业整顿和加强管理，而不是将国有经济消灭，但当时缺少有管理才能的干部，因此做不到。

与此同时，几内亚的外部经济环境也恶化。20 世纪的最后 20 年是世界高科技迅速发展和工业大国经济转型的时期，西方工业大国的信息工程、生物工程等高科技工业的发展，使同非洲原料有密切联系的传统工业开始衰落，西方工业对非洲原料的需求日益减少，世界原料市场价格下跌。几内亚出口的铝矾土的价格从 1988 年到 1993 年，5 年间就下跌了58.8%，从每吨 2546 美元跌到 1050 美元。这一形势重创了几内亚经济。

内部私有化改革的失败，外部由于西方经济转型对几内亚经济的冲击，到 20 世纪 90 年代几内亚宏观经济已严重失衡，社会贫困化加剧，倒退到还不如独立前的境地。

2008 年 12 月，兰萨纳·孔戴总统逝世，从 2008 年 12 月至 2010 年12 月是两年军政权时期。在此期间，国内政局动荡，社会动乱，扰乱了社会经济秩序。同时军政府在财政管理上一片混乱，肆意发行货币，造成

---

① Chantal Colle：*GUINESCOPE*，Conakry：Sofra Presse，1997，p31.

严重的通货膨胀和耗尽了外汇储备。国际组织和西方大国对几内亚军政权实行经济制裁。在这样的内外环境下经济一路下滑，宏观经济进一步恶化，2009 年经济 GDP 到了负增长的地步；通膨率到 20% 以上，社会已到了民不聊生的地步。

五　经济结构与发展水平

几内亚独立 50 多年来虽然公路建设和水电供应等社会基础设施得到了改善，但殖民地时代遗留下来的畸形经济结构并没有根本改变。就业人口仅一万多人的矿业在很长时期里一直占国内生产总值的 22% 和外贸出口收入的 90%。进入 21 世纪以来，虽然世界铝矾土市场不景气，但矿业在外贸收入中仍占 80% 左右。占全国人口将近 90% 的人所从事的农牧林渔业在国内生产的比重一直停留在 20% 多一点。2010 年工业产值占国内生产总值的 57.6%，农业占 17%。

今日几内亚仍属世界最不发达国家和最穷国之列。根据联合国开发计划署公布的《2010 年人类非洲报告》，几内亚人类发展指数在世界 187 个国家中排名第 178 位。全国 54% 的人生活在贫困线以下。在全国 1100 多万人口中有 540 万人无力解决温饱问题；40% 的 5 个月以下的儿童营养不良；人均寿命只有 53 岁。

国家的发展仍主要依靠外国援助，80%~85% 的公共投资来自国外。本国私人资本十分微弱。主要经济支柱的矿业从投资到设备与技术全部要依靠外国。除矿业以外的其他工业非常薄弱，制造业占国内生产总值的比重不到 4%。经济发展的地区差异也很大，工业都集中在地处沿海的下几内亚，几家大的铝矾土公司都在这一地区。黄金开采集中在上几内亚，钻石生产集中在森林几内亚，中几内亚几乎没有工业。全国的中小城市都只有一些农产品加工业。

农业除少数由外国援助或投资建设的农场以外，广大农村的农业生产仍停留在几乎是半原始耕种技术的极端落后状态。

国家的基础设施极差。尽管几内亚有丰富的资源可开发，可面对几内亚的投资环境，许多外国投资者往往望而止步。

世界其他大陆的欠发达地区，多数都是以自己的廉价劳动力去吸引外国投资来推动本国经济发展的。而几内亚不具备这个条件，几内亚同非洲广大地区一样，文盲率高，国际投资者难以在几内亚找到能适应现代生产所需的劳动力。

2013 年国内生产总值为 68 亿美元，人均国内生产总值为 581.2 美元。国内生产总值增长率为 3.2%，通膨率为 11.9%。

第二节　农牧渔业

一　农　业

全国有可耕地 700 万公顷。四个自然区都拥有肥沃的土地。下几内亚有广阔的沿海平原，上几内亚、中几内亚、森林几内亚都有肥沃的高原和众多河流形成的冲积平原与沿河低地。四个自然区都有天然良好的水利灌溉条件。下几内亚地处西非沿海河流区，从富塔 – 贾隆流向大西洋的河流都流经这里，所以有得天独厚的优良的灌溉条件。中几内亚雨季长，雨量分布均匀。同时富塔 – 贾隆是"西非水塔"，从这里流出的众多河流的沿河低地与平原也有良好的天然灌溉条件。上几内亚虽地处干旱的萨赫勒地区，但它位于尼日尔河的上游流域，尼日尔河及其众多的支流提供了良好的水利灌溉条件。森林几内亚是非洲热带雨林区，雨季更长，而且旱季也常下雨，月月有雨，可谓风调雨顺。此外，森林几内亚和中几内亚富塔 – 贾隆地区一样，也是西非河流的源头，众多的河流成为天然的水利灌溉设施。

四个自然区除了上面已提到的这些共同的农业自然资源条件以外，还各具特殊的优势。下几内亚地处大西洋边，沿海平原肥沃的土质和密布的河流，有种植水稻的资源优势，还具备种植菠萝、椰子、香蕉、芒果、柑橘等热带水果以及咖啡、棕榈等经济作物和各种蔬菜的良好自然条件。中几内亚富塔 – 贾隆高原土质肥沃、雨水充足，有种植玉米、小米、高粱、福尼奥米、木薯、白薯等粮食作物和洋葱、马铃薯等蔬菜的自然优势。上几内亚有沙质土壤,是种植花生和棉花的良田,发展花生与棉花等经济作物是上几内亚的农业优势。森林几内亚潮湿的气候适宜种植橡胶和棕榈等经济作物,因此能种植橡胶等重要出口农作物的土壤与气候是森林几内亚的农业资源优势。

几内亚的农业资源还没有得到很好开发,700 万公顷的可耕地中只有120 万公顷是已耕地,只占可耕地总面积的 17% 多一点。全国到处都有大片未开垦的处女地,农业还有很大的潜力。

几内亚的农作物有粮食作物和经济作物两大类。

(一) 粮食作物

粮食作物主要有稻谷、玉米、福尼奥米、木薯、菜蕉和花生等。2012年粮食总产量为 486 万吨。其中:

稻 米	179 万吨
玉 米	61 万吨
福尼奥米	40.8 万吨
小 米	21 万吨
白 薯	49 万吨
木 薯	111.2 万吨
花 生	26.4 万吨

几内亚虽然有种植水稻的优越自然条件,在独立之初的 20 世纪 60 年代就提出粮食自给的目标,但大米至今一直不能自给,每年都需进口大米30 多万吨。2012 年几内亚政府接受外国援助的大米 1070 吨,面粉 1340吨,玉米 340 吨。

在几内亚的粮食作物中居首位的是稻谷,种植面积为 48 万多公顷,单位面积产量为每公顷将近 1500 公斤。稻谷种植地区主要在沿海平原和富塔－贾隆高原,即下几内亚和中几内亚。

进口大米的价格随世界市场波动,这使得几内亚政府无法控制国内粮食市场。因为大米是几内亚人民的主要粮食,其他粮食和食品的价格都随大米价格波动。稳住大米价格就能确保粮食市场的稳定。为减少大米进口,政府大力发展水稻生产。从 20 世纪 90 年代后期起同亚洲国家合作发展水稻生产农场，同马来西亚在下几内亚的芒乡（Manchon）合作开辟了1800公顷水稻田，同中国在下几内亚的科巴（Coba）合作种植600公顷水稻田。

玉米在几内亚的价格仅为大米的1/4。几内亚人将玉米磨成玉米碴蒸成饭吃。尤其在农村，人们已普遍用玉米和福尼奥米替代了大米。玉米的生产地在中几内亚和上几内亚。

福尼奥米是几内亚和马里特有的一种粮食，颜色和形状都很像小米，但比小米更细，蒸成饭黏性大、口感好，是最上等的粮食。福尼奥米的种植比大米和玉米都困难，所以价格比其他粮食要贵。从20世纪90年代起，政府一直在大力发展这种农作物。除供本国消费外，还向科特迪瓦出口。福尼奥米的产地在中几内亚富塔 - 贾隆山区，是颇耳族人的传统农作物。

由于大米需要进口和价格比较贵，几内亚人民还增加了木薯等薯类的消费，尤其在农村，在很多地区木薯等薯类是主要粮食。木薯主要种植在森林几内亚。

非洲人除了将花生供出口以外，还当干粮吃，所以花生也归在粮食作物类。花生的产地主要在上几内亚。

此外粮食作物还有马铃薯和菜蕉。马铃薯是从20世纪90年代开始种植的。在非洲许多地区香蕉有两种，一种是普通香蕉，是作为水果吃的香蕉，有一种是当粮食吃的菜蕉，菜蕉形状和普通香蕉一样，只是体积稍大一点，但它不能当水果吃，只能蒸熟了当饭吃。

（二）经济作物

几内亚的经济作物基本上是供出口的，主要有咖啡、可可、棉花、棕榈油、橡胶等。此外还有蔬菜（四季豆、洋葱）和水果（菠萝、芒果和香蕉）。

经济作物的产量比较稳定，2009～2012年每年的总产量都在10万吨左右。2012年的总产量为10万吨，其中咖啡2.94万吨、可可3.24万吨、棉花3000吨、棕榈油2.75万吨。

咖啡主要种植在森林几内亚和下几内亚。几内亚咖啡生产最旺盛的时期是在 20 世纪 70 年代。随着世界市场咖啡价格的下跌，农民放弃种植咖啡转向种植水稻。几内亚政府及时采取措施振兴咖啡生产，整治荒芜的咖啡田和开发新的种植区。

棕榈树种植在森林几内亚和下几内亚。在森林几内亚的棕榈树和橡胶树都是由"几内亚棕榈油与橡胶公司"（La société Guinéenne de Palme à Huile et Heveas-Soguipah）种植和经营的。这家公司是 1986 年成立的，共有 2.28 万公顷耕地。除了"几内亚棕榈油与橡胶公司"机械化管理和收割棕榈仁和橡胶以外，森林几内亚的农民一直在以传统的方式种植棕榈树与橡胶树。有 2000 多户农户从事棕榈树和橡胶树的种植。每户的耕地为 1~2 公顷。农民可以得到国有公司的贷款和化肥等资助，产品卖给国有公司。

森林几内亚气候湿热，非常适宜棕榈树的生长。这里的棕榈树是西非地区产量最高的，每公顷年产 20~22 吨棕榈仁。"几内亚棕榈油与橡胶公司"全年的总产量达 2.7 万吨棕榈仁。

棉花主要种植在上几内亚。西北部靠近塞内加尔边境的加乌阿勒（Gaoual）和昆达拉（Koundara）地区也是棉花种植区。上几内亚棉花生产区产量占全国棉花产量的 90%。

从 20 世纪 80 年代后期起，几内亚政府在发展棉花生产方面采取积极措施，1986 年和 1987 年分别在上几内亚和西北部从加乌阿勒到昆达拉地区，开始实施主要发展棉花生产的农村发展计划。这项计划是得到法国发展金库和欧盟等的援助，并由法国纺织工业公司具体帮助执行的。计划的具体措施包括选择棉花优良品种、改良土壤、对棉农进行技术培训，以及修路和打灌溉用井等。

橡胶主要种植在森林几内亚区，也是属"几内亚棕榈油与橡胶公司"种植与经营的，有橡胶地 5600 公顷，每公顷的年产量为 2.2 吨干橡胶。橡胶都是向世界市场出口的，长期以来一直是出口到科特迪瓦加工后再销到世界市场的。

（三）农业长远发展战略

几内亚历届政府都重视发展农业，多次将农业列为优先发展的项目，主观上一直想改变殖民地时代遗留下来的畸形的经济结构，计划通过发展农业生产，增加农产品的出口来改变国家主要依赖矿产资源出口的经济结构，争取在世界市场中重新定位。同时也想通过发展农业生产来减少人民生活必需品的进口。首先是争取实现粮食自给。因为只有解决粮食自给才有希望减少外贸逆差和财政赤字，争取建立起真正独立的民族经济。其次，全国80%以上的人口以农为生，而且53%的农民生活在绝对贫困线以下。只有改善这部分人的生存环境，才能根本改变国家长期贫穷落后的面貌。

此外，几内亚拥有发展农业的得天独厚的条件。首先是拥有多种丰富的农业资源，阳光充足、风调雨顺。发展粮食作物和经济作物都有很大的潜力。几内亚政府和人民不甘心饿着肚子，眼睁睁地看着自己丰富的自然资源长年闲置在那里。所以，开发农业资源，大力发展农业是几内亚政府和人民长期以来强烈的愿望，也是世界银行等国际金融机构和欧盟国家重点援助几内亚的领域。

二 畜 牧 业

畜牧业是几内亚的传统经济，历史悠久。今天居住在富塔－贾隆地区的颇耳族人的祖先柏柏尔人在7～15世纪就从北非南下游牧。富塔－贾隆地区从古至今一直是西非著名的畜牧业区。全国有牧场6.8万平方公里。

畜牧业主要在中几内亚富塔－贾隆高原和上几内亚的萨赫勒草原。

富塔－贾隆高原广阔的草原是天然牧场。而且那里雨季长、雨水充足，地势高、气候凉爽，适合牛羊生长。同时由于地势高，没有沼泽地，所以没有非洲其他许多国家都有的一种对牲畜有严重危害的萃萃蝇。除富塔－贾隆高原以外，上几内亚也有丰富的畜牧业资源。那里的萨赫勒草原区也是天然牧场，萨赫勒草原雨季有茂盛的绿草，旱季尼日尔河及其支流在水位下降后两岸露出水面的河滩上长满了绿草。所以上几内亚可以全年放牧，旱季不需要外出游牧。

2012年畜牧业的存栏总头数为808.6万，其中牛470万头、绵羊150万头、山羊180万头、猪8.6万头。

除牛以外，还有羊、鸡、猪。几内亚是伊斯兰教国家，猪肉的消费量很少，全国猪的存栏头数一向不足 5000。猪只在森林几内亚的少数民族地区饲养和消费。在下几内亚也有少量猪，主要供首都科纳克里的外国人消费。

几内亚畜牧业当前的主要问题是畜产品的销售问题。全国几乎没有一家像样的屠宰厂，更没有冷藏设备，产品无法出口到非洲以外的大陆，甚至每年还要从国外进口大量肉类和奶制品。

牧民为使产品能销售到国外去，放牧时赶着牛群向科特迪瓦边境游牧。从富塔－贾隆游牧到东南部边境要穿越大半个几内亚，当到达那里时牛已长到可以屠宰了，牧民们就将牛群赶出国境出口到科特迪瓦。因为科特迪瓦有现代化的屠宰厂和冷藏设备。

三 渔业

几内亚的渔业资源也是得天独厚的，海洋渔业资源和淡水渔业资源都很丰富。海岸线长 350 公里，大陆架宽 5.6 万平方公里，是西非地区大陆架最宽的国家，海上捕鱼有广阔的海域。几内亚海域有适合鱼类生长的特殊自然环境。鱼的体温是随外界的温度变化的。一般非洲炎热的气候不适宜鱼类生存。几内亚由于大西洋海洋流向的作用，大西洋在几内亚海域的海水是由海底向上翻流的，海水是凉的，宜于鱼类的群集和生长。所以在几内亚的海上不受季节影响，全年都可以捕鱼。据考察，从南面的福雷卡里亚以及科纳克里到博法一带海域的渔业资源最为丰富。浅海各种鱼的蕴藏量估计有 30 万吨，深海鱼的蕴藏量估计有 100 万吨。

此外，几内亚内陆河流多，内河淡水鱼的资源也很丰富，4 个自然区都有淡水渔业资源，因此人们称几内亚为"鱼米之乡"。淡水渔业资源以上几内亚居首位，尼日尔河及其许多支流都有大量的淡水鱼。其次是森林几内亚，但那里的渔业资源基本还没有开发。中几内亚的许多河流也都有大量的鱼。下几内亚除海上捕鱼以外，沿海平原河流密布，淡水鱼资源也很丰富。沿海沼泽地还可发展淡水养殖业。

机械化捕鱼基本都是外国渔业公司。外国渔业公司向几内亚政府购买

捕鱼证后到几内亚海域捕鱼。外国渔业公司主要来自欧盟国家,以及中国、日本、韩国等国。外国渔船都在海上将捕到的鱼立即冷冻和装船直接出口到非洲以外的大陆。这种机械化捕鱼与几内亚社会没有多少联系,不能为几内亚提供就业。所以几内亚政府想大力发展几内亚本土的捕鱼业。而几内亚人的捕鱼业还都是小木船上的手工捕鱼。

从 20 世纪 90 年代初开始,几内亚在首都科纳克里西北方向 140 公里的科巴沿海发展对虾养殖。1992 年专门成立了科巴农业公司(La Société D'agriculture de Coba)。公司的创始资本为 3500 万美元,是由非洲发展银行向几内亚政府提供的贷款,几内亚政府再将这笔贷款转给私人去经营这家公司。公司有职工 800 人,已拥有 450 公顷的养殖对虾的池塘及一个可以每年冷藏和包装 1800 吨水产品的厂房。周围的自然条件还有扩展的潜力。

2012 年工业捕鱼 2.6 万吨,手工捕鱼 7.5 万吨,其中淡水鱼 1 万吨,人工养殖水产品 220 吨。

第三节　矿　　业

一　概述

(一)丰富优质的矿产资源

几内亚特殊的地质构造使其遍地是矿,人称"地质奇迹"。全国四大自然区每区都有独特的矿产资源。下几内亚和中几内亚有铝矾土和黄金,森林几内亚有铁矿和钻石,上几内亚有黄金。此外,在全国各地还有其他多种稀有金属镍、石墨、石灰石以及铜、铀、钴、铬、铅、锌、锡、白金等。在沿海大陆架还有石油。

几内亚地质构造的基本框架是由两大高原构成的。这两大高原就是位于西北部和中西部的富塔-贾隆高原和位于东南部森林区的几内亚高原。

铝矾土　富塔-贾隆高原在地质构造上是一块隆起的砂岩板块,由花岗岩、板岩、片麻岩、砂岩、粒玄岩、辉长岩等多种岩石交错组合而成，形成地面多种土质结构，有由板岩和粒玄岩等岩石长年风化成的黏土和淤泥结构的褐色与黄色的地表，其下是铝矾土和黄金等的矿脉，尤其蕴藏丰富的铝矾土，使几内亚成为世界最大的铝矾土储藏国。其储藏量有 410 亿吨，占世界总储藏量的 2/3。其中 290 亿吨已经探明，占世界已探明量的30%。储藏量和已探明的量均居世界第一，而且都是高品位的优质矿产。

铝矾土分布在富塔－贾隆高原向西部沿海平原和向东部草原区的过渡地带。在过渡带的地质基底也同富塔－贾隆的地质结构一样，由花岗岩、片麻岩等多种岩石组成，表面由于长年风化，覆盖着厚厚的一层红棕色的砂状外壳。这些地带都是铝矾土矿藏区。

富塔－贾隆西边的铝矾土矿区是在从几内亚西北部的桑加雷地和在它南面的淀淀（Dian-Dian）向南到弗里亚和金迪亚一带。桑加雷地位于几内亚西北部并靠近博凯，那里铝矾土的质量据说是世界上最好的，品位高达 60%，且可以露天开采。在它的地下和周围也有大量的铝矾土矿脉。在它的南面已发现的淀淀铝矾土矿区，经初步勘探铝矾土的藏量估计有 4亿～7 亿吨。

富塔－贾隆东部向上几内亚草原区过渡地带的铝矾土矿区是在达博拉和杜盖一带，那里离科纳克里 400 多公里。

铁矿 位于几内亚东南部森林区的几内亚高原是由西芒杜（Simandou）山脉和宁巴（Nimba）山脉构成的。这两大山脉的地质构造含有结晶赤铁矿的花岗结晶岩、板岩、片麻岩、带磁铁矿的石英石和含金石英石等，是铁矿、钻石、黄金、锰矿、石墨等矿藏区，尤其以铁矿闻名世界。森林区西芒杜山铁矿的藏量估计有 40 亿吨（有的估计 70 亿吨），宁巴山估计有 10 亿吨（有的估计 20 亿吨）。也就是说，仅东南部森林区铁矿藏量估计至少有 50 亿吨。

西芒杜山铁矿藏量可能是至今世界上现存已探明的最大铁矿，矿石含铁量高达 70%；开采条件好，全部可以露天开采；而且矿石含杂质少，容易冶炼。按国际规定标准，铁矿含硫量应低于 0.02%，含磷量低于0.08%，而西芒杜山的铁矿几乎不含硫与磷。在地质岩层上，这里的岩石已是极度变质的石英岩、结晶赤铁矿、带磁铁矿的石英岩、准片麻岩、正片麻岩、混合岩等。

西芒杜山脉位于森林区的北部，由北向南走向，是一条 100 多公里的山脊，海拔 500 ~ 800 米，北面向尼日尔河支流米罗河平原倾斜，西边向大西洋倾斜，距南边的宁巴山脉 100 公里，离首都科纳克里 772 公里。

宁巴山脉位于几内亚东南部与利比里亚和科特迪瓦的边境线上，所蕴藏的铁矿 70% 在几内亚境内（约 10 亿吨），20% 在利比里亚境内，10% 在科特迪瓦境内。宁巴山脉的铁矿也是优质铁矿，矿石含铁量为 65%，含硫和磷的成分也低于国际规定的标准，分别只有 0.01% ~ 0.02% 和 0.03% ~ 0.05%。

此外，在首都科纳克里也有铁矿。另据几内亚官方 2013 年公布的材料，在法拉纳的卡里亚（Kalia）也发现了铁矿，且品位高达 63% ~ 68%。

几内亚全国铁矿的总藏量，估计有 70 亿吨（有的估计 90 亿吨）。[1]

黄金　几内亚黄金的蕴藏量也很可观，据估计有 14 万吨，含金量高达 20 ~ 23 开。[2] 黄金主要储藏在几内亚东部，在自然区域上就是在上几内亚。在那里的金矿基本都分布在河流的冲积层。廷基索河、尼日尔河和尼日尔河支流米罗河等河流的两岸都是金矿区。锡基里、曼迪阿纳（Mandiana）、丁几拉伊（Dinguiraye）、库鲁萨（Kouroussa）、巴诺拉（Banaura）等城市都是金矿城，其中锡基里自古至今都是西非著名的金矿区之一。据最新勘探，在上几内亚的东北部又发现一个蕴藏量为 500 多吨的金矿。另外在森林几内亚的恩泽雷科雷和中几内亚南部的马木以及下几内亚的金迪亚等地也都发现了金矿。几内亚金矿的储藏形式有储藏在河流沿岸的冲积层和以矿脉形式储藏两种。

已经探明的金矿区主要分布在几内亚东部尼日尔河上游流域，也就是在几内亚四大自然区的上几内亚区。具体在锡基里、尼昂当（Niandan）、巴尼埃（Banié）、曼迪阿纳（Mandiana）、丁几拉伊。这些地区金矿矿石

---

①　*Marchés Tropicaux et Méditerranes*，Septembre 1999，Paris，p. 1813.

②　Muriel Devey，*la Guinée*，Paris：Karthala，1997，p. 195.

的含金量平均为每立方米 10 克。另一处矿脉是在马木和法拉纳之间的非塔巴（Fitaba），那里矿石含金量为每立方米 0.42 ~ 3.8 克。在下几内亚区金迪亚东面的芒比亚（Mambia）和博科（Boko）以及在森林几内亚区恩泽雷科雷地区的加马—卡拉纳—约姆（Gama-karana-Yomou）等地都有金矿。恩泽雷科雷地区矿脉的含金量为每立方米 1 ~ 4 克。

几内亚金矿大部分蕴藏在河流的冲积层，但也有以矿脉形式蕴藏的金矿山。这两种矿源适合于工业开采和传统手工开采并举。

钻石 钻石的储藏量估计有 2500 万 ~ 3000 万克拉。① 钻石主要蕴藏在森林几内亚的北部和上几内亚的东南角，南面从马桑塔以南的西芒杜山起，北到凯鲁阿内以北，东到几内亚与科特迪瓦边境，西至基西杜古以西同塞拉利昂接壤处。其中凯鲁阿内的钻石储藏量已探明的就有 42 万克拉，估计那里的总储藏量有 400 万 ~ 500 万克拉。20 世纪 90 年代在几内亚中部，金迪亚的东面，又发现了新的钻石矿区。同时在几内亚东部，即上几内亚，也都发现了蕴矿量可观的钻石。

几内亚的钻石是优质的，有河床的冲积层和矿山的矿脉两种储藏形式，现在开采的也只限于河床的冲积层，地下蕴藏的钻石还原封未动。

（二）矿产开采史

几内亚的矿产开采已经有 1600 多年的历史。几内亚从公元 5 世纪就开采布雷金矿，从那至今一直没有间断过。开采出来的黄金早期是通过撒哈拉沙漠的骆驼商队运销到阿拉伯世界和地中海沿岸国家。15 世纪西方国家从海上进入非洲以后，黄金始终是他们掠夺的重要资源之一。20 世纪末法国占领几内亚后，最初是对几内亚的资源进行原始掠夺，除掠夺农产品和橡胶等工业原料外，就是大肆掠夺黄金。因为开采黄金也无须投资，用强迫劳动通过河边淘金，就能获得。法国从 1900 年开始就在几内亚开采黄金。第一次世界大战后，法国为弥补战争损失加大了在几内亚的黄金开采。从 20 世纪 30 年代到 50 年代末几内亚独立，法国每年从几内亚运出的黄金达 3 ~ 4 吨。

---

① *Marchés Tropicaux et Méditerranes*，Septembre 1999，Paris，p. 1813.

虽然几内亚黄金开采已经有 1600 多年的历史，但直到今天还一直是在河边淘金。在几内亚很长时期里都是分散的个体淘金，大规模采金从 20 世纪 90 年代中叶才开始。1995 年几内亚成立了两家金矿公司。一家是几内亚金矿公司，是几内亚政府和加纳阿山蒂金矿公司合作的。另一家是丁几拉伊矿业公司，是由几内亚政府先后与澳大利亚和挪威合股的公司。

几内亚的钻石是在 1935 年由法国首先开采的，主要来自森林几内亚。20 世纪 30 年代至 50 年代末，几内亚钻石的平均年产量是 10 万克拉。

几内亚的钻石长期以来是手工开采的，机械开采从 20 世纪 80 年代才开始。1981 年成立了黄金与钻石勘探协会。由于黄金与钻石勘探协会的缩写是 Aredor（阿尔多雷），所以大家习惯称其为阿尔多雷钻石公司，它是由几内亚政府先后与澳大利亚和加拿大合股的公司。

第二次世界大战后法国除继续开采黄金和钻石外，开始开采铁矿和铝矾土。1953 年开始开采卡卢姆半岛的铁矿。产量最高的 1957 年是年产 100 万吨铁矿砂。后来因为靠近出海口的铁矿已开采完，丰富的铁矿在远离出海口的森林几内亚，所以几内亚的铁矿开采陷入停滞。由于没有解决输出矿产的铁路与港口问题，至今几内亚铁矿开采计划一直处于停滞状态。

铝矾土的开采始于 20 世纪 50 年代。开采几内亚铝矾土最积极的是美国。最早涉足几内亚铝矾土矿的是一家美国公司，它于 1920 年在洛斯群岛的卡萨岛勘探铝矾土，并从法国殖民当局获得开采权。1934 年这家美国公司又将开采权转让给了法国公司。法国公司从 1952 年开始开采卡萨岛的铝矾土，产量最高的 1955 年共生产了 5 万吨铝矾土。

1957 年，美国在弗里亚建设几内亚氧化铝公司，1960 年投产。

1956 年，美国矿业集团联合法国等西欧国家组成国际矿业集团，建设现代化的弗里亚氧化铝厂。

1963 年，美国的阿尔科阿（Alcoa）铝业公司，即美铝，联合西欧、北欧以及加拿大、澳大利亚的矿业集团，在博凯建设现代化开采铝矾土的几内亚铝矾土公司，1973 年投产。

1969 年苏联在金迪亚建设金迪亚铝矾土公司，1974 年投产。

从 20 世纪 80 年代起，世界铝矾土市场一路不景气，几内亚的铝矿工业也不再像六七十年代那样发展了。有的企业还经历了减产、停产和转卖。

在 21 世纪的头十年里，俄罗斯铝业集团先后接管了金迪亚铝矾土公司和收购了几内亚氧化铝公司。

这样就形成今天几内亚的铝矿工业由美俄两国的矿业集团（"美铝"和"俄铝"）所垄断的局面。

（三）当前矿业状况

当前正在开采的矿产有铝矾土、黄金、钻石。铝矾土由于国际市场形势不好和几内亚近年政局与社会动乱，导致一些外国公司撤资，生产状况不是很稳定。三大铝矿公司中的几内亚氧化铝公司年产量由 20 世纪的 65 万至 70 万吨减少到 2012 年的 24 万吨。黄金和钻石的开采比较稳定。铁矿开采的对象集中在东南部森林区西芒杜山脉的矿藏。从 2008 年起已有多家外国矿业公司同几内亚政府签订开采合同。但由于还没有解决矿产运出的铁路与港口问题，这些合同始终只是纸上谈兵，未能付诸实施。2013年春季，几内亚政府还同美国公司签订开采近海石油合同。此外，几内亚政府还计划对铜矿和铀矿进行勘探。

2012 年矿业占几内亚国内生产总值的 20%，外贸出口收入的 85% 和政府预算收入的 65%[①]。

（四）矿业法

几内亚政府一直在努力吸引外国投资，1995 年实施鼓励外国投资的新矿业政策，1998 年颁布了矿业法，健全司法制度，减少国家在企业中的股份，实行优惠的关税政策等。

2010 年阿尔法·孔戴总统执政后，于 2011 年 9 月修订了前政府留下的矿业法。修订后的矿业法规定国家可以无偿获得矿业项目 15% 的股权，并有权出资再得到 20% 的股权。也就是说，在外国到几内亚投资的矿产项目中，几内亚政府可以控股 35%。矿业法还规定，外国公司获得开采许可证后，若在三年内没有开采，政府将无偿收回开采权。2012 年

---

① 资料来源：2013 年 6 月几内亚驻华使馆提供的《为什么投资几内亚共和国？》。

2 月政府还成立了国家矿产委员会，负责具体执行矿业法。委员会首先将对前政府时期签订的矿业开采合同进行检查，若有用舞弊手段获得的，将要重新谈判和签订新合同。

21 世纪初，由于欧美金融危机与经济衰落，世界矿业市场低迷。2013 年国际矿业市场连续走低，再加上几内亚国内发生社会动乱，使矿业开采受到严重影响，一些外国矿业公司在收缩。几内亚政府为挽救危局，于 2013 年 4 月 17 日修订颁布了新矿业法。新矿业法给予外国公司更大优惠。

新矿业法的宗旨是建立更加灵活的税收制度，实现外国开矿公司与几内亚双赢，使几内亚的矿业开采更具有竞争力。

新矿业法的主要内容：

1. 将原来每吨 11 ~ 13 美元的资源税降到每吨 4 美元。

2. 矿业企业所得税从 35% 降到 30%，开采设备进口税从 6% 降到 5%，出口税从 8% 降到 6.5%。

3. 考虑到外国开矿企业的投资顾虑，对探矿许可证最大面积也做了调整。既鼓励开采，也避免资源冻结。铝矿和铁矿单个探矿证面积由原来的 350 平方公里增加到 500 平方公里。其他矿产由 50 平方公里增加到 100 平方公里。

4. 铝矿和铁矿项目最低投资额由原来的 10 亿美元降到 5 亿美元。

二 铝矿业

2012 年铝矾土的产量为 1740 万吨，几内亚政府计划到 2020 年将铝矾土年产量提高 3 倍多，达到 6100 万吨，氧化铝达到 1600 万 ~ 2000 万吨。[①]

几内亚政府已颁发上百个勘探许可证和 10 多个开采许可证，但目前投产的只有三家。

---

① 数据来源：2013 年 5 月几内亚地矿部长福法纳在第 19 届世界铝矾土氧化铝大会上的报告。

（一）三大铝矿公司

几内亚铝矾土公司（la Compagnie des Bauxites de Guinée，CBG）

这是几内亚政府和国际矿业集团的合资企业，以美国矿业集团阿尔科阿（Alcoa）资本为主，由美国经营管理，产品出口到美国，所以一般简称其为"美铝"（Alcoa）。

这是几内亚最大的铝矾土企业，位于下几内亚的博凯（Boké）地区。1963 年 10 月开始建厂，几内亚政府占股 49%，国际矿业集团哈尔科矿业公司（Halco Mining Inc）占股 51%。哈尔科国际矿业集团是以美国阿尔科阿（Alcoa）资本为主，占股 43%，加拿大阿尔康（Canadien Alcan）占股 33%，法国贝希奈（Péchiney）占股 10%，瑞典企业（Suédois Norsk Hydro）占股 10%，澳大利亚企业占股 4%。

1973 年 5 月投产。设计能力为年产 1100 万 ~ 1400 万吨铝矾土。其生产过程是采矿和初步加工，初步加工是将矿石粉碎和烘干。矿石开采出来后经铁路运到离矿区 135 公里的大西洋边的深水港冈姆萨港附近的一个矿石粉碎厂，经粉碎和烘干后装船出口到美国。自 1973 年投产，到 20 世纪末的 20 多年里一直是露天开采，矿山就在厂区附近的桑加雷地（Sangarédi）。那里的矿砂是世界上最优质的，含铝量高达 62%。产品主要向北美和欧洲出口。到 20 世纪末，桑加雷地露天矿已开采完，只得一方面在桑加雷地矿区原地深层开采，到离地面三米深的地下开采，同时到另一处矿砂质量较次的比迪弗姆（Bidifoum）矿山开采。

21 世纪初国际矿业集团哈尔科矿业公司的股东有了变化，还是以美国阿尔科阿资本为主。还有加拿大、德国、法国、澳大利亚、荷兰、意大利等国的资本加入。2012 年产量为 1996 万吨铝矾土，其中 65% 归几内亚政府，35% 归哈尔科矿业公司。

金迪亚铝矾土公司（Compagnie des Bauxites de Kindia，CBK）

这是一家由俄罗斯经营管理的厂矿，所以一般简称其为"俄铝"（Rusal）。位于下几内亚，在科纳克里东北方向的金迪亚附近。它的前身是金迪亚铝矾土局（Office des Bauxites de Kindia，OBK），是在 20 世纪 60

年代末至70年代中由苏联援建的。1969年11月开始建厂，1974年投产。设计能力为年产300万吨铝矾土。产品向苏联出口，苏联将铝矾土运到乌克兰炼铝厂冶炼。1974年厂矿投产后，几内亚每年向苏联出口200万吨铝矾土，出口值为2800万美元，其中60%作为几内亚向苏联偿还的贷款，40%由苏联向几内亚提供商品。所以，几内亚向苏联出口铝矾土除得到苏联商品以外没有现汇收入。苏联解体后，金迪亚铝矾土局改名为金迪亚铝矾土公司，成为由几内亚政府全资所有的国有企业。产品出口到乌克兰，但乌克兰所能接受的进口量从20世纪90年代起一直在下降，到1998年乌克兰只进口了几内亚148万吨铝矾土，出口值降到1630万美元。2000年11月3日，几内亚政府同俄罗斯铝业公司（Rusal）签订协议，由俄罗斯铝业公司帮助几内亚铝矾土公司恢复和扩大生产。2001年7月，兰萨纳·孔戴总统亲赴俄罗斯，和俄罗斯铝业公司签订长期协定，俄罗斯铝业公司承担对几内亚铝矾土公司进行25年的技术管理。协定还包括俄罗斯铝业公司将开采淀淀矿区的铝矾土矿。几内亚政府在这家公司拥有15%的干股。

该公司2012年产量为331万吨。

几内亚氧化铝公司（Alumina Company of Guinea，ACG）

它几经转手，现在是俄罗斯铝业集团的独资公司。它的前身是弗里亚氧化铝厂（Friguia）。厂址在科纳克里以北145公里的弗里亚。

弗里亚氧化铝厂于1957年建立，1960年4月投产。设计能力为年产70万吨氧化铝。总投资为1.4亿美元。原是一家以美国私人资本为主的外国企业，1973年起改为几内亚政府和外国公司的合资企业。资本为3300万美元。几内亚政府占股49%，国际矿业集团占股51%。在国际矿业集团的股份中，美国占30%，法国占30%，加拿大占20%，挪威占20%。

1960年投产后年产氧化铝65万吨左右，1993～1994年产量最高时达到70万吨。但到20世纪90年代末工厂面临严重困难。原来工厂的生产条件很好，全是露天开采，经过近40年的开采，附近的矿源已经枯竭，工厂设备已很陈旧，设备需要彻底更新。由于世界市场氧化铝的价格大幅下跌，工厂严重亏损，到 1998 年已负债将近 8000 万美元，外国资本在同年 10 月全部撤走。工厂的严重形势并没有影响几内亚政府的信心，1999 年 7 月 20 日，几内亚成立几内亚氧化铝公司（ACG）接管了弗里亚氧化铝公司。同年 11 月 30 日，几内亚氧化铝公司同美国雷诺尔德斯金属公司（Reynolds Metal Company）签订租让管理合同，几内亚氧化铝公司将经营管理与技术管理权出租给这家美国公司。几内亚氧化铝公司股权结构为几内亚政府控股 15%，几内亚投资有限公司（Guinea Investment Company Limited）控股 85%，美国雷诺尔德斯公司在这家投资公司占股 10%。

2003 年起俄罗斯铝业集团同几内亚政府进行谈判，最终收购了几内亚氧化铝公司。几内亚政府拥有 15% 的干股，其余为俄罗斯股本。

俄罗斯在收购了几内亚氧化铝公司后，经营管理仍存在问题，2012 年因工人罢工该公司年产氧化铝仅 24 万吨，而在 20 世纪 60 年代至 90 年代中期的年产量是 65 万~70 万吨。

除了以上三大铝矿公司以外，还有达博拉 – 杜盖铝矾土公司（la Société des Bauxites de Dabola-Tougué，SBDT）。该公司位于科纳克里东北方向 400 公里，1993 年建厂，是几内亚政府同伊朗三家私人企业合资建成的。几内亚政府以土地和矿山入股，占股 49%。有 13 座矿山，铝矾土的储藏量为 19 亿吨。设计能力为年产 350 万吨氧化铝，加工氧化铝的工厂已在 20 世纪末建成，但由于运出矿产的铁路（从矿区到科纳克里 400 公里的铁路）没有建成，所以一直只是部分开采。

（二）铝矿业远景计划

几内亚政府计划到 2020 年将铝矾土年产量提高 3 倍多，达到 6100 万吨，氧化铝达到 1600 万~2000 万吨。远景计划主要指望正在谈判的几家外国公司，其中：

中国电力投资集团公司将投资 60 亿美元开采博凯地区的铝土矿，将建设采矿的矿厂，精炼氧化铝的氧化铝厂，250 兆瓦的热电厂和年吞吐量 500 万吨的深水港。计划 2017 年投产，投产后将年产 1200 万吨铝矾土和 400 万吨氧化铝。

几内亚铝矾土公司在 2013 年春季同阿联酋的穆巴达拉（Mubadala）

发展公司和迪拜铝业公司（Dubai Aluminium co）签署的增产协议将使其到 2017 年的年产量达到 2200 万吨铝矾土。

俄罗斯铝业公司预计到 2019 年，淀淀矿的铝矾土年产量达 600 万吨，氧化铝 120 万吨。

加拿大多伦多上市公司"全球氧化铝公司"（Global Alumina Corp，GLAU）计划投资 43 亿美元建设精炼氧化铝工厂。

三　铁矿业[①]

从 20 世纪 50 年代起，法国和比利时等国就对几内亚西芒杜山脉和宁巴山脉的铁矿进行过全面的考察与勘探，已基本探明这两座矿山铁矿的质量与可能的藏量。几内亚政府为开采这里的铁矿，计划先建设从西芒杜山脉到科纳克里长 900 多公里的铁路。日本一家公司在 1975 年对建设这条铁路线进行了技术考察与经济核算，同时还对这两座矿山进行了地形测绘，绘制了详细的地形图。但建筑这条铁路的计划一直没有实现。原因首先是这条铁路不仅路途长，而且沿途有难以施工的高山峻岭与沼泽地。其次即使铁路建成后，这里的铁矿运出去也会因运输路途长产品成本高而失去竞争力。国际矿业集团倾向于从利比里亚运出铁矿，因为从西芒杜山和宁巴山到利比里亚的出海口布坎南港分别只有 330 公里和 285 公里，而且可以利用利比里亚国内的铁路。从西芒杜山只需建 25 公里，从宁巴山只需建 18 公里的铁路就可以接上利比里亚境内的铁路。

1987 年，世界最大的铁矿公司英国——澳大利亚资本的力拓公司（Rio Tinto）曾同几内亚政府签订开采西芒杜山脉铁矿的协议，计划在 6 年内投资 36 亿美元。除矿厂建设外，还计划建设从矿区到大西洋边马塔康（Matakan）650 公里的铁路和深水码头。但这个诱人的计划没能实现，客观原因是邻国利比里亚从 1989 年起陷入长期内战，而在几内亚全境铁路没有建成以前，矿产要经利比里亚出口。后来利比里亚内战虽然

---

①　铁矿这部分资料是根据 1997 年几内亚孔戴总统的顾问 Youra Nabi 访华时，代表几内亚政府自然资源部，向我国冶金工业部提供的资料。

结束，但利比里亚新政权同几内亚政府的关系一直不是很好，经利比里亚运出铁矿的计划难以实现。这更坚定了几内亚政府要建设自己的长途铁路。

进入 21 世纪以来，力拓公司、澳大利亚的必和必拓公司、巴西的淡水河谷公司等国际矿业集团先后同几内亚政府签订了开采西芒杜铁矿的合同，但这些外国公司只是从几内亚政府买到了开采权，可始终没有制订开采计划，因为还没有解决铁矿运输问题。

2008 年，以色列富豪 Beny Steinmetz 向几内亚政府买下西芒杜山脉北部 1 号和 2 号矿块以及南部的 Togota 矿块，并在伦敦成立了几内亚资源公司（BSG）经营这些矿块。2010 年 5 月，巴西的淡水河谷用 25 亿美元向几内亚资源公司买下 51% 的股份，并同该公司组成了合资公司——BSGR。BSGR 宣布对西芒杜山脉南部 Zogota 矿块负责经营管理，并计划对北部 1 号矿块和 2 号矿块进行开采。BSGR 同时还同利比里亚商谈矿产经利比里亚出口问题，给几内亚的回报是修复从科纳克里到康康 600 公里长的铁路（这条铁路是 20 世纪 30 年代由法国修建的，1958 年几内亚独立后逐渐报废了）。最终几内亚矿厂出口的计划被搁置了，原因是巴西的淡水河谷公司忙于开采国内的铁矿。直到 2014 年春季，开采几内亚铁矿的计划仍然没有得到实施。

中国加入开采几内亚铁矿的国际竞争起步较晚。2008 年，中国铝业股份有限公司（简称中铝）同美国阿尔科阿公司（美铝）合作，向力拓买下 12% 的股份。2012 年 7 月 29 日中铝又同力拓公司正式签约联合开采几内亚西芒杜山脉铁矿。2013 年 3 月中铝与力拓签署谅解备忘录，中铝出资 13.5 亿美元与力拓成立共同开采的合资公司，力拓控股 53%，中铝控股 47%。

2014 年 5 月，力拓—中国合资公司同几内亚政府达成投资 200 亿美元开采西芒杜山铁矿的协议。这一开采铁矿的协议对双方都有利，但要真正落实还是面临困难。200 亿美元的投资中有 2/3 要用于基础设施建设：一条从矿区到大西洋边马塔康（Matakan）650 公里的铁路，一个设施齐全的深水港，长达 1000 公里的公路网以及网络光纤通信设施等。现在的关键是找到愿承担这些基础设施建设的投资商。其实这个开采项目早在1987年力拓就同几内亚政府签订过协议，因不敢冒基础设施建设的风险而没有落实。

综上形势，力拓、必和必拓、淡水河谷、中铝将在几内亚西芒杜山脉铁矿展开激烈竞争。在这场国际矿山大博弈中，谁有胆量挑起基础设施建设重担，谁就能在这场激烈竞争中占据优势。因为直到目前还没有解决铁矿开采出来后运输出去的铁路与港口问题。长期以来有南线北线两个方案。南线经利比里亚出口，从矿山到利比里亚的大西洋布坎南港只需建380公里的铁路线。北线就是跨几内亚全境的铁路线。南北两路都有风险。南路受地区形势与几利两国关系的影响，不能确保长久平安畅通。北线建设费用高，建成后运出矿产成本高，将失去竞争力。所以力拓、必和必拓、淡水河谷等国际矿业大财团也没有哪家敢轻易做出选择和承担建设工程。有舆论说中国在基础设施建设方面有优势也有能力。但既然是国际大财团多年不敢冒的风险，中国也需慎之又慎。诱人的几内亚铁矿开采权在外国矿业公司手里转来转去，却直到2014年还看不到真正的开采日期。

除西芒杜山脉的铁矿外，几内亚还有宁巴山脉和科纳克里铁矿。宁巴山在20世纪末已被联合国教科文组织划为生物保护圈，因为宁巴山脉有在世界其他地方都没有的稀有动物红棕色野猪和哺乳类青蛙。科纳克里东北方向的卡库利马山（Kakoulima）海拔1003米，由一块巨大的辉长岩板块构成。卡库利马山的山脚下就是原来的卡卢姆半岛（现科纳克里卡卢姆区）以及洛斯群岛。卡卢姆区和洛斯群岛以及卡库利马山都蕴藏铁矿。首都科纳克里就在这个大铁矿的上面。所以科纳克里海滩的礁石是黑色的，因为这些黑色礁石就是露出地面的铁矿石，经氧化后变成了黑色的氧化铁。早在20世纪50年代，法国和英国就开始联合开采原卡卢姆半岛的铁矿，能开采的都已开采完，再要开采就需要将首都迁走，这是不容易做到的，所以科纳克里没有继续开采铁矿的计划。

此外，还有新发现的法拉纳的卡里亚（Kalia）铁矿。

四 黄金与钻石

（一）黄金

虽然几内亚黄金的开采已经有 1600 多年历史，但直到今天还只是在尼日尔河各支流的冲积层开采，地下金矿脉基本还原封未动。

现在全国有两家较大的金矿企业：几内亚金矿公司和几内亚丁几拉伊矿业公司。此外还有大量半机械化开采和手工采金的企业。20 世纪 90 年代平均每年的黄金出口收入为 1.5 亿美元，但官方出口只有 3000 万美元，其余都被走私出境了。从 90 年代末开始黄金生产发展较快，2012 年的黄金产量为 51.91 万盎司，其中 76% 是工业开采。这些工业开采的黄金质量很好，成色高达 85% ~ 98%。

几内亚金矿公司（Société Aurifère de Guinée，SAG） 20 世纪 80 年代成立，开采锡基里地区的金矿。该公司拥有两个矿区，锡基里一厂和锡基里二厂。金矿矿石的储存量有 6040 万吨，每吨的含金量为 1.21 克。1999 年 7 月投产，两个厂的总投资为 1 亿美元，设备能力为年产 4 ~ 5 吨黄金。

1995 年加纳的阿山蒂公司租用了它的开采权，租用期为 14 年，加纳阿山蒂公司占股 75%，几内亚政府占股 25%。

进入 21 世纪后，加纳阿山蒂公司和南非金矿公司联合更新了设备。现在是加纳和南非控股 85%，几内亚政府享有 15% 干股。

丁几拉伊矿业公司（La Société Minière de Dinguiraye，SMD） 这是一家外国私人企业。原为法国和澳大利亚资本，1995 年转卖给了挪威金矿公司（Delta Gold Mining）。挪威公司占股 85%，几内亚政府占股 15%。矿区在锡基里附近的雷罗（Léro）。据估计，那里金矿矿石的蕴藏量为 1350 万吨，含金量为每吨 2.6 克。

黄金除了这两家金矿公司机械化开采外，还有半机械化开采和大量的手工开采。

（二）钻石

钻石现在主要由几内亚政府与外国合资的阿尔多雷钻石开采公司开

采，同时还有大量的手工开采。2012 年钻石产量为 27.8 万克拉，出口收入为 6300 万美元［根据 2013 年 6 月几内亚驻华使馆提供的资料《Pourquoi inverstir en République de Guinée?（为什么投资几内亚共和国?）》］。实际收入远远超出这个数额，因大量钻石是走私出口的。

几内亚钻石的质量也是优质的，储藏有河床的冲积层和矿山的矿脉两种形式，现在开采的也只限于河床的冲积层，地下矿藏的钻石也原封未动。

东南部森林几内亚的钻石矿是在 1933 年发现的，1935 年开始开采。长期来一直是手工开采，有将近 1 万人从事手工开采钻石。至今还没有对森林几内亚的钻石进行过系统勘探，估计储藏量达 3 亿克拉。

1981 年几内亚成立了"钻石和黄金勘探协会"（Association Pour la Recherche de Diamants et d'Or，Aredor），一般简称阿尔多雷钻石开采公司（la Société Aredor）。它一直是几内亚政府与外国合资的。最初是与澳大利亚合资，股本各占一半，开采上几内亚巴南科罗（Banankoro）地区的钻石。后来澳大利亚公司撤走便停产了。1996 年加拿大公司加入，才重新开业，开采森林几内亚凯鲁阿内（Kérouané）的钻石，以及马桑塔附近和盖凯杜与恩泽雷科雷之间区域的钻石。

凯鲁阿内位于森林几内亚的北部，阿尔多雷公司在那里向几内亚政府租用了蕴藏 450 万克拉钻石的 3000 平方公里的矿区，按计划每年开采 10 万克拉。根据初步勘探的估计，凯鲁阿内钻石的总储藏量可能超过 500 万克拉。

钻石开采不同于黄金开采，钻石手工开采的产量高，所以除上面这些外国公司的工业开采以外，在凯鲁阿内还有手工开采。此外，在金迪亚东面和上几内亚也已开始手工开采和半机械化开采。

政府规定钻石出口由几内亚中央银行经营，私人可以用外汇收购钻石，但出口必须经几内亚中央银行。

除了铝矾土、铁矿、黄金、钻石以外，美国德克萨斯州石油天然气公司（HYD）在 2002 年就在几内亚近海勘探石油，2013 年夏季同几内亚政府签订了开采合同。

第四节 工 业

一 制造业

几内亚在 20 世纪 60、70 年代曾由中国等社会主义国家援建了一批中小型工业企业，但在 80 年代的私有化过程中大部分关闭了，少数转为私营。现在的制造业是以一批中小企业为主体。这批中小型工业企业都是在 80 年代私有化过程中建立起来的，都是由外商独资或几内亚政府与外商合资的。总的来说，几内亚的工业基础很薄弱，全国工业企业总共不到 50 家。稍有规模的企业不到 10 家，其中较大的企业有以下几家。

（1）几内亚大磨坊，是面粉厂，英国全资企业。除在首都科纳克里设厂外，在金迪亚、拉贝等城市也有分厂。原材料全部进口，产品在本国消费，日产面粉 250 吨，有职工 600 多人。

（2）几内亚水泥厂，厂址在科纳克里，原来也是在 20 世纪 60、70 十年代由外国援建的国有企业，1987 年改为私营，现在由西班牙和巴拿马财团控股 60%，几内亚政府占股 40%。有员工将近 200 人。年产 30 万吨水泥。还附设一砖瓦厂，年产 30 万立方米砖。

（3）几内亚卷烟厂，厂址在科纳克里，原是中国援建的国有企业，1964 年建成投产，年产 16 亿支香烟。1987 年转为私有，在这以后几经转手，现在是英美烟草公司在几内亚的分公司。

（4）几内亚啤酒厂，厂址在科纳克里，1987 年建厂，资本为 100 多万美元，工厂设备能力为年产 1750 万升啤酒和 2 万升汽水，是比利时资本，并且一直由比利时经营管理，几内亚政府仅占股 4%。

（5）几内亚雀巢公司，公司地址在科纳克里，1993 年成立，由瑞士雀巢公司投资建立和控股 99%。主要生产美极鸡精调料和奶制品。

（6）几内亚饮料厂，厂址在科纳克里，美国可口可乐公司与比利时的合股企业，生产各种汽水，产品在国内市场销售。

此外还有法国独资的制药、包装公司，美国与几内亚私商合股的科纳克里丰田汽车修理厂等。在全国各地有一些小型农产品加工厂、农具修理厂、锯木厂和家具厂等。

二　电力工业

几内亚的水力发电资源在西非地区是居首位的。四个自然区都有充足的水力可供发电，尤其是中几内亚的富塔－贾隆，是水力资源最丰富的地区。此外，森林几内亚的几内亚高原的水力资源蕴藏量也很可观。全国水电总蕴藏量达 600 万千瓦。

但几内亚的电力工业比较落后。虽然几内亚有可观的水力发电资源，可几内亚到今天还严重缺电。全国广大农村的许多地区都没有供电设施。首都科纳克里也只能限时供电。几内亚用电量只有邻国塞内加尔的 1/3，不到科特迪瓦的 1/5。

主要的电力设施：

（1）萨姆电站（Samou），位于科纳克里东北 70 公里，装机容量 4.7 万千瓦，供首都科纳克里和金迪亚这两个城市的用电。

（2）在中几内亚的比塔和廷基索分别有一个小型水力发电站，是中国在 20 世纪 60 年代援建的，一直由中国技术人员负责管理与维修。比塔水电站的装机容量为 3200 千瓦，廷基索水电站的装机容量为 1500 千瓦。这两个电站供应中几内亚拉贝和马木这两个城市的用电。

（3）科纳克里火力发电厂，共有两个厂，通博一厂（Tombo I）和通博二厂（Tombo II），装机容量为 4 万千瓦。

（4）1993 年起几内亚政府采取措施改善电力供应设施。首先将几内亚电力公司私有化。私有化以后的几内亚电力公司几内亚政府占股 33.4%，加拿大魁北克水电公司占股 66.6%。1994 年开始由魁北克水电公司承担扩建科纳克里火力发电厂的任务，建设了装机容量为 3 万千瓦的通博三厂，1997 年竣工投入使用，从而改善了首都科纳克里的供电状况。

（5）1998 年建成了加拉非里水电站（Centrale Hydro-électrique á Garafiri）。这是几内亚最大的水力发电站，位于科纳克里以东 170 公里的孔库雷河上。电站建设的总投资将近 2 亿美元，由世界银行、法国开发署、加拿大国际开发署、科威特基金、沙特基金和几内亚政府等投资建设。水电站的蓄水库面积为 91 平方公里，蓄水量为 13 亿立方米。3个机组，每个机组的装机容量为 25 兆瓦，总装机容量为 75 兆瓦。主要供应下几内亚和中几内亚两大自然区的用电。这两个自然区的用电量占全国的 90% 。但加拉非里电站还只能解决这两个区的家庭用电和小型工业用电。

（6）卡雷塔水电站（Central Hydro-éléctrique de Kaléta），也在孔库雷河上，在加拉非里电站下游 60 公里的地方。2003 年竣工投入使用。装机容量 80 兆瓦。卡雷塔水电站建成后，它和加拉非里水电站两个电站的总装机容量达到 155 兆瓦，年发电量为 7670 亿度。

第五节 商业与旅游业

一 商业

独立前，几内亚的国内商业为法国和西欧其他国家的商业公司所垄断。在这些商业垄断公司下面还有黎巴嫩人和叙利亚人充当中间商。几内亚人只有马林凯族人在外国商业公司和黎巴嫩人与叙利亚人的夹缝里进行一些零售商业活动和在内地的长途贩运。殖民地时代的所谓商业只是法国等西欧国家的商业公司在几内亚各地收购橡胶、咖啡、香蕉等农产品出口到欧洲。大多数的几内亚人都是自己生产自己消费，没有什么商业活动，不存在严格意义上的国内市场，更谈不上有地区之间的商品流通。

几内亚独立后的前 26 年由于实行计划经济和统购统销政策，没有商业与市场。物资不是经市场流通，而是通过行政体系收购与分发。全国除了走私买卖以外没有任何商业活动。20 世纪 80 年代中期开始实行自由经济政策以后，几内亚的国内商业才真正发展起来，不仅是在历史上就有经商传统的上几内亚马林凯族人的商业活动开始活跃起来，而且下几内亚的苏苏族人和中几内亚的颇耳族人等其他种族也开始积极经商。全国各地都

发展起了活跃的农村集市。而且在各地的农村集市与地区流通的基础上，全国四大自然区还都发展起了同邻国之间活跃的边境贸易。流通的商品主要是农产品和从国外进口的日用工业品，以及纺织品和小五金商品等。苏苏族商人还以科纳克里为中心经营出口贸易，并出现了一些民族资本家，其中较有名的是科纳克里著名女商人卡巴·露吉·巴丽夫人（Mme Kaba Rougui Barry）。她是在 20 世纪 80 年代中期以收购和出口咖啡等农产品发家的，到 90 年代还兼营工业，成为几内亚的著名商人，一度还担任科纳克里商业和工业最发达的马达姆区的区长。阿尔法·孔戴上台后她进入内阁，曾担任海外侨民部长级代表。

几内亚国内商业以首都科纳克里为中心，大致可分为以下几类：

（1）经营农产品的收购和长途贩运到沿海，以及从沿海批发进口日用工业品到内地销售。这部分的商业活动主要由马林凯族人所经营。他们将森林几内亚丰富的农产品贩运出来，经康康到沿海，同时从沿海贩运日用工业品到上几内亚和森林几内亚等内地销售。中几内亚的颇耳族人和下几内亚的苏苏族人也经营这类商业活动，但他们偏重在中几内亚和上几内亚同沿海之间的长途货物贩运。

（2）经营零售商业。这类商业主要是由几内亚妇女经营的。她们在城市各区开设销售日用品的零售商店，在市区各大市场里摆摊销售日用品和蔬菜水果，在乡间公路两旁摆设蔬菜水果摊。

几内亚的女商人不仅是一支重要的经济力量，而且是重要的政治力量。她们组织了几内亚女商人协会，并以该协会的名义同政府谈判维护她们的利益，甚至还同外国和国际组织打交道。总统经常接见她们的领导人和代表。

（3）外国人经营的商业。主要是在大城市经营进口日用品，如小五金、塑料制品、布匹、服装等。这些都是从亚洲、欧洲等世界各地进口到非洲的低档廉价商品。有来自欧洲和美洲的纺织品（主要是各种花布），来自日本的摩托车，来自中国的小五金和各种日用品，来自泰国和马来西亚的服装。

科纳克里两个最大的市场是马地纳市场和尼日尔市场。除了这两个大市场外，科纳克里还有 16 个中小市场。内地各大城市也都有这样的市场。在这些市场经营商业活动的除几内亚本国商人以外，还有黎巴嫩人、中国人、韩国人等。中国台湾商人开的"微利商店"（Weily），主要是进行批发业务。店主是一位祖籍福建的台湾人，他从台湾和福建进口各种塑料制品（塑料盆、塑料桶、塑料壳的暖水瓶、塑料凉鞋和塑料拖鞋），以及手电筒、煤油灯等适合几内亚农村的日用品。几内亚当地商贩从这家商店批发日用品并贩运到几内亚内地中小城市。中国河南、福建、天津和广西等地的公司和个人也有在几内亚经营这一类商业的，其中最大的是在科纳克里的贸易中心。

几内亚内地各大城市的商业情况同首都科纳克里大致相似，只是有规模大小的差异。

在科纳克里有一家超级市场——博博（Bobo）超市。这是一家由几内亚人经营的私人企业，主要是为驻科纳克里的外国使馆和国际组织的人员及其家属，以及少数几内亚有钱人开设的高档商品店，经营从比利时等西欧国家进口的食品和各种日用品。这些商品都是由比利时航空公司每周从欧洲空运到几内亚的。

二 旅游业

几内亚有丰富的旅游资源，尤其是有多姿多彩的非洲自然风光。但几内亚旅游资源还没有得到开发，目前还没有真正意义上的旅游业，专程到几内亚旅游的人很少。旅馆接待的客人都是商人和外国与国际组织派到几内亚办事的官员。几内亚政府一直想促进旅游业发展，1988 年设立了旅游国务秘书处。现在的几内亚政府还设有旅馆业、旅游业和手工业部。

在旅馆的接待能力方面，首都科纳克里有比较好的接待能力。最大的一家旅馆是坐落在科纳克里卡鲁姆区大西洋边的科纳克里希尔顿饭店。这是一家四星级饭店，它的前身是 20 世纪 40 年代法国人建的法兰西大饭店。1958 年几内亚独立后改名为"独立大饭店"，90 年代实行私有化，改名为几内亚希尔顿饭店。1993 年比利时航空公司在科纳克里建起了一家新的四星级饭店"卡马耶纳饭店"（Camayenne）。这家饭店也是坐落在风景优美的大西洋边，有200多个房间，还有网球场和游泳池等娱乐场所。这家饭店尤其吸引顾客的是有一个伸进大西洋的海上餐厅。人们在餐厅用餐时可以凭窗观赏烟波浩渺的大西洋和倾听大西洋的海浪声。除首都科纳克里以外，在外地也有一些旅馆，但条件较差，规模较小。

第六节　交通运输与邮电通信

几内亚的交通运输和邮电网络通信都还没有得到很好的发展。交通运输方面，国内交通和与邻国之间的地区交通还都是以公路为主。铁路除矿山专用铁路外，没有民用铁路。国际交通靠科纳克里国际机场和科纳克里海港。邮电通信还没有在全国普及。

一　交通运输

（一）公路

几内亚在独立前基本只有土路和碎石路，没有真正意义上的公路。20世纪的最后十几年里几内亚公路建设得到很大发展。20世纪末，由欧盟、科威特发展基金、伊斯兰发展银行提供资金修建了两条国际公路。到21世纪初，全国公路达到2万多公里。到2013年，各类公路总里程已达到37774公里，但其中沥青公路仅为5000多公里，多数为土路和碎石路。公路运输95%是由私人运输商承担。

主要公路干线有以下几条：

科纳克里—金迪亚—马木—比塔—拉贝。全长约500公里，沥青路面。

科纳克里—金迪亚—马木—法拉纳。全长550公里，沥青路面。

科纳克里—金迪亚—马木—达博拉—库鲁萨—康康。全长663公里，沥青路面。

康康—恩泽雷格雷。全长350公里，沥青路面。

科纳科里—科亚—福雷卡里亚。全长100公里，沥青路面。

康康—拉贝。全长 600 多公里，沥青路面。

这 6 条沥青路面的公路是全年通车的，此外还有碎石路和土路，这类公路雨季有些地段不能通车。

首都科纳克里同全国各行政区的首府以及各大城市之间，都有公路相连，同周围 6 个邻国也都有公路相通。由欧盟等外国援建的两条国际公路：一条从科纳克里到马里首都巴马科，全长 900 公里；另一条从塞内加尔首都达喀尔穿越几内亚到科特迪瓦首都阿比让。这两条国际公路也是沥青路面的。

科纳克里—巴马科公路开通后改变了几内亚东部地区的封闭状态，开通了东部地区向东通往马里，向西通往首都科纳克里的通道。

达喀尔—阿比让公路，是从塞内加尔首都达喀尔经几内亚中几内亚区的最大城市拉贝和森林几内亚区首府恩泽雷科雷到达科特迪瓦首都阿比让的。

21 世纪初开始修建西非经济共同体沿海公路，从几内亚西北部的卡勒塔（Kaleta），经几内亚比绍的萨尔廷霍（Saltinho）到塞内加尔的桑巴加洛（Sambagalou）的公路。这条公路 2012 年从塞内加尔和几内亚两头开始修建，但修到几内亚比绍后，由于几内亚比绍国内政局不稳的原因就停工了，直到 2013 年秋季还没有任何进展。这条公路在几内亚经过博凯、博法、杜布雷卡、高亚、福雷卡里亚等沿海城市，全长 400 公里，到 2013 年已基本建成。建成以后，对博法、博凯铝矾土开采与运输非常有利，同时加强了几内亚、几内亚比绍、塞内加尔三国间的交通联系。

（二）铁路

早在 1900～1914 年，法国殖民当局曾修筑了从科纳克里到康康的尼日尔铁路，全长 663 公里。1958 年几内亚独立后，法国停止供应维修设备，这条铁路也就因长年失修而慢慢报废了，到 1983 年就全线停止使用了。现在全国只有三条矿山专用铁路线。一条是弗里亚氧化铝公司的专用线，从弗里亚厂矿到科纳克里港，全长 145 公里。第二条是从金迪亚到科纳克里的矿山专用铁路线，全长 150 公里。第三条是几内亚铝矾土公司的专用线，从桑加雷迪经博凯到大西洋边的冈姆萨港（Kamsar），全长 137 公里。

现在几内亚除了矿山专用铁路线以外，没有其他铁路。多年来政府一直想修复从科纳克里到康康的尼日尔铁路，但找不到投资者。外国投资者担心这条铁路建成后面对已相当发达的公路运输会缺乏竞争力。

修复从科纳克里到康康的尼日尔铁路不仅是几内亚政府多年来的夙愿，也是邻国马里的迫切愿望。马里现在虽然有铁路从巴马科通往塞内加尔的出海口达喀尔，但一方面因为科纳克里港是离马里最近的出海港口，经科纳克里运输进出口货物的运费低。同时多一个出海口就多一条出路，一旦同西北面邻国发生摩擦，就可以经西南面的邻国出口。

（三）海运

几内亚的水上运输以海运为主，内河航运除上几内亚区的尼日尔河支流米罗河以外，其他内河基本都不能通航。海上航运有科纳克里港和冈姆萨港两个深水港，以及蓬蒂港（Benty）、杜布雷卡港等一些小港口。

科纳克里港 科纳克里港几经扩建和更新设施。现在已是一个比较现代的港口。有 2000 米长，30 个泊位，年装运量为 5.2 万只集装箱的集装箱码头，输油管道天桥与油库以及仓库和货栈。此外还有外国铝矾土和氧化铝公司的专用码头，能停泊吃水深度 8 ~ 11 米的货船。港口的年吞吐量为 700 万吨。

冈姆萨港 冈姆萨港位于几内亚西北部，能停泊吃水深度为 10 米的货船，主要运输博凯的几内亚铝矾土公司的矿砂。

除上面的两个港口以外，还有一些小港口，比如科纳克里以北 30 公里的杜布雷卡，科纳克里往南 125 公里的蓬蒂港，科纳克里以北 50 多公里的博法港（Boffa）。这些小港口承担沿海运输，以及和塞拉里昂、几内亚比绍、利比里亚、塞内加尔等邻国间的海上运输。

（四）航空

航空运输主要依靠科纳克里国际机场。该机场跑道长 3200 米。可降落波音 747 和空客 340 等大型客机。国际航班有法国、比利时、荷兰、摩洛哥、塞内加尔、马里、科特迪瓦等国的班机。2012 年出入境

33.1 万人次。

国内航线有飞往四大自然区主要城市的不定期航班。在金迪亚、拉贝、法拉纳、康康、马桑塔、恩泽雷科雷、锡基里、基西杜古（Kissidougou）、昆达拉（Koundara）等地共有 12 个地区军用民用两用机场。

二　邮电通信

几内亚的邮电通信原来都是由几内亚电信公司经营的。这是一家国有企业，后因负债无法运营，在 1992 年被迫关闭。在 20 世纪 90 年代中期新成立了两个邮电机构：几内亚邮政局和几内亚电讯公司。后者的名称虽同以前的公司相同，但它已不是原来的几内亚电讯公司，而是几内亚政府和马来西亚合资的。几内亚政府占股 40%，马来西亚控股 60%。几内亚邮政局是一家自主经营的国有企业。

（一）电话

几内亚的邮电通信状况还比较差，而且发展很慢。1997 年全国电话只有 2.5 万台座机，过了十几年，到 2013 年还只发展到 2.6 万台座机。其中 70% 集中在首都科纳克里。多数城市还没有电话，更不要说农村了。手机发展比较快，2013 年全国已有 48.8 万部手机。

（二）邮政

几内亚的邮政通信也很困难，全国只有 205 个邮政局，主要也都集中在科纳克里和拉贝等少数城市，还没有实现全国通邮。同国外的邮政联络要经巴黎转寄，即使同邻国的信件，也要经巴黎转送。从几内亚寄到中国的信最快也要一个月。

（三）网站

几内亚 1997 年元旦开通国际互联网，是由美国在非洲普遍援建的，现在主要网站有以下几个：

几内亚政府网站 http：//www. guinee. gov. gn；

政府新闻网站 http：//www. mirinet. net. gn；

总理府网站 http：//www. primature. gov. gn；

外交部网站 http：//www. mae. gov. gn；

音乐网站 http：//www. tamtamguinee. com；

新闻网站 http：//www. guineeconakry. info；

地区网站（康康市）http：//www. kankan. in. com。

第七节　财政与金融

一　财政体制与预算

（一）财政体制

几内亚的财政体制和行政体制相一致，有中央财政和地方财政。中央财政在国家财政中占主导地位。中央财政负责各级行政人员的工资和各种行政开支，国家的基础设施建设以及国防、外交、教育等经费。地方财政由中央财政拨款资助和地方税收两部分组成。地方财政负责地方行政开支和教育等地方社会开支。地方的基础设施建设一般都由中央财政出资，或由外国和国际组织援建。

（二）财政预算

多年来财政预算都有严重赤字。这一直困扰着几内亚的经济。出现严重赤字有三方面的原因：最根本的原因是以前历届政府经济制度与经济政策上的失误，导致经济形势一路下滑。其次是社会腐败。政府官员贪污腐败严重，以及社会假账、偷税漏税、挪用公款等社会腐败现象普遍存在。尤其是税收状况很差，个体经济偷税漏税现象十分严重。第三方面的原因是外因。从20世纪80年代末起，几内亚经济的外部总体环境不利。首先是世界原料市场价格下跌，使几内亚的外贸出口收入受到严重影响。其次是从20世纪80年代末开始，周边的地区形势动荡，扰乱了几内亚的正常生产，增加了军事与社会开支，加重了经济负担。

2008年以来，几内亚由于政权更迭和政局动荡，严重影响经济发展，财政收支情况更加恶化。2010年阿尔法·孔戴总统执政后大力整顿财政与经济，特别是整顿预算和矿业，已初见成效。同时国际组织也恢复对几内亚的援助和大幅免除外债，几内亚财政状况得到改善。

2013 年财政收入为 15.4 亿美元，收入来源主要是矿业出口税和外援。支出为 18.9 亿美元，仍有 3.5 亿多美元的赤字，支出主要是行政开支。

2013 年底的外汇储备为 1.7 亿美元。

二 金融机制与金融市场

（一）金融机制

几内亚现在有两家较大的银行：几内亚共和国中央银行和非洲农业和矿业开发银行。

几内亚共和国中央银行（BCRG）

1960 年 3 月 1 日成立。这是几内亚金融体系的核心机构，其职能是进行经济宏观调控，监督商业银行，发行货币，管理外汇市场和控制利率与汇率。此外几内亚中央银行还垄断黄金的收购与出口和钻石出口。钻石由中央银行经营收购的同时，允许国内外私商用外汇收购钻石，但必须转卖给中央银行出口。

非洲农业和矿业开发银行（BADAM）

2013 年 3 月 2 日在科纳克里开业。这是一家由几内亚政府与私人资本合资的银行，几内亚政府占股 20%，私人资本占股 80%。

在此之前几内亚有十几家小银行，非洲农业和矿业银行是在这十几家小银行合并的基础上建立的。

除上面这两家银行以外，还有一些小银行。

（二）金融市场

几内亚有别于法语非洲其他国家的特点之一是独立后很快就退出了法郎区，并于 1960 年 3 月 1 日成立了几内亚共和国中央银行和发行自己的货币几内亚法郎。几内亚法郎的外文缩写符号是 Gnf，译成中文仍称几内亚法郎。

几内亚法郎在 1986 年开始实行浮动汇率，那时同美元的比价是 355 几内亚法郎兑换 1 美元。在这以后到 1996 年的 10 年间，几内亚法郎对美元的比价持续下跌，平均每年的跌幅为12%。1997年几内亚对外汇市场进行了改革，开设银行间的外汇市场，几内亚法郎对美元的比价跌幅有所减缓。1997年和1998年每年跌幅均为10%。到1999年5月底，几内亚法郎对美元的比价是1323几内亚法郎兑换1美元。1999年下半年几内亚开始建立外汇拍卖市场，几内亚法郎对美元的比价又加大了跌幅。2000年下跌36%，跌到1746.9几内亚法郎兑换1美元。2001年又下跌11.7%，达到1940几内亚法郎兑换1美元。2011年下跌到6800几内亚法郎兑换1美元，10年下跌了350%。2013年8月1日是6883几内亚法郎兑换1美元。2014年第一季度7100几内亚法郎兑换1美元。

几内亚法郎同美元的比价持续下跌和下跌幅度比较大有内外两方面的原因。内因是由于世界市场原料价格不断下跌，几内亚政府为提高本国矿产资源在世界市场的竞争力，主动将几内亚法郎同美元的比价调低。因为几内亚的铝矾土和氧化铝主要是向美国出口，竞争对手是澳大利亚。外因是几内亚邻国多数是法郎区国家，几内亚法郎也同欧洲货币联系较多，所以几内亚法郎对美元贬值也有受欧元一度对美元疲软的影响。

几内亚货币的流通量还很少，银行的融资能力也不大。主要是经济货币化程度低，货币经银行运转的比例不高。货币流通量低有多方面的原因，首先是全国许多地区还处于严重不发达状态，许多产品是农民自己生产自己消费掉了，产品没有成为商品也就没有货币流通。其次是在与邻国交界处的边境地区常用西非法郎交易，而不是用几内亚法郎。最后还由于钻石和黄金都是用美元交易的。

严格来说，几内亚还不存在真正的金融市场。银行长期资金短缺，无力支持大的长期发展计划。商业银行的存款基本都是进出口贸易和外国援助与贷款的转账资金，中期存款很少，更不要说长期存款了。所以银行基本没有资金去支持长期发展计划。几内亚的各商业银行都倾向于发放商业贷款而不愿发放投资贷款，因商业贷款资金周转快。几内亚政府为提高银行发放中期贷款的能力，动员在几内亚的矿业公司与银行合作，同时努力提高银行的信誉。

第八节 对外经济关系

一 外援

几内亚经济发展主要靠外援。从 1958 年独立到 1976 年的 18 年里，向几内亚提供经济援助的国家主要是苏联、东欧和中国等社会主义国家。1976 年几内亚加入了《洛美协定》，对外经济关系开始从社会主义国家转向法国等西方国家。1984 年兰萨纳·孔戴上台以后实行自由经济政策，对外实行全方位开放，在进一步加强同西方国家经济关系的同时，极大地发展了同世界银行等国际组织的关系。世界银行和欧盟等国际组织提供的多边援助在几内亚的外援中占据了主要地位。

20 世纪 80 年代末和 90 年代初，随着苏联解体和东欧政治形势变化，苏联东欧国家在几内亚的经济力量减少和撤退。中国在 80 年代实行改革开放以后调整和革新了同非洲国家的经济合作关系。这些客观形势更使几内亚加深了同西方国家和国际组织的经济关系。

从 20 世纪 80 年代中期起，几内亚的外援主要来自国际金融组织、欧盟和美国、日本、加拿大及阿拉伯地区生产石油的富国。法国逐渐成为几内亚第一大援助国，1995~1999 年法国的援助占几内亚双边援助的 40%。1989~1998 年的 10 年间，法国总共向几内亚提供了 60 亿法国法郎（约 12 亿美元）的援助，其中 21 亿是赠款。在欧盟国家中向几内亚提供援助较多的还有德国。德国在 90 年代平均每年向几内亚提供的援助有 2000 多万美元。美国在 20 世纪 90 年代平均每年向几内亚提供 2000 万美元的援助。日本自 70 年代至 20 世纪末已向几内亚提供 10 亿美元长期低息贷款和赠款。此外向几内亚提供援助较多的国家还有加拿大以及沙特阿拉伯、科威特等国家。

1997 年几内亚时任计划与合作部部长卡巴·乌斯马纳（Kaba Ousmane）对几内亚的对外经济关系做了这样的概括："几内亚是一个全方位开放的国家。我们居首位的经济合作伙伴仍然是法国，同法国具体对口合作机构是法国发展金库和政府合作部。我们还同美国、加拿大、世界银行、联合国开发计划署、国际货币基金组织、阿拉伯国家也在一起合作。我们还不能不提到我们的非洲合作伙伴摩洛哥、科特迪瓦和塞内加尔，以及我们的老朋友中国、古巴、俄罗斯。"① 部长的讲话点明了 20 世纪末几内亚对外经济关系的地区轻重次序排列，第一是以法国为首的欧盟国家，第二是世界银行等国际金融机构和北美国家，第三是阿拉伯石油富国，第四是非洲国家，最后是中国、古巴、俄罗斯等老朋友，也就是在几内亚独立初期的主要援助国。

进入 21 世纪后，几内亚外援来源的基本框架没有大的变化，只是随着几内亚的内外政治与经济形势，不同年份有所不同。例如，2009 年几内亚是在军政权时期，受到外部经济制裁的时期，外援受影响。2009 年获得外援 2.87 亿美元。其中法国 1.15 亿美元，美国 0.52 亿美元，欧盟 0.39 亿美元，联合国计划开发署 0.23 亿美元，德国 0.22 亿美元，非洲发展基金 0.18 亿美元，日本 0.18 亿美元。

2010 年阿尔法·孔戴执政后让几内亚的国际形象大为改观，外援恢复正常，2012 年达到 3.4 亿美元。除前面这些国家继续提供援助外，主要是世界银行等国际组织增加了援助。

二 外贸

根据几内亚海关统计，2012 年几内亚外贸进出口总额为 43.3 亿美元。其中出口为 18.09 亿美元，进口为 25.21 亿美元。贸易逆差为 7.12 亿美元。2013 年外贸进出口总额为 39.5 美元。出口为 18.1 美元，进口为 21.4 美元。

进口的主要来源国为荷兰、中国、比利时、法国、英国、西班牙、印度等。进口商品主要是大米、燃料油、矿山机械设备、建材以及日用工业品。

出口主要面向法国、瑞士、俄罗斯、尼日利亚、阿联酋、中国、乌克

---

① Chantal Colle, *GUINESCOPE*, Conakry: Sofra Presse, 1997, pp. 320 – 321.

兰、比利时等国。出口商品主要为铝矾土、氧化铝、黄金和钻石以及农产品和海产品。

几内亚外贸出口主要是矿产,从20世纪60年代至90年代初,矿产出口一直占几内亚外贸出口收入的90%。从90年代中期起世界市场铝矾土价格下跌,1995年几内亚矿产出口在外贸出口收入上的比重下降到50%。此后几内亚政府做了很大努力,开辟铝矾土新矿区,增加铝矾土出口量,同时加大黄金和钻石的开采与出口,到1999年矿产出口在外贸的比重上回升到80%。进入21世纪后,世界铝矿市场价格继续下跌,再加上几内亚氧化铝产量大幅下降,2012年矿产在几内亚外贸出口总收入中的实际比重只有70%多一点。

三 外债

1984年兰萨纳·孔戴上台时几内亚的外债是15亿美元,主要是欠苏联、东欧国家的债。1997年几内亚的外债总额达到30亿美元。同年,巴黎俱乐部免除了几内亚50%的外债。但到1999年底,几内亚的外债又上升到33.66亿美元。2001年,外债总额达到35.51亿美元,主要是欠巴黎俱乐部、国际货币基金组织、世界银行、俄罗斯和阿拉伯国家的。

2010年底阿尔法·孔戴总统开始执政时,几内亚外债为32亿美元。由于几内亚建立了民主选举的文人政权,国家形象大为改观,巴黎俱乐部等国际组织大幅免除了几内亚的债务,到2012年底几内亚外债已降到10.05亿美元。2013年底外债为17.7亿美元。

四 外资

几内亚的外国资本一直处于变动中,政府没有公布过外国资本在几内亚的总数,只有一些零星数字和估计数字。

几内亚独立时,最大的外国私人投资是那时正在建设中的弗里亚氧化铝厂,总投资为1.4亿美元,以美国私人资本为主。其次是1963年开始建厂的几内亚铝矾土公司,它的建设投资和连同直到20世纪末的设备更新等投资,总共估计有2亿多美元。这是由美国的阿尔科阿(Alcoa)、法国的贝希奈（Pechiney）、德国的联合铝公司（Vaw）等国际工业集团联合投资的。到 20 世纪末，在几内亚的外国投资估计有 4 亿多美元，主要都是矿业投资。在矿业以外的其他工业领域的外国投资不到 1000 万美元。

进入 21 世纪以来，在几内亚的外国投资除西方国家的矿业集团外，俄罗斯、伊朗、阿联酋和中国等国在几内亚的铝矿业也有投资。据几内亚政府公布的数字 2010 年外国直接投资总额为 1.01 亿美元，这是外国投资比较少的一年，原因是那时在军政权时期，几内亚受到国际制裁。

直到 2013 年，已宣布的未来最大的对几内亚投资的是中国电力投资集团公司，将在铝矿业方面投资 60 亿美元。

第五章

军　事

第一节　军　史

早在1912年，几内亚和法属黑非洲其他殖民地就建立了军队。法国殖民当局在这一年颁布行政令，在法属黑非洲所有殖民地建立黑人常规军。当时法国面对欧洲大战即将来临的紧张局势，积极备战，在法属黑非洲广泛征集军队。行政令规定，法属黑非洲各殖民地凡年龄在20~28岁的男子都要服兵役4年。所以几内亚是在第一次世界大战前夕欧洲殖民帝国紧张的备战气氛中首次建立军队的。

在第一次世界大战开始后的第二年，即1915年，法国就在法属西非和法属赤道非洲征兵3.9万人到欧洲作战。1918年1月，法国在法属西非和法属赤道非洲实行义务兵役制，当年又在这两大殖民地行政区征兵6.3万人。在整个第一次世界大战期间，包括几内亚在内的法属西非有18.1万名士兵和民夫被法国征集到欧洲作战。而当时的几内亚更是被法国视为"安全和稳定的兵力来源地"。几内亚有3万多人跟随法国军队参加了第一次世界大战。

第二次世界大战期间，法属西非和法属赤道非洲是戴高乐领导的"战斗法国"的主要兵源供应地。戴高乐将这些非洲士兵统一编进"法国远征军团"，派到北非、欧洲和东南亚作战。经过两次世界大战的实战训练，几内亚成长起了一批职业军人。

第二次世界大战以后，法国在塞内加尔、科特迪瓦和北非的摩洛哥等

地办起了军校，专门培养非洲人中下级军官。与此同时，法国还吸收少数非洲军人到法国军校学习，几内亚出现了一批中下级军官，几内亚第二任总统兰萨纳·孔戴就是属于这一时代成长起来的几内亚军官。他在 20 世纪 50 年代曾先后在科特迪瓦和塞内加尔的法国军校学习。第二次世界大战后，法国在非洲建立起了一支主要由非洲人组成的庞大的殖民地军队，分散驻守在非洲各殖民地。到 1958 年几内亚独立时，已有约 1.2 万几内亚人在法国的非洲殖民地军队里服役。

1958 年几内亚独立时，法国同几内亚断绝了一切关系，在法国的非洲殖民地军队里服役的 1.2 万名几内亚军人全部被遣返几内亚。正是这一批从法国军队回国的军人，成为组建几内亚军队的主力。几内亚于 1958 年 11 月 1 日正式组建了几内亚人民军，这一天便成为几内亚的建军节。

几内亚人民军建立后的任务首先是防止和抵御各种外部势力的颠覆与入侵，保卫国家的独立与安全。在 1970 年 11 月进行了击退葡萄牙雇佣军从海上入侵几内亚的战役。那时是在冷战时期，苏联和美国都想控制独立后的非洲；非洲形势动荡，军事政变、内战频发。面对这样的形势，几内亚人民军用很大精力保卫国家的独立与安全。在保卫本国的独立与安全的同时，人民军积极支持尚未取得独立的非洲国家的解放战争，在 20 世纪 60、70 年代直接参加了几内亚比绍的解放战争。

从 20 世纪 90 年代起，随着国际政治形势的变化，几内亚人民军的任务也随之转变。冷战结束，苏联和美国在非洲收缩和撤退；非洲来自外部的威胁减轻；非洲内部矛盾与冲突成为非洲和平稳定的主要威胁。几内亚两个邻国利比里亚和塞拉利昂内战连绵；几内亚人民军的战斗目标由保卫国家独立和安全与支持非洲民族解放战争转向承担非洲维和任务，从 90 年代起作为西非国家经济共同体的维和部队和联合国的维和部队，在利比里亚和塞拉利昂等邻国执行维和任务。进入 21 世纪后，非洲的安全形势更加复杂和严峻，除非洲国家内部矛盾与冲突引发动乱外，多种恐怖组织渗入非洲。几内亚人民军随之承担起了更繁重的维和任务。2013 年，人民军还参加了在马里打击恐怖组织的维和任务。

第二节 军种、编制与部署

几内亚实行义务兵役制。20～28 岁有政治觉悟和体格健康的男性公民都要义务服兵役 2 年，正规军中 80% 是应征入伍的义务兵。

到 2012 年，几内亚军队总人数已达 2 万。其中陆军 1.8 万，海军 1500，空军 500。此外，还有 1800 名宪兵和 1600 名士兵组成的共和国卫队。

陆军编成 4 个步兵营：1 个装甲营、1 个突击营、1 个特种营和 1 个工兵营。在这 4 个营中特别要提一下特种营，这是一支由 800 人组成的特种部队，士兵经过特殊的严格训练，年龄在 18～25 岁，是一支精悍的部队，驻地在康康。

21 世纪的几内亚军队是一支年轻力壮的队伍。几内亚军队从 2002 年起，采取了军队年轻化措施，规定年龄在 50 岁以上和军龄到 36 年的军人一律退役。

全国共分 4 个军区和 2 个独立分军区。4 个军区是按几内亚四大自然区划分的，分别是西部下几内亚的金迪亚军区、西北和中西部中几内亚的拉贝军区、东部上几内亚的康康军区、东南部森林几内亚的恩泽雷科雷军区。

2 个独立分军区分别设在下几内亚的博凯和上几内亚的法拉纳。这两个地区地理位置很重要，博凯位于西北部靠近几内亚比绍边境，是几内亚西北部要塞；法拉纳位于南部靠近塞拉利昂和利比里亚边境，是南部要塞。

几内亚共和国的总统兼任武装力量总司令。全军设有国防部、总参谋部和三军参谋部与各军区。共和国总统通过国防部和总参谋部领导和指挥三军参谋部和各军区。以前的兰萨纳·孔戴总统和现在的阿尔法·孔戴总统都不仅兼任军队总司令，还曾兼任国防部部长。

第三节 装备与训练

一 装 备

几内亚在 1958 年独立后军队的装备都是苏联提供的。到 20 世纪 70

年代初，军队就已具有一定的装备，陆军有坦克 10 多辆，各种火炮 160 多门；空军有米格战斗机 9 架；海军有小型护卫艇、登陆艇、巡逻艇等共 16 艘。到 70 年代后期军队装备又增加了几十辆苏联制两栖坦克，6 台车载多管火箭发射器，4 架米格 21 战斗机。

20 世纪 80 年代军队装备又进一步得到加强，那时的装备情况大致如下：陆军有 T－34－54 型坦克 30 辆，P.T.76 型轻型坦克 10 辆，B.T.R. 40－150 装甲车 10 多辆；海军有 4 艘鱼雷艇、5 艘巡逻艇、6 艘炮艇、2 艘登陆艇；空军有 10 架米格 17 战斗机、4 架米格 21 战斗机、2 架米格 15 战斗机、3 架直升机、4 架伊尔 14 运输机、4 架安 4 运输机、3 架 L－29 教练机。

这些苏联制造的武器到 21 世纪初都已很陈旧，2001 年只有苏联时代制造的 40 辆坦克和军车，8 架米格 17 和米格 21 战斗机，1 架米格 8 直升机还在服役。这些武器的更新还只能依靠俄罗斯。

从 20 世纪 90 年代起，几内亚的周边邻国一直战事不断，几内亚长期处在周边战争的环境中，这些苏联时代的武器不能适应新的地区形势的需要。几内亚承担着重要的地区维和任务，作战形式是机动快捷，飞机和坦克适应不了这一新的作战任务，迫切需要更新军队装备。从 1992 年起，中国逐步帮助几内亚更新了军队装备。先是提供了一批通信器材和运输车辆等。21 世纪的头 10 年，中国为几内亚装备了一批轻武器。

所以几内亚在 2010 年代初，军队的装备已是以轻武器为主，大部分是中国提供的，还有一部分是俄罗斯、德国、法国等欧洲国家提供的。主要有中国提供的 54 式手枪、59 式手枪、56 式冲锋枪、81 式步枪、56 式轻机枪、69 式 40mm 火箭筒。俄罗斯提供的 AK47 突击步枪，德国的 G3 狙击步枪，法国的转轮手枪、多功能匕首、防爆武器等。

二　训　练

1958 年几内亚人民军建立时，军队的各级军官都是 20 世纪 50 年代由法国的军事学校培养的，他们在 20 世纪 90 年代初都退役了。几内亚的第二代军事指挥官多数是在 20 世纪 60、70 年代从中国和古巴等社会主义国家接受军事培训后回国的，他们在 20 世纪末也基本都退役了。现在几内亚军队的各级军官主要都是在法国军事专家的指导下自己培训的，有少数是从法国军事院校学习后回国的。

现在几内亚军队的军事训练也都是在法国军事专家的指挥下进行的，甚至总统卫队也是由法国军事专家训练与指挥的。

几内亚军队除受过正规培训外，还有相当的实战经验，十几年来几内亚一直处于地区战争环境中，多次作为西非国家经济共同体和联合国的维和部队在周围邻国承担维和任务。

2010年阿尔法·孔戴总统执政后，2012年起在联合的帮助下准备用5年的时间逐步进行军事改革，将原来的人民军改为共和国军，以使几内亚的军队能更好地承担联合国的维和使命。

第四节 对外军事关系

几内亚在20世纪60、70年代对外主要同苏联等社会主义国家有军事合作关系。独立以后，几内亚军队的装备主要是由苏联提供的；而苏联那时为了同美国争夺大西洋海上霸权的需要，在几内亚这个大西洋沿岸国家获得了特殊的军事利益，苏联可以在科纳克里机场停降战略侦察机和在科纳克里港口停靠军舰。但从1977年起，几内亚便终止了苏联在几内亚所享有的这些军事上的特殊利益。

从20世纪70年代后期起，几内亚公开谴责苏联入侵阿富汗，两国军事合作关系开始冷下来。接着苏联走向衰落，到80年代末两国的军事合作关系已经基本停止。直到2001年7月兰萨纳·孔戴总统到莫斯科访问，同普京总统会谈以后才重新启动两国间的军事合作关系。在这以后两国军事合作主要是俄罗斯帮助几内亚更新与维修苏联时代的武器。

1984年兰萨纳·孔戴总统执政以后，几内亚对外主要同法国有军事合作关系。几内亚和法国之间虽然没有签订军事合作协定，但在军事上同法国有很多联系。法国向几内亚派出了军事顾问和军事专家。法国军事专家帮助几内亚军队进行军事训练，几内亚甚至还请法国的军事专家帮助训练和指挥总统卫队。此外，法国定期到非洲例行访问的军舰从1987年开始也到内亚停靠和访问。

几内亚和中国在 1961 年开始两国间的军事合作关系，中国在 20 世纪 60、70 年代向几内亚提供一定的军事援助和帮助几内亚军队培训军官。但在 1982 年以后的 10 年里，中国和几内亚在军事合作方面处于中断状态。这有双方的原因：几内亚在兰萨纳·孔戴总统前期主要重视同法国的军事合作关系；中国方面，那时正处于改革开放初期，正在调整对外关系。从 1992 年起，几内亚和中国恢复了军事合作关系。从此，中国一直在帮助几内亚更新军队装备；两国军方领导人的互访也重新恢复和增多。

在非洲国家中，几内亚同利比里亚、塞拉利昂在 1986 年签订了互不侵犯和安全合作的"马诺河军事联盟"。根据该联盟的协定，若某个成员国遇到安全危险，只要该国政府提出要求，其他成员国有义务派兵协助保卫安全。

综上，几内亚军队的对外关系主要体现在武器的来源与军队的培训方面。武器的来源以前是由苏联提供，现在是由中国、德国、法国等多国供给。军队的培训在 20 世纪 60、70 年代是由中国、古巴等社会主义国家帮助培训，从 80 年代中期起至今都由法国帮助培训。从 2012 年起，几内亚由联合国帮助进行军事改革，但只是由联合国出钱，主要还是由法国操作。

几内亚同其他洲国家间的军事关系就只有在 1986 年同利比里亚和塞拉利昂缔结的"马诺河军事联盟"。但从 20 世纪 80 年代末起，随着利比里亚和塞拉利昂国内政局的变化，"马诺河军事联盟"已不复存在。如今几内亚军队虽经常开赴这两个邻国执行任务，但已不是去执行"马诺河军事联盟"的义务，而是受联合国派遣去执行维和任务。

第六章

社　会

　　撒哈拉以南非洲也许是受地理环境、气候条件、文化传统等内部因素影响，以及西方国家从奴隶贩卖到殖民统治 300 多年的蹂躏、侵略与掠夺，使当今非洲国家的社会处于极端畸形状态，几内亚是典型一例。一方面，在首都科纳克里等大城市的少数有钱人已过上现代化的富裕生活；另一方面，国家的大多数人还住在低矮狭小的泥草房里，没有电，没有清洁水源，占全国人口半数以上的人还在贫困线以下。一方面有外国在几内亚经营的现代化的矿产企业，另一方面，几内亚广大农村基本还停留在刀耕火种的半原始耕作阶段。矿业是几内亚经济的支柱，但它是国中之国，由外国经营，设备从外国进口，产品出口到国外。虽然现代化采矿业已有半个多世纪的历史，但它没有带动几内亚国民经济的发展。今日几内亚没有重工业，没有制造业；没有可以容纳大量就业的经济领域。

　　根据联合国开发计划署公布的《2011 年人类发展报告》，几内亚人类发展指数在全球 187 个国家中排名第 178 位。54% 的人生活在贫困线以下，文盲率高达 60%。

第一节　国民生活

一　就业状况

　　几内亚从 20 世纪 80 年代中期至 2010 年代初，全国公务员一直是 9

万多人。在外国人经营管理的采矿企业的工人约 1 万多人。除此之外其他领域的职工人数有限，也不固定，也从未统计与公布过确切的人数。也就是说，全国有据可查的就业人数为 10 万多人，主要是在首都科纳克里和下几内亚几大矿业公司的就业人数，全国其他地区就业人数极少，也没有公布过地区就业状况。

几内亚官方从未统计与公布失业人数。失业问题成为严重的社会问题是从 20 世纪 80 年代中期，几内亚接受世界银行的经济结构调整计划开始的。因为经济结构调整计划的主要措施是实行私有化，关闭国有企业和压缩财政预算，从而使本来就很脆弱的国民经济进一步萎缩，失业剧增，社会更趋贫穷。到 2010 年代初，几内亚的失业问题已到非常严重的地步，尤其在首都科纳克里等较大的城市里。这除了经济政策失误，经济形势恶化等原因之外，根本的原因还在于几内亚是个不发达国家，就业机会有限，不存在能容纳大量就业的经济领域。国家主要的产业是矿业，可矿业雇用的本国职工非常少。除矿业以外的其他经济领域都还没有得到很好发展，所能提供的就业人数很少。长期以来一直有大批农村青年不断流入城市寻找工作。失业人员中多数是青年人，他们中间很多人是各种中等技术学校和大学的毕业生，有了一定的文化知识，不甘心再回到极端落后的农村，可在城市又难以找到能胜任的工作，便成群结队地在科纳克里街头游荡。这对政府是一大压力。

二 物价状况

几内亚的物价在独立后的前 20 多年里非常混乱，通胀率曾到 1300%。从 20 世纪 80 年代后期至 20 世纪末，几内亚物价相对比较稳定，1996～2000 年的 5 年间消费物价指数平均上涨 4.3%。这 5 年的通胀率分别是 3.1%，1.9%，5.1%，4.6% 和 6.8%。这和周围邻国相比不算高。1998 年几内亚的通胀率是比较高的一年，也只有 5.1%。而同年邻国马里、科特迪瓦和塞拉利昂的通胀率分别是 5%、6% 和 36%。

从 21 纪初开始通膨率逐年上升，2010 年军政权时期是财政经济极端混乱的一年，通膨率达到 23%。阿尔法·孔戴总统执政后大力整顿经济，到 2012 年通膨率降至 13%。2013 年的通膨率为 12%。

三 居住条件

几内亚少数有钱人和来自发达国家的外交官和侨民等的居住条件是非常舒适的，尤其在首都科纳克里。他们的住宅都是花园别墅，一般坐落在大西洋边，或在地势较高和气候凉爽的郊区山坡上。由于几内亚地广人稀，盖房不受地皮限制，所以这些富人住宅都是平房或二层楼房。住宅周围有很大的花园，园内有草坪、游泳池和高大的热带树木。一般的政府官员和有固定工资收入的职工的居住条件也是比较好的。房子比较宽敞，都具备基本的卫生设备。他们的住房内一般都有一间客房，非洲人重家族观念，在城市里工作的人经常有乡下来的家族成员到他家里来吃住，所以经济条件稍好一点的家庭都有客房。

但多数几内亚人的居住条件是非常差的，即使在首都科纳克里，广大人民的生活也是非常艰难的。住房破烂不堪，有的还是用白铁皮或塑料板盖的房子。这些居民区没有电，也没有下水道。房子都没有厨房，做饭在房前屋后用几块砖搭成锅台。

几内亚整个国家的基础设施较差，首都科纳克里经常定时断电。外国人和本国有钱人的住宅都自备发电机，断电时可以自己发电，而一般居民只能在黑暗中度过。2013 年 5 月，在学校期末考试前，科纳克里还出现夜晚学生拥挤在路灯下复习功课备考的场景。这幅画面曾在网上长时间传播，令人震惊与同情。

农村的居住条件更差。农村的房子多数是草泥结构的土圆包式的房子。围墙是用草和泥土垒起来的，房顶是用树枝和稻草盖的。没有窗户，门很小。面积不足几平方米。所谓住房真的只是供晚上睡觉而已，白天的生活全在露天。没有厨房，更无卫生设备。做饭是在房前屋后用几块砖垒起的土灶上进行的。农村稍有钱的人的房子是白铁皮结构的，也有砖瓦结构的，但这只是少数。

四 税收与福利

（一）税收

几内亚的税收主要由外贸进口关税、外贸出口关税和个人所得税三部分组成。

进口关税由以下四部分组成：营业税 13%，手续费 2%，进关税 7%，国税 8%。进关税和国税根据商品的类别有增有减。药品、大米、化肥、残疾人用的交通工具等可以减税。化妆品、皮毛制品、娱乐用品要增收附加税。进口平均关税为 32.21%。

出口关税只有一项，即出口国税，出口国税为 2%。除农产品以外的所有出口商品均收 2% 的出口国税。

所得税。自然人的所得税税率为 30%，手工艺工作者的所得税税率为 20%，企业及法人的所得税税率为 35%。

（二）福利

几内亚没有什么社会福利。职工最普遍的社会福利是人身保险，由雇用单位为职工购买人身保险。政府法定企业或个人雇用职工必须为职工购买人身保险。

第二节 医疗卫生

一 医疗机构

几内亚设备较好的医院有首都科纳克里的东卡医院（l'Hôpital de Donka）、亚斯汀医院（l'Hôpital Ignace Deen）和 2012 年开业的中国—几内亚友好医院，富塔－贾隆地区拉贝市的拉贝医院，上几内亚区法拉纳的法拉纳医院。这 5 家医院都得到外国援助和有外国医生参与工作，所以条件都比较好。东卡医院以前有苏联医生，现在有法国医生。亚斯汀医院有中国医疗队。几内亚从欧美留学回来的医生多数也在这两家医院工作。拉贝医院由德国提供医疗设备，有中国医疗队的医生在那里工作。法拉纳医院也有中国医疗队的医生。

除了上述 5 家医院以外，在康康等内地大城市还有一些较小的医院。这些医院的设备和医务人员的配备都比较薄弱。

广大农村严重缺医少药，针对这一情况，几内亚政府实行医疗卫生工作权力与责任下放的政策。将有限的医疗资金和设备下放到基层，由地方政府全权担负起医疗卫生工作。从 1988 年起在全国各个专区和城市市区建立医疗卫生中心，全国共建有 338 个医疗卫生中心，其中绝大多数是在农村。这 338 个医疗卫生中心在世界卫生组织的支持下对儿童广泛进行防疫注射，从 1988 年起对 11 岁以下儿童进行常见病的疫苗预防注射，主要针对结核病、麻疹、百日咳、白喉、破伤风、小儿麻痹症等 6 种常见病。到 20 世纪末，对这 6 种常见病的防疫注射覆盖率已到 70% 以上。

此外，几内亚政府允许私人开办诊所和药店，鼓励国内外私人在几内亚开办制药厂。几内亚人民在长期与疾病的斗争中，掌握了一些利用当地动植物和矿物资源治疗多发性疾病的有效偏方。例如，几内亚有一种树叶可以有效防治疟疾。这些治疗方法在几内亚农村相当普遍，由 "巫医" 掌握，并由他们代代相传。几内亚政府希望有人能在草药的制作方面提供技术援助与投资。

二　常见疾病

几内亚广大农村的环境卫生状况极差。居民都靠河水、湖水、山川获取饮用水和生活用水。几内亚气候炎热潮湿，山川河水含病菌多，严重威胁人民健康，所以几内亚有多种常见疾病，如疟疾、霍乱、麻风病等。尤其以疟疾、霍乱最为常见。2014 春天埃博拉病毒在几内亚蔓延，感染人数不断上升，这是一种死亡率很高的热带病。

几内亚儿童死亡率高达 13.6%。原因除环境卫生条件差以外，还由于广大农村缺乏任何妇幼保健设施，许多地方连起码的医疗实施都没有，妇女生孩子往往席地而生。

此外，现代社会中发展起来的多种疾病，也蔓延到几内亚，尤其在广大农村。1988 年在几内亚发现第一例艾滋病案。据 2013 年 6 月 24 日

anouslaguinee 网页报道，在几内亚中部和北部流行一种 VIH 艾滋病。据 2013 年 7 月几内亚政府在网上公布的材料，几内亚约有 2 万名艾滋病患者。这些现代疾病无法用非洲传统药方治疗。

这些常见病主要是几内亚人，尤其是广大农民容易感染，对一般的外国人威胁较大的是疟疾、霍乱，尤其是疟疾。但只要采取以下积极的预防措施，这两种病都是可以预防的。

（1）疟疾是蚊子传染的，所以要在住宅周围铲除蚊子盘踞的草丛与水沟，尤其是死水沟和臭水沟，那些地方盘踞的蚊子是带病菌的毒蚊子，传染的疟疾还往往是恶性疟疾。

（2）夜晚尽量少在室外；夜晚在室外要穿长袖衣和长裤，千万不能穿黑色衣服，黑色吸引蚊子。

（3）定期到医院化验血液，如发现血液里有疟原虫，医生有办法消灭阻止其发展成疟疾。如果不及时发现，让疟原虫发展到进入人体细胞就会发烧患疟疾。

（4）若遇到感冒或发烧，要立即化验血液是否有疟原虫，若有疟原虫，哪怕很少，也会从感冒转成疟疾。所以首先要服用治疗疟疾的药。1989 年中国驻布基纳法索使馆一名外交官就是因感冒转成疟疾没有及时当疟疾治疗而导致最后无法挽救。

（5）从非洲回国前最好到中国医疗队化验血液是否有疟原虫，并带上治疗疟疾的药。国内一般医院没有化验疟原虫的条件。

如果认真采取以上预防措施，不一定服用预防药也能有效预防。

至于霍乱，只要注意饮食卫生就可以预防。

第三节　社会治安

在几内亚国内主要是警察管理社会治安。外国人要接受移民局的管理。去几内亚之前，首先要在北京的几内亚驻华使馆办妥签证方可入境。签证有效期一般为三个月，一次入境。到几内亚后要在签证有效期内办好居留签证才能取得合法居留身份。居留证有效期只有半年，所以还要办居留卡。居留卡有效期是一年，到期去移民局更新。

警察局负责几内亚社会治安，遇到安全方面的问题可以报告警察局寻求帮助。

几内亚在 20 世纪 90 年代以前社会治安状况是很好的。从 90 年代初开始，邻国利比里亚、塞拉利昂、科特迪瓦先后发生长期内战与社会动乱，这些邻国的难民、散兵进入几内亚，扰乱了社会治安。进入 21 世纪以后，由于几内亚的经济形势不断恶化，失业人员与贫穷人口增加，治安状况恶化。在首都科纳克里夜间重大偷盗、抢劫事件经常发生。白天也有小偷和拦路抢劫。有时还会有地方小官员以检查为由索取财物。所以在几内亚外出时最好至少两人同行，随时注意手上的提包，女士外出切勿佩戴珠宝首饰，遇事立即报告警察局。

但同非洲尼日利亚、马里等其他国家相比，几内亚的治安状况还是比较好的。今天几内亚还没有恐怖组织，还没有发生绑架、重大武装抢劫一类严重安全事件。

第七章

文 化

　　几内亚和撒哈拉以南非洲多数国家一样，由于西方侵略和长期殖民统治，独立后发展文化与教育事业的起点很低。几内亚独立时仅城市里有小学和少数中学与个别职业学校，没有高等院校。独立后的前 26 年由于在政治上选择了脱离实际的社会主义发展方向，文化与教育事业也走了弯路，使本来就很落后的文化与教育事业，特别是教育事业，几乎濒临绝境。直到 20 世纪 80 年代后期，几内亚的文化与教育事业才步入正轨。在 20 世纪的最后十几年里，政府在这方面投入了大量资金，几内亚文化与教育的面貌有了明显改善。在教育方面，政府投入的力量更大。小学和中学的入学率有了很大提高，高等教育从无到有建立起来了。但由于原来的基础差，起点低，尽管政府已尽极大的努力，今天几内亚的教育还是相当落后的。中小学教育严重缺乏师资和校舍，小学教育还没有得到普及，中学的入学率很低，农村文盲率比较高。至于自然科学和各种科技的发展，国家更是没有力量将其提上议事日程。

　　但几内亚的文学和艺术却有着比较悠久的历史和独特的传统。几内亚人民在口头文学、音乐舞蹈和木雕、牙雕、编织、印染等民间艺术领域显示了他们的独特天分与创造力。西方殖民主义者的侵略与统治使非洲遭到毁灭性的摧残，但几内亚的口头文学和音乐舞蹈在任何劫难面前始终伴随几内亚人民勇敢乐观的生活并得到发展。几内亚人民的这些艺术今天已成为世界艺术领域富有特殊魅力的宝贵财富。几内亚的"非洲歌舞团"享誉世界。几内亚的音乐在世界音乐发展史上也有其地位，世界音乐界公认世界打击乐起源于几内亚古代的曼丁哥文化。世界爵士乐

也从曼丁哥音乐汲取了营养，"几内亚爵士乐团"在欧洲和北美都小有名气。

第一节　教　育

一　教育发展史

几内亚在18世纪以前没有文字，也没有学校教育。17世纪西非地区开始伊斯兰复兴统一运动，伊斯兰教传入几内亚。随着伊斯兰教的传播，18世纪首先在几内亚的富塔－贾隆地区办起了伊斯兰学校。教育内容是《古兰经》，教育用语是阿拉伯语。所以几内亚的学校教育是起源于伊斯兰文化的传播，最早有文字的语言和教育用语是阿拉伯语。

19世纪末法国入侵和占领几内亚以后，法语成为主要有文字的语言和官方用语。第一次世界大战后，法国在几内亚各地开始创办用法语教学的小学，在科纳克里和康康等大城市开办了一些中学和个别职业学校。教育制度和教材全是从法国照搬来的，教师也都是法国人。但与此同时用阿拉伯语进行教学的伊斯兰学校一直相当广泛地存在。无论是法国人办的学校还是从18世纪就开始的伊斯兰学校，主要都是小学教育，中学很少，直到几内亚独立一直没有高等教育。

几内亚独立后主观上想彻底改革法国的殖民地教育，由苏联教员和越南教员替代原来的法国教员，教材也进行了全面修改，教学用语还一度试用本国语言，从小学到大学的学校名称一律改为"革命教育中心"。但这场教育改革并没有成功，它使本来就很落后的几内亚教育陷入一片混乱。首先苏联教员和越南教员的法语水平显然远不能与法国教员相比，严重影响了教育质量。后来又改用本国语言作为教学用语，而本国语言没有文字，无法作为文化教育的工具；同时片面强调教育必须与实践相结合，使学校实际上都变成了生产基地。因此教育一度在教材、教员、教学用语和教育方式等方面都陷入混乱。

独立后的第一任总统塞古·杜尔政权后期，由于政治上的独断专行和经济建设上的脱离实际，人民的政治生活和经济生活都极端困难，包括教师在内的许多知识分子为躲避国内困难的政治环境和贫穷的物质生活而流亡国外，使国家教育事业濒于瘫痪。

塞古·杜尔总统时期在教育方面的唯一成就是高等教育从无到有发展起来了。1962 年成立了科纳克里大学，这是苏联援建的。20 世纪 80 年代初法国帮助建立了法拉纳农业科学与兽医学院和康康综合理工学院。

总的来说，在塞古·杜尔总统执政的 26 年里除了外国援助建立起了高等教育以外，中小学教育事业没有得到很好发展。塞古·杜尔执政前期是不科学和不切合实际的教育改革搞乱了教育，使中小学教育的教材和教学用语等长期处于无所适从的状态。片面强调生产劳动和革命教育，实际上取消了文化教育。杜尔政权后期的政治环境迫使大批知识分子流亡国外，教育事业更是濒临绝境。到 20 世纪 80 年代中期杜尔政权结束时，几内亚的中小学教育比独立时更为混乱和落后。

兰萨纳·孔戴总统执政以后，政治上有了宽松的环境，国家的经济状况也逐渐好转，大批知识分子从国外重新回到国内。兰萨纳·孔戴政府重视教育事业，在国家经济困难的情况下还拨出 25% 的预算用于教育事业，同时鼓励私人办学。世界银行等国际金融组织和法国、美国等西方国家也支持几内亚发展文化教育事业。在 20 世纪最后十几年里几内亚的教育得到了显著的发展，小学和中学的入学率都得到明显提高。同时政府对全国各类学校进行整顿，建立正规的教育秩序与规范学制，并制定出明确的教育方针。高等教育有了进一步的发展。

从 2010 年代中期起，由于国家政局动荡，教育事业同其他事业一样，没有任何新的发展。

二 教育状况

（一）中小学教育

几内亚政府制定的教育方针是培养忠于民族文化传统，热爱祖国，有文化、有科学技术知识的各类人才。

　　小学实行义务教育制。儿童从 7 岁开始上学，学制 6 年。中学从 13 岁开始，学制 7 年，其中初中 4 年，高中 3 年。

　　几内亚政府在 20 世纪 80 年代中期开始大力整顿和发展中小学教育。90 年代在世界银行和法国等的支持下实行了旨在发展和提高中小学教育的 "支持教育发展计划"（Programme d'Appui au Secteur de l'Education）。这项计划有以下三方面的措施。

　　（1）提高基础教育的质量。主要措施是按照法国国民教育的学制健全几内亚小学教育的学制，严格执行小学学习的时间必须满 6 年的规定，同时解决每个班级学生人数过多和课堂秩序混乱而影响教学效果的问题。在提高教师的素质与教学水平的同时改善教员的生活条件和增加教师的工资。这项工程是由美国国际开发署和法国开发署共同资助的，美国为这项工程提供了 2000 万美元的援助，法国提供 650 万欧元的援助。

　　（2）培养师资。法国的师范学院为几内亚培养中学和小学的师资，法国同时还帮助几内亚在国内开设师范学校以培养师资。

　　（3）扩建中学和小学的校舍。这项工程由世界银行提供 4250 万美元的援助，2003～2006 年，在富塔－贾隆的边缘山区（主要是在北部的马利专区、西部的勒卢马专区和西部的泰利梅雷专区）建设总共有 285 个教室的 95 所学校。

　　通过上述措施，到 2004 年，几内亚的中小学教育状况已得到明显改善，2004 年全国的小学校已增加到 6140 所，小学生达到 114.7 万人，小学教师为 2.5 万人。小学的入学率达到 77%。

　　小学实行义务教育后，入学率仍不达到百分之百是由多方面的原因造成的。缺乏师资和校舍是最基本的原因，许多地区家长想让孩子去上学却找不到学校，或者虽然有学校但没有足够数量的教师。学校教室都十分拥挤，一个班有 45～95 名学生，有的几个学生共挤一张课桌。

　　小学义务教育制不能普及的另一原因是社会问题，在农村孩子是重要劳动力，许多家长需要孩子在家劳动而不愿让孩子去上学。

　　2004 年中学已增加到 615 所，中学生达到 34 万人，入学率为 49%。

中学教师有 8886 名。[①]

进入 21 世纪的十几年来，国家处于非常时期，兰萨纳·孔戴总统晚年病夫治国，已无所作为，在他以后是军事政变后的两年混乱期，阿尔法·孔戴总统执政后，百废待兴，主要精力集中在稳定政局和整顿财政经济上，还顾不到教育问题。所以到 2010 年代初，教育事业还是停留在 21 世纪初的水平，小学的入学率还是停留在 77%，中学为 49%。全国的文盲率为 60%。

自 2004 年以后没有公布中小学在校人数。有关中小学最新的参考数字是 2013 年 7 月 16 日中小学教育部部长宣布的各类学校入学考试报考人数与录取人数。2013 年几内亚初中、高中、大学报考与录取人数：（单位：人）

初　　中　　　　报考人数：250143；录取人数：160160
高　　中　　　　报考人数：131328；录取人数：56744
高等院校　　　　报考人数：87304；录取人数：30288

（二）高等教育

几内亚全国有 3 所综合性大学：

科纳克里大学（Université de Conakry）

科菲·安南大学（Universié de Koffi Anan）

康康大学（Universié de Kankan）

科纳克里大学 1962 年建校，是苏联援建的。建校初期有农学系、地矿系、经济学系等 6 个系，教师多数是苏联人。现在主要由世界银行等国际组织援助，教师多数已是几内亚和其他非洲国家从欧美留学回来的人才，以及少数法国等欧美国家的教师。1971 年农学系到金迪亚独立建校，成立金迪亚农学院，地矿系到博凯建校，成立博凯地矿学院。

进入 21 世纪后，科纳克里大学进行了系科调整与扩建，到 2005 年建成现在的系科设置。主要包括：医学、药剂、口腔与牙科学院，有 3 个系，分别是医学系，药剂系和口腔与牙科系。

---

① 2004 年中小学校的学生与教师人数来自 2012～2013 年世界知识年鉴。

科学学院，有 4 个系，分别是生物学系、化学系、数学系、物理系。

环保科研中心，有 4 个系，分别是生物分类系、领土整治系、环境评估系、水分空气土壤检测系。

综合技术学院，有电力工程系和土木工程系等 7 个系。

科菲·安南大学 1999 年建立，是一所私立综合性大学，由世界银行和摩洛哥等资助建立。校址在科纳克里。该大学有 4 个系：法律与政治系，经济与管理系，企业信息应用系，医学、药剂、口腔与牙科系。

康康大学是一所以理工科为主的综合性大学，校址在上几内亚的康康市，它的前身是康康理工学院，是 20 世纪 80 年代由法国援建的。

除这 3 所大学外，还有 4 所高等教育学院：[①]

博凯矿业与地质学院（Institut des Mines et de la Géologie de Boké），1971 年建校；法拉纳农业科学与兽医高等学院（Institut Supérieur des Sciences Agronomiques et Vétérinaires de Faranah），20 世纪 80 年代中期由法国援建；金迪亚农学院（Institut de l'Agronomie Kindia），1971 年建校；马纳阿高等教育学院（Institut Supérieur des Sciences de l'éducation de Maneah），20 世纪 80 年代中期由法国援建。

（三）职业教育

全国有 29 所中等技术学校。其中 7 所师范学校，3 所卫生学校，3 所农牧业学校，此外还有培养铁路、海运、电信、文秘等方面技术人员的学校。7 所师范学校每年可培养 300 多名小学教员，3 所卫生学校每年培养 100 名左右的卫生员，3 所农牧业学校每年培养 100 名左右的农业技术员和兽医。

（四）扫盲

扫盲是对成年人的教育。几内亚文盲率高，扫盲任务繁重。独立后，特别是在 20 世纪最后十几年里政府为扫盲做了大量的工作。1986 年在政府就业与公民教育部成立了"全国职业培训和进修局"。1991 年设立了"职业培训与进修基金"，基金的来源是政府预算、外国援助和企业上交

---

① 有关高等院校的资料来自 http：//www.uganc.org 等网站。

的款。政府规定，凡雇用 10 名以上职工的企业，一律须交职工工资总额的 1.5% 作为职工职业培训与进修费。

职业培训与进修基金目前主要用于扫盲工作，对派往各地的扫盲教员进行扫盲技术的基本培训等。

几内亚进行扫盲工作的难度比较大。在这方面首先遇到的困难是扫盲用何种语言的问题，长期以来这个问题一直困扰着扫盲工作的进展，因为几内亚本国语言没有文字。法语是官方语言，但多数文盲不会讲法语，同时在几内亚一直有相当一部分的学校用阿拉伯语进行教学。所以，用外国语进行扫盲还存在选法语还是阿拉伯语的问题。

（五）特殊教育

几内亚的特殊教育归政府社会事务部管理和领导。特殊教育主要是对残疾人的职业培训。几内亚因小儿麻痹症致残的人比较多，这些人流落在街头乞讨，尤其在科纳克里等大城市残疾乞丐比较多。几内亚政府社会事务部在一些上层宗教界人士的支持下，将这些残疾青年收留，对他们进行职业培训和帮助他们在学到手艺后重返社会谋生。在这方面最大的一所学校是"科纳克里残疾青年职业培训和重返社会学校"，学生都是从流落街头的残疾乞丐中招收的。他们在学校除学习各种手艺还上文化课，同时很大一部分时间从事与学手艺相关的生产劳动，生产收入作为他们在校的生活费用。毕业时学校帮助他们用贷款购置必要的生产设备使其重新回到社会中去谋生，例如开个小小的缝纫铺、木工房或咖啡馆等。

（六）儿童教育

儿童教育也是由政府社会事务部领导和管理的。在首都科纳克里有一座非常现代化的妇幼保健中心，这是意大利的一个慈善机构在 20 世纪 80 年代援建的。这是一座很大的建筑，内部配有从孕妇产前检查到分娩，以及婴儿的哺乳室、托儿所、幼儿园等成套设施。但这些高档设施脱离几内亚社会现实，没有人能有条件享受这里的服务。所以大部分设备都没有启用，只有一所仅面向少数富裕家庭孩子的幼儿园。除此之外，几内亚还没有其他幼儿教育事业。

几内亚

第二节　文学、艺术

一　概述

几内亚的文学和艺术至今都深刻保持着中世纪马里帝国时期的曼丁哥文化传统。不仅马林凯族，而且其他民族，特别是森林区的少数民族，都深刻受到曼丁哥文化的影响。所以，了解当代几内亚的文学和艺术，需从了解传统的文学和艺术入手。而要了解几内亚的传统文学和艺术，首先得了解他们与众不同的传统宇宙观。几内亚同非洲其他广大地区一样，文学艺术最早起源于原始宗教，原始宗教构成了他们独特的传统宇宙观。他们相信在人间之外存在一个由无比强大的自然力量构成的世界。这个世界人们看不见，但却时时处处能感觉到它的存在，它制约和规范着人间的一切并保护着人类。人们把某片森林或某座山，视为这种力量在人间的化身，并赋予人格化。他们崇拜祖先，认为祖先就是属于那个世界的具有超凡力量的保护神。歌颂自然神和祖先的力量及其保护人类的丰功伟绩，同那个至高无上与无比神圣的世界进行沟通和对话，是传统文学和各种艺术创作的主题和无穷的创作源泉。几内亚作家马马杜·汗帕戴·巴于1974年7月在联合国教科文组织的会议上，对非洲传统的宇宙观做了这样的介绍："如果不是从宗教的角度去审视传统的非洲，那就会对古老非洲一窍不通。西方人在博物馆里看到具有非洲个性的传统艺术品，如木雕、面具等，他们会惊叹其外表的美。但他们不能了解艺术家的创作环境、创作意图与艺术构思。在古代的非洲几乎没有现代意义的世俗生活，一切都是神化的，或者说，一切都是同一个由一种看不见的，但无处不在的力量所构成的世界相联系着。人们深深相信万物都统一在一个独立和统一的神圣世界里，人们的一举一动都被看作是由那个神圣世界的力量所规范的。"①

---

① Muriel Devey, *la Guinée*, Paris: Karthala, 1997, p. 270.

当然，这种相信自然神的非洲传统宇宙观，今天已发生很大的变化。从 17 世纪起伊斯兰教和基督教相继传入几内亚，几内亚人传统的宇宙观受到了冲击并开始发生变化。今天的几内亚人，特别是城市里的人，已有新的宇宙观。城市里的多数人已信奉伊斯兰教和基督教。尽管他们仍相信神，但已不再是信自然神，而是信上帝。不过在非洲农村，特别是在像几内亚森林区的少数民族地区，仍有很多人信自然神，并继续保持传统的宇宙观。即使再也不信原始宗教，皈依伊斯兰教和基督教的人群中间，也有很多人并没有完全放弃非洲传统宇宙观，甚至有些文化层次很高的知识分子也不例外。所以今天几内亚的文学和艺术创作，特别是各种民间艺术品的创作，仍广泛受传统宇宙观的影响并采用传统题材。

在几内亚和西非其他地区，古代从事文学创作和从事各种民间手工艺创作的人都统称其为民间艺师（Les Nayamakala）。民间艺师分为从事物质创作与精神创作两类。从事物质创作的民间艺师有铁匠以及从事木雕、纺织、印染、编织等手工艺行业的人。从事精神创作的民间艺师有民间说唱师（Griot）、歌手、舞蹈演员，以及在氏族之间和家族之间调解纠纷的使者等。

古代民间艺师按行业组成各种行会。这种行会组织严密，入会要举行仪式，各种知识和手工艺都在行会内部秘密传授，并且代代相传。这种行业行会组织在颇耳族和马林凯族中尤为普遍。

几内亚人民是具有多种艺术天才的人民。多少世纪以来他们创造了多种艺术，如音乐舞蹈、文学、木雕、纺织、编织、印染、建筑、造型艺术等。

二 文学

几内亚的文学有传统的口头文学、颇耳语阿拉伯伊斯兰文学和用法文书写的现代文学等。

（一）口头文学

由于几内亚古代没有文字，于是形成用说唱形式表达的一种口头文学。这种口头文学由民间说唱师传播和世代相传。口头文学最初是在宗教仪式上歌颂自然神的力量和讲述自然神保护人类的故事。后来发展成多种题材，并且不限于宗教，也有世俗的，以及宗教与世俗混合的题材。大致可以分为以下五方面的题材。

（1）叙述民族兴衰和朝代更迭的历史，以及歌颂有战功的帝王、将相和民族英雄的英雄史诗，其中最具代表性的作品是在马林凯族中家喻户晓的长篇史诗《松迪亚塔》。这是一部记载和歌颂中世纪马里帝国开国皇帝松迪亚塔创建马里帝国的英雄事迹的长篇史诗。

（2）歌颂祖先的创造力，以激发人们的劳动与创造精神的诗篇。这方面的创作最有代表性的作品是《法拉古伦》（Le Farakouroun），这是一部歌颂古代铁匠的智慧与创造力的口头文学作品。

（3）青年教育题材。这是以向青年人传授祖先的生产技术与经验为题材的口头文学作品。这类题材的口头文学传播的方式多半是在氏族内部，甚至是在家族的范围内秘密传授的，也有在各种职业行会里秘密传授的。

（4）进行全民思想道德教育的口头文学。以呼吁民族团结和祈求和平为主题。表现形式常采用以各种动物为主人翁的神话故事，将动物人格化，并赋予高贵的品格。例如，在颇耳族人中广泛流传歌颂牛的高尚品格和教育青年人保护牛群的诗歌。

（5）其他多种题材。有在孩子出生后的取名仪式上说唱的，祝福孩子健康成长的说唱题材；有在青年男女割礼仪式上说唱的，教育青年成为成年人应有的品格和对家庭，社会应承担的责任；有在婚礼上说唱的，祝福新婚夫妇幸福和多子多女；有在丧礼上说唱的，追忆死者的优秀品格和他一生的事迹，祈求自然神和祖先保护死者在另一个世界平安幸福。

口头文学的形式多种多样，有诗歌、谚语、寓言、谜语等，诗歌居主要地位。

口头文学的表现形式是民间说唱师说唱，其表现手法有点近似中国苏州的评弹，有叙事，有唱，有乐器伴奏，有时还有群众合唱和乐队伴奏。口头文学重叙事，节奏比较快，群众合唱与乐队伴奏都是根据故事情节来烘托气氛的。

口头文学是非洲特有的文学形式，它的创作、演唱、谱曲都体现了非洲人的智慧。

现在的文学创作虽然都已是有文字的现代文学，但仍相当广泛地采用说唱的口头文学的传播方式。因为像几内亚这样的非洲不发达国家，文盲率很高，尤其在农村。所以用文字表达的文学作品一时还难以广泛传播，而口头文学仍是群众，尤其是广大农民最容易接受的文学形式。同时口头文学不仅是文学，它有说有唱有乐器伴奏，是群众喜闻乐见的一种文艺表演形式。说唱的题材现在已不限于传统题材，说唱的对象也不限于没有文化的农民群众。用口头文学说唱的方式和说唱的人也不限于民间说唱师，一般歌手也用这种形式演唱，演唱的场合也非常广泛。例如，在一般朋友间的集会上，有人即席演唱，歌颂某位朋友的优秀品格、好的事迹。最常见的是在朋友间的欢送会上，当其中一人要离开大家去远方时，朋友们为他送行，即席编词填曲歌颂即将去远方朋友的优秀品格，以及表达对他的友谊与留恋之情。还有在婚礼等仪式上即席编词演唱的。

在古代，口头文学都是在秘密行会内创作和传授的，是集体创作，所以没有流传下有名的作家。

（二）伊斯兰文学

17 世纪西非地区经历了伊斯兰复兴统一运动，推广了伊斯兰教。在这场运动中，几内亚富塔－贾隆地区建立了一个伊斯兰神权国——富塔国。正是在这个伊斯兰神权国里首次出现了几内亚有文字的文学。因为这种文学是用阿拉伯文写的文学作品，内容是传播伊斯兰教的《古兰经》，但传播的方式仍用口头文学的说唱方式，用当地的颇耳语说唱，故称颇耳语阿拉伯伊斯兰文学。

颇耳语阿拉伯伊斯兰文学是用文字创作的，是个人创作的，所以有文学作家出现。作家大都是《古兰经》大师及他们的弟子。他们既是《古兰经》的理论家，也是历史学家和传授《古兰经》的布道人。第一代较有名的作家有逖艾尔诺－桑巴·蒙贝亚（Thierno Samba de Mombeya），逖艾尔诺－萨杜·达郎（Thierno Sadou Dalang）。第二代有名的作家有逖艾尔诺－穆哈马杜·卢达（Thierno Mouhamadou louda），逖艾尔诺－阿柳·布巴·恩迪扬（Thierno Aliou Bouba Ndiyan）。

后来在法国殖民统治时期，在富塔－贾隆地区还出现过一些用阿拉伯文创作的颇耳语阿拉伯伊斯兰文学，这个时期较有名的作家有艾尔·哈吉－逊艾尔诺－阿卜杜拉马纳·巴（El Hadj Thierno Abdourahmane bah），逊艾尔诺－马迪乌·达阿卡（Thierno Madhiou Daaka）。他们的作品内容主要也都是关于伊斯兰教方面的，但也有关于颇耳族历史方面的题材。

（三）现代文学

法国的入侵和殖民统治使非洲的传统文学受到强烈冲击。首先，殖民地的行政体制与统治制度深刻改变了非洲传统的社会结构，破坏了传统文学创作和传授的秘密行会。在沿海地区和较大的城市这些行会逐渐削弱和消失了。其次，在法国殖民统治时期用法文进行文学创作，传统的口头文学衰落了。随着法国文化和世界现代科学技术进入几内亚，逐渐形成一批以科学的观点审视和继承非洲传统文学艺术的知识分子。

1958 年几内亚独立后文学创作也进入了新时期，文学经历了深刻的变革。塞古·杜尔政权在文化领域实行彻底的反对帝国主义和反对殖民主义的政策，全面清除殖民主义的思想影响的同时反对封建迷信，革新社会文化基础，批判殖民主义的文化教育，取缔原始宗教和秘密行会，宣布这些都是反动和落后的。1959～1960 年，几内亚还颁布和实施了一个主要针对森林区的《废神权计划》。与此同时，几内亚政府希望振兴非洲文化，发扬被殖民统治长期压制的非洲个性，鼓励文学创作。这一时期涌现出了一批现代文学的作家和诗人，其中较有名的有：

卡马拉·拉耶（Camara Laye） 1928 年生于几内亚东部的库鲁萨，1980 年在塞内加尔达喀尔去世。他是几内亚现代文学的著名作家之一，主要作品有 1953 年出版的《国王的眼神》（Le Regard du Roi）和 1954 年出版的《黑孩子》（L'Enfant Noire）等。

福戴巴·凯塔（Fodéba Keita） 著名的非洲诗人，1921 年生于几内亚东部的锡基里。主要作品有 1950 年在巴黎出版的《非洲诗集》（Poèmes africains），1952 年发表的《校长》（Le Maitre d'école），1965 年出版的《非洲的曙光》（Aube africaine）等。1970 年几内亚在葡萄牙雇佣军入侵后，塞古·杜尔在国内进行政治大清洗，镇压国内的"第五纵队"。福戴巴·凯塔因遭怀疑被塞古·杜尔判处死刑，年仅 49 岁。他是一位热血沸腾的非洲民族主义者和几内亚爱国文人和诗人，其作品《非洲诗集》和《非洲的曙光》等都是歌颂非洲的觉醒和解放的光辉诗篇。

阿柳姆·芳杜尔（**Aliuom Fantourè**）1938 年生于科纳克里以南 100 公里大西洋边的福雷卡里亚。主要作品有 1972 年发表的《热带圈》（Le Cercle des Tropiques），1975 年发表的《死人河谷竞技场的故事》（Le Recit du cirque de la Vallee des Morts），1996 年发表的《萨赫勒牧人的面纱》（Le Voile de l'Homme du Troupeau du Sahel）、《领地行政长官》（Le Gouverneur du Territoitre）等。

威廉姆·萨西纳（**Wiliams Sassine**）1944 年生于康康，1997 年去世。主要作品有 1982 年发表的短篇小说集《字母表》（L'Alphabet），1973 年发表的《神圣的巴里先生》（Saint-Monsieur Baly），1979 年发表的《沙漠的年轻人》（Le Jeune Homme de Sable），1993 年发表的《分割的非洲》（L'Afrique en Morceaux）等。

赛伊杜·博库姆（**Saidou Bokoum**）1945 年出生，主要作品有 1979 年发表的小说《链条》（Chaines）。

逖艾尔诺－莫奈囊博（**Thierno-Monenembo**）1947 年出生于几内亚中部地区的马木。主要作品有 1979 年发表的《荆丛中的蛤蟆》（Les Crapauds-brousse），1986 年发表的《天空的云彩》（Les Ecailles du Ciel），1991 年发表的《一个有用的梦》（Un rêve utile）等。

这些用法文写成的文学作品，有的仍属传统文学题材，但紧密结合现代思想内容。例如卡马拉·拉耶的《黑孩子》，这是一部吸收了传统文学精华的现代文学作品。其题材是属于传统文学的，但古为今用，具有当代教育意义。作品中的黑孩子是一位金匠的孩子，故事内容是黑孩子叙述他父亲冶炼黄金遇到了困难，祈求神的力量帮助他炼出真金的故事。小说里有长篇叙述黑孩子的父亲同黄金神、火神、风神的对话。这些对话是教育人们从善和净化心灵的诗篇。最后黑孩子的父亲在众神教育下，变成一位觉醒的巨人，最终炼成了真金。

但用法文创作的文学作品主要都是现代题材的，描写几内亚人民反抗法国入侵和争取民族独立的历史等方面的内容。

三 艺术

（一） 音乐舞蹈

几内亚的音乐舞蹈是古老的民间艺术，它起源于中世纪马里帝国时期的曼丁哥舞。古代非洲的舞蹈总是和音乐连在一起的，音乐常常是为舞蹈伴奏的。所以几内亚的舞蹈和音乐都是起源于曼丁哥文化，尤其是舞蹈，曼丁哥舞是几内亚舞蹈的主体。不仅马林凯族人的舞蹈受曼丁哥舞的影响，颇耳族、苏苏族和森林区少数民族的舞蹈，也都受曼丁哥舞的影响。

几内亚人民能歌善舞，在古代和现代的一些农村，音乐舞蹈处处伴随着人们的生活和生产。人们都在音乐舞蹈的伴随下走过每一段人生旅程，从出生后婴儿时的取名仪式，到成年时期的割礼仪式，结婚时的婚礼，直到死后的葬礼，都有音乐舞蹈伴随。国家的经济与政治生活也离不开音乐舞蹈，在古代部族酋长和国王登基仪式上，在部族的人出发去打仗和打仗凯旋，以及举行日常生活中的宗教仪式时都有群众性的唱歌跳舞。农民在每年播种前要唱歌跳舞祈求风调雨顺的好年景，收割后要唱歌跳舞庆祝丰收和向各种保护他们丰收的自然神谢恩。猎人出远门去打猎全村人要唱歌跳舞求神保护猎人一路平安和有好运，打猎归来也要唱歌跳舞感谢神的保护与恩施。各种职业行会举行向青年人传授知识和祖先经验的仪式时，都要唱歌跳舞。在这些情况下，音乐舞蹈都是语言，表达各种丰富多样的感情的语言。

几内亚的舞蹈遵循严谨的舞谱，动作非常奔放，动感强烈，节奏明快。几内亚的舞蹈同黑非洲大部分地区一样，起源于古代宗教仪式，是人间同所信仰的自然神之间对话的方式之一。在音乐的伴奏下舞蹈是一种很美的语言，是人和神之间对话的语言。

在古代各种秘密行业行会和不同年龄组的行会，还都有自己与众不同的舞蹈。

在古代和现代的某些农村，很多场合跳舞的人都戴面具，还穿用草与树枝制作的式样奇特的舞蹈服装。戴上面具和穿上特制舞服是代表各种自然神的化身。

几内亚的音乐是由古代口头文学的说唱和以鼓、木琴等乐器演奏的音乐发展而来的。几内亚的乐器是多种多样和颇具特色的，主要有打击乐器和管弦乐器两类。打击乐器最普遍的是各种各样的鼓，鼓也是从古代曼丁哥文化继承下来的。在沿海几内亚、森林几内亚和上几内亚，鼓是最有代表性的民间乐器。但在中几内亚颇耳族人的乐器中几乎没有鼓，这可能是由于颇耳族人受伊斯兰文化的影响比较早的缘故。

在古代非洲，鼓最早是一种通信工具。部族或王国遇到外来入侵，和王室有婚丧等重大事件发生时，都用击鼓来向全国发布消息。后来鼓被发展为在重大仪式上敲击的一种乐器，例如在宗教仪式、国王或部族酋长登基等重大典礼，迎接贵宾、王室婚礼等典礼上，都要击鼓庆祝。在重大仪式上用的鼓不能作为娱乐伴奏的乐器。娱乐场合用的鼓最常见的是塔姆－塔姆（Tam-tams）鼓，需要用双手击鼓。不同的部族有不同的鼓。在沿海几内亚的巴加族人有一种很大的专门供男人演奏的鼓叫廷巴（Timba），这是一种专门在婚礼、丧礼、宗教仪式等场合演奏的鼓。巴加族还有一种很小的专供妇女演奏的鼓，叫特恩德夫（Te-ndef）。在森林几内亚少数民族地区有一种鼓叫达莽格鼓（Damang），这种鼓的形状是圆柱形，中间细两头大，呈喇叭形状的两面鼓。鼓面的牛皮是用棕榈树枝和树皮做成的线绑起来的。森林几内亚还有一种巴拉鼓（Bara）。形状呈锥形，鼓的上端呈喇叭形，鼓身是用木架支撑的。上几内亚马林凯族人有一种叫吉姆贝（Djiembé）的塔姆－塔姆鼓，这种鼓的特点是有一种特殊的振动声音，鼓面的周围绑着一圈白铁丝，在击鼓时这圈白铁丝会随着鼓的节奏晃动和发出细碎悦耳的声音。

有专门演奏各种鼓的鼓乐队，即整个乐队的乐器以各种各样的鼓为主要乐器。鼓乐队在演奏时有一领鼓手，领鼓手的身上用皮带绑着一个小巧玲珑的鼓。演奏开始时，领鼓手先击打绑在身上的那面小鼓，全队便开始演奏。在演奏过程中领鼓手要击打大中小三种鼓，其他队员根据他在三种鼓上击出的不同鼓点的节拍击鼓。领鼓手的大中小三种鼓分别安放在他身上的不同部位，小的绑在身上，中的夹在两腿之间，大的放在靠近他身边的地上。

此外还有其他多种多样的鼓，有两面都可以击打的长筒鼓，有左手拿着鼓右手击鼓的板鼓。还有两种专门供姑娘和妇女们在跳舞时边跳舞边演奏的鼓，一种是用线穿在一起的两个小葫芦壳，里面装进谷子或者碎石子，跳舞时随着舞步的节奏晃动和敲打手里的两个小葫芦壳。另一种也是非常小巧的圆柱形鼓，周围装饰着一圈闪闪发亮的贝壳。这两种鼓在古代是贵族家庭女子娱乐用的鼓，现在是一些正规的乐队都备有的乐器。

管弦乐器主要是由各种各样的琴组成的。几内亚和西非地区最普遍的琴是一种叫"巴拉风"（Balafon）的木琴。"巴拉风"是马林凯族的语言，"巴拉"是演奏的意思，"风"的意思是乐器。这种乐器在马林凯族人地区很普遍。它起源于古代的索索王国。根据民间口头文学流传下来的说法，木琴最早是索索王国的国王苏毛罗·康戴（Soumaro Kanté）发明的。他制作的第一架木琴是历史上有名的索索木琴（Sosso Balla），那时只有国王苏毛罗·康戴一人能演奏这琴。后来马里王国同索索王国打仗，索索王国被打败后，这架木琴就归马里帝国的宫廷口头文学说唱师团，并且一直保存在马里帝国宫廷里，成为历史文物。现在这种木琴在全几内亚，甚至整个西非地区都已是很普通的乐器。这种木琴是用非洲特有的一种木材贝奈（Béné）做成的。

在上几内亚和中几内亚琴是很普遍的乐器。马林凯族人的"科拉"（Les Kora）和"博龙"（Les Bolon）是两种非常精美的琴，它有用3根牛筋做成的弦。还有一种琴叫"科尼"（Les Koni），形状有点像中国的琵琶，有4根弦，也有6根弦的。有一种是专供口头文学说唱师用的琴，是用细铁丝为弦，演奏时用2根铁条敲打丝弦。还有一种竖琴也是口头文学说唱师用的琴，声音非常悦耳。

管弦乐器除了琴以外还有各种各样的笛子。在乌阿苏鲁地区有一种叫"比迪"（Les Budu）的横号，森林几内亚有用象牙做成的小号叫"图卢"（Les Tulu），非常精致。马林凯族人有一种哨子叫"锡姆蓬"（Le Simbon），也是声音非常优美的乐器。"锡姆蓬"是从猎人呼诱猎物的哨子发展而来的。

古代在几内亚和整个西非地区，乐器很少单独演奏，都是为舞蹈或口头文学的说唱伴奏。伴奏时的音乐也是一种富有表达力的语言。表演以舞蹈或口头文学的说唱为主体，但乐器也是与舞蹈或说唱紧密联系的表演手段。

几内亚的现代音乐舞蹈都是从古代口头文学的说唱和以木琴、笛子等古代管弦乐器演奏的音乐发展而来的。

几内亚在独立以后音乐舞蹈得到了新的发展。在独立之初的 20 世纪 60 年代，在广泛的群众文艺创作的基础上涌现出了一批文艺团体。在法国留学的几内亚青年福戴巴·凯塔（Fodétba Keita）早在 1952 年就在巴黎创建了"发展舞蹈团"，1962 年他带着他的这个舞蹈团回到了几内亚。回国后，舞蹈团进行了改组和扩建，改名为"非洲舞蹈团"（Ballets Africains），同时将全国各地的优秀文艺人才都招收到"非洲舞蹈团"。"非洲舞蹈团"很快成为一个大型的国家舞蹈团，在 20 世纪 60 年代和 70 年代曾轰动西欧和北美。1962 年几内亚还成立了几内亚"乔里巴国家舞蹈团"（Ballet National Djoliba）和两个乐队，即"宕布里尼乐团"（les Tambourinis）和"巴拉乐团"（Balla）。"宕布里尼乐团"是以各种几内亚传统的鼓为主要乐器的打击乐团。"巴拉乐团"演奏的音乐是在几内亚传统的木琴等弦乐器演奏和口头文学的基础上发展起来的，其表演形式是在木琴等弦乐器的演奏下，演员又唱又说。因为是在传统的口头文学基础上发展起来的，演唱重叙事，节奏明快，行腔高昂。演唱的题材原来多数是民间传说，后来发展了现代题材。

1962 年是几内亚独立后文化繁荣的一年，这一年除成立了舞蹈团和乐队以外，还设立了国家剧院（Théatre National）、科纳克里国家博物馆（Musée National de Conakry）等文化设施。

在专业的国家文艺团体的影响下，全国各地包括农村，在 20 世纪 60 年代掀起了群众性文艺会演与创作高潮，涌现出了各种各样的文艺团体。在群众性文艺创作的基础上，从 1965 年起，全国各地定期举行"文艺周"和每两年举行一次全国文艺会演。通过全国文艺会演，创作出了大量优秀的现代音乐舞蹈和诗歌与戏剧，并形成了两个新的乐队，即"邦贝亚爵士乐团"（Bembeya Jazz）和"自由乐团"（Horoya Band）。

（二）手工艺

几内亚有许多民间手工艺，有木雕、象牙雕刻、石刻、草编、印染等。这些有着古老传统的精美工艺品，充分显示出几内亚人是富有艺术天才的民族。

1. 木雕

几内亚的手工艺中以木雕最普遍，因几内亚盛产木材。木雕的品种很多，有工艺品、装饰品、祭祖和举行宗教仪式时用的各种代表祖先和自然神的面具，还有生活用品和生产用品。但最有代表性和最珍贵的是装饰用的乌木人物雕像，其中尤其以显示妇女各种发型的妇女头像最为精美。此外还有反映生产和生活的各种木雕。

在古代，人头像和面具都是按人们想象中的祖先的形象和人格化的自然神的形象制作的。人们在举行宗教仪式时举着这些人头像。各种职业的行会在举行吸收新会员等仪式时也举着各种各样的人头像或面具。这种人头像和面具在马林凯族、苏苏族和森林区少数民族地区都很普遍，但在富塔－贾隆的颇耳族人地区几乎没有，因那里很早就信奉伊斯兰教，不以动物和祖先为神。

现在除了这些传统的木雕作品以外，还有生活题材的木雕，如背上背着孩子、头上顶着水桶的妇女雕像，肩上扛着猎枪、手里提着猎物的猎人像等。几内亚的木雕人物像以马林凯族人制作的作品最有名。有一种叫"尼姆巴"（Les Nimba）的乌木人头雕像在几内亚全国比较有代表性，这是一种表现几内亚妇女美丽发型和耳环等装饰品的人头像。

除木雕以外，几内亚还有象牙雕刻和石刻。其中尤其以森林几内亚的基西族、托马族的象牙雕刻和石刻最为精美和有名。

2. 印染编织

印染是妇女从事的手工艺。非洲妇女的服装颜色鲜艳，图案夸张，色彩图案均接近大自然。染料是用非洲特有的植物和泥土制成的。在几内亚的富塔－贾隆和金迪亚都有种植专门用作染料原料的植物。从这种植物里挤出汁，然后晒干做成小圆球，用的时候放进水里便可以染布，再用另一种叫网达的植物的根捣成的汁用来定色，这样穿了不褪色。另外还用一种泥土作为保持布料不变色的原料。

几内亚的编织也是有名的有特色的民间手工艺。编织有草编、竹编、藤编。在各种编织工艺中以草编最普遍，草编工艺品草帽和装饰品等都非常精致。富塔－贾隆地区盛产竹子和黄藤，所以竹编和藤编也是几内亚的有特色的民间手工艺。20世纪80年代，竹藤编从民间手工艺发展到城市的工厂生产，中国在科纳克里援建了一家竹藤编厂，生产用竹子和黄藤做的家具。

四　文化设施

首都科纳克里有一个"科纳克里国家博物馆"。博物馆里主要陈列介绍几内亚四大自然区各族人民的传统文化生活与生产的文物，共有两个陈列室。在博物馆的院子里有一组反映几内亚人民反抗法国统治，争取民族解放历史的人物雕像，例如有阿尔法·雅雅等民族英雄的雕像。

在科纳克里有十几家电影院，其中最大和设备较好的一家是中国在20世纪70年代援建的自由电影院。在全国各地的大城市也有一些电影院，但设备比较简陋，多数是露天放映场。

在科纳克里还有国家剧院。不过大型的文艺演出都在中国援建的科纳克里人民宫举行。

第三节　新闻出版

一　新闻机构

几内亚通讯社（Agence Guinéenne de Presse） 1985年成立，同法新社、美联社等世界各大通讯社都签有相互供稿协议，同中国新华通讯社于2000年3月31日签订了相互供稿协议。

几内亚广播电台（Radiodiffusion Guinéenne） 每天用法语、富拉语、马林凯语和苏苏语对国内广播，用法语和英语对外广播。

除科纳克里的国家广播电台以外，在中几内亚区的拉贝市有一个用富拉语广播的中波电台，主要转播国家广播电台的节目，覆盖到塞内加尔和马里的富拉语地区。

法国国际广播电台（RFI）和英国广播公司（BBC）都对几内亚 24 小时播放法语和英语节目。

几内亚电视台（Télévision Guinéenne）是官方电视台，1977 年开播，20 世纪 80 年代初改成彩色电视，主要用法语播放，也有用本国苏苏语、马林凯语、富拉语播放的节目。

二 报刊出版

几内亚有 250 多种新闻出版刊物，10 多份报纸定期出版，基本都是周刊。

几内亚官方报纸有《自由报》（*Horoya*）、《几内亚政府公报》（*Journal officiel de Guinée*）和《几内亚通讯社每日新闻公报》。《自由报》是日报，每星期出 5 期，星期一到星期五每天 1 期。《几内亚通讯社每日新闻公报》也是日报，每周出 5 期。《几内亚政府公报》是双周刊。

非官方的报刊：

《独立报》（*L'Indépendent*），几内亚人民联盟的报纸，周刊。

《观察家》（*Observateur*），周刊。

《猞猁》（*Le Lynx*），讽刺漫画周刊。

《富尼克》（*Foniké*），体育周刊。

《几内亚大事记》（*L'Evénement de Guinée*），月刊。

《眼睛》（*L'oeuil*），周刊。

所有报刊都在首都科纳克里发行。

第八章

外　交

第一节　外交政策

几内亚独立将近 60 年来，随着国际政治格局和非洲形势的变化，外交政策几经调整。在塞古·杜尔总统时期，特别是从 1958 年几内亚独立到 1975 年的 17 年里，几内亚外交的主要目标是反对帝国主义和殖民主义，积极支持非洲民族独立运动和促进非洲的联合与统一。在当时的东西方关系中，杜尔政府偏重同苏联等社会主义国家发展关系。在西方国家中，同美国一开始就建立了良好的关系，而法国等西欧前殖民帝国是几内亚反帝反殖的目标。从 20 世纪 70 年代中期起，开始同法国等西欧国家改善关系，同时积极参与不结盟运动。

1984 年兰萨纳·孔戴总统执政以后，几内亚奉行全方位开放的务实外交，强调外交为国家的经济发展服务。

2011 年阿尔法·孔戴执政后保持了几内亚外交政策的延续性，奉行全方位开放的务实外交政策。

几内亚在 1958 年独立时，法国在非洲的殖民统治势力还相当强大，在黑非洲 13 个法国殖民地中，除几内亚以外的其余 12 个国家当时仍在法国的控制之下。几内亚面临来自法国的强大压力与威胁，处境非常困难。所以那时几内亚外交政策的核心是要维护国家主权和民族独立与尊严，其基本外交政策是依靠社会主义国家的支持，坚决反对帝国主义和殖民主义，积极支持非洲与世界其他地区的民族解放运动，促进非洲的联合与统

几内亚

一。塞古·杜尔总统在 1962 年 12 月召开的几内亚民主党第六次代表大会上公开宣布:"几内亚外交政策的原则是消灭帝国主义、殖民主义和新殖民主义……支持亚非拉各国的民族解放斗争。"

当时几内亚反对帝国主义反对殖民主义的矛头主要是针对法国、英国和葡萄牙等在非洲有殖民地的西欧国家,一般不包括美国。当时法国想扼杀新独立的几内亚共和国,杀一儆百,阻止法属非洲的民族解放运动。葡萄牙害怕它的殖民地葡属几内亚(今几内亚比绍)受几内亚的影响,也力图用武力颠覆几内亚政权。

几内亚为对付来自西方的强大压力与威胁,坚定地依靠苏联、东欧和中国等社会主义国家的支持,积极寻求社会主义国家的经济援助。

在非洲,几内亚同加纳、马里等较激进的国家一起,积极支持非洲尚未独立地区的民族独立运动,特别是旗帜鲜明地支持当时阿尔及利亚人民的抗法战争和刚果(利)卢蒙巴领导的民族独立运动。同时积极推动非洲激进国家的联合,1959 年 5 月同加纳组成了"非洲国家联盟"。1960 年 9 月马里也加入"非洲国家联盟",三国共同组成了一度在非洲很有影响的"加几马联盟"。1961 年 3 月,几内亚又同加纳、马里、埃及、摩洛哥、阿尔及利亚等国组成"卡萨布兰卡集团"。这以后几内亚积极参与了非洲统一组织(今非盟前身)的创建工作,是非洲统一组织的创始国之一。

20 世纪 70 年代中期,非洲与世界的形势发生了深刻变化,除南部非洲少数地区以外,大多数非洲国家都已取得独立,非洲争取独立与解放的任务已基本完成。与此同时,美国和苏联争夺世界霸权的斗争日趋激烈,非洲陷入美苏争夺世界霸权的旋涡中。几内亚根据变化了的国际形势对其外交政策做出了调整,外交重点从坚决反帝反殖和支持民族解放运动转向积极参与不结盟运动。杜尔多次出席不结盟运动首脑会议,积极扩大不结盟运动在世界上的影响,并明确宣称:"几内亚实行不结盟政策,……我们永远不会因任何原因而去追随某个大国。"杜尔在 1978 年召开的几内亚民主党第十一次代表大会上宣布:"几内亚准备毫无例外地既与资本主义国家,也与社会主义国家发展广泛的合作关系。"

1975 年是几内亚外交开始转变的一年。几内亚独立后同法国的关系长期处于紧张和停止状态，在 1975 年同法国恢复了外交关系。此外几内亚在这一年还加入了《洛美协定》并同世界银行建立了联系。

1984 年兰萨纳·孔戴总统上台时世界正处在冷战结束前夕，几内亚首先要面对的是一个正在孕育着更为深刻变化的世界。苏联已走向衰落。在戈尔巴乔夫"新思维"政策思想的指导下，苏联开始在非洲收缩和撤退。这时中国正在进行改革开放，中国与非洲国家的经济合作关系正在经历改革和新的探索。几内亚同西方国家的关系，在杜尔后期已经解冻，但尚未建立起全面的合作关系。而这时几内亚的国内形势也非常困难，前政权遗留下来的经济处于崩溃的边缘，急需得到资金来恢复和发展。面对国内外形势的变化，兰萨纳·孔戴总统奉行全方位开放的务实外交政策。

务实外政策首先是坚决清除意识形态对外交的影响，在继续保持同社会主义国家友好关系的同时积极改善和发展同西方国家的关系。兰萨纳·孔戴总统明确宣称："几内亚向世界各国开放，奉行全方位开放的外交政策。世界各国，不论其政治制度是什么，都可以到几内亚来。"[1] 同时还用法律形式确定全面开放的外交方针，几内亚共和国《根本法》（即宪法）的序言宣称："几内亚人民愿同世界各国人民在平等、尊重国家主权与领土完整、尊重相互利益的基础上，发展友好合作关系。"

务实外交另一重要内容是明确提出外交为发展服务。几内亚政府向全世界宣布："几内亚外交的首要目标是国家的经济与社会发展和促进世界和平与安全。"[2]

从几内亚的上述外交政策方针中可以看出，其外交政策的基本思想是广泛争取外国援助和经济与技术合作，以推动国家经济发展与社会进步。基于这样的外交政策思想，其外交重点首先是法国等欧盟国家和美国等其他西方国家，其次是沙特阿拉伯等少数海湾石油富国，再次是周边国家，最后是亚洲和拉美等世界其他地区。

这一外交政策方针是根据经济全球化的世界形势和几内亚不发达的现

---

① Jeure Afrique Economique, 30 novembre ~ 13 décembre, 1998, p. 112.

② Chantal Colle, *GUINESCOPE*, Sofra Presse, 1997, p. 330.

实状况所确定的。在经济全球化的今天，世界各国都需要实行对外开放政策，以最大限度地吸收国际资金与世界先进技术来发展本国经济。几内亚是一个不发达国家，而且是不发达国家中的一个较穷的国家，更需要依靠外援来求得本国经济的发展。

所以几内亚外交的中心任务是争取外援，也就是外交为发展服务。从20世纪80年代中期起，向几内亚提供援助的主要是世界银行和国际货币基金组织等国际金融机构，以及以法国为首的欧盟国家和美国等其他西方国家，还有沙特阿拉伯和科威特等中东石油富国。

但从20世纪90年代起西方国家高科技工业的发展对非洲原料的需求日益减少，西方工业同非洲经济拉开距离，某些西方矿业集团撤离几内亚。几内亚感到国际金融机构和西方国家的援助已满足不了几内亚的需求，而且西方的援助条件苛刻。根据这一情况，几内亚适时调整了外交政策，1991年召开了全国外事工作会议。会议做出决定，要进一步加强同亚洲国家的合作关系。对此几内亚政府公开宣称："在全球化的框架里，几内亚在加强同西方、东欧国家、海湾和中东国家现有合作关系的同时，要努力扩大我国经济和外交的开放范围，加强和扩大同正在崛起的和全球最具活力的亚洲经济强国，以及拉丁美洲和斯堪的纳维亚半岛国家的伙伴关系。"[1]

应该指出的是，几内亚的务实外交并不是没有原则的一味追求经济利益。几内亚外交的重要一点是讲究原则，支持正义，重视同友好国家间的情谊。几内亚明确支持巴勒斯坦国并早就与其建立了外交关系；支持朝鲜半岛和平统一，长期同朝鲜保持友好关系；坚决摒弃台湾"金钱外交"，支持中国的国家统一。

几内亚的非洲政策也充分体现了务实外交的政策思想。改变了以前杜尔时期重视意识形态和全非范围的外交活动，而是重视同周边国家的关系和地区的经济一体化，尤其是重视同塞拉利昂和利比里亚两个近邻之间的关系。

---

① Chantal Colle, *GUINESCOPE*, Conakry: Sofra Presse, 1997, p. 326.

第二节 同欧美国家的关系

几内亚从 1958 年独立到 1975 年的 17 年里，外交的重点是发展同苏联东欧中国和古巴等社会主义国家的关系，而同法国和当时的联邦德国等西欧国家的关系则长期处于比较紧张和停止的状态。

20 世纪 80 年代中期起，几内亚奉行全方位开放的务实外交政策，但客观上侧重同西欧与北美国家的外交关系。这是由几内亚当时客观的对外经济关系所决定的。几内亚是一个还没有发展起来的国家，经济发展主要靠外援，而外援主要是由欧盟国家和北美的美国与加拿大等国提供的。同时几内亚矿产资源开采的投资与技术也主要依靠欧洲和北美，产品的出口也是面向这两个地区。客观上，欧洲和北美在几内亚当时的外交中处于重要地位。

进入 21 世纪的十多年来，由于西欧债务危机和美国金融危机，西欧、北美在几内亚外交的地位稍有靠后，美国在几内亚对铝矿业的投资有所减少。俄罗斯近十多年来在几内亚的铝矿业极大地扩展了其阵地，几内亚同俄罗斯的外交关系也随之有了新的发展。

一 同法国的关系

法国是几内亚的前宗主国。由于在几内亚独立时塞古·杜尔总统对当时的法国总理戴高乐将军持不妥协立场，几内亚人民否决了戴高乐提出的第五共和国宪法，冒犯了戴高乐的尊严，重创了法国在非洲的殖民体制，所以直到几内亚独立 5 年后的 1963 年，使受到重创法国才承认几内亚并与之建立外交关系。但不到两年，几内亚政府于 1965 年宣布法国参与了在几内亚的颠覆阴谋，两国又因此中断了外交关系。

20 世纪 60 年代和 70 年代，几内亚大力支持非洲尚未独立地区的民族解放运动，特别是邻国葡属几内亚（今几内亚比绍）的民族解放运动。当时的葡属几内亚民族解放运动组织——"几内亚比绍和佛得角解放运动"的总部就设在科纳克里。这使西方国家感到不安。1970 年 11 月，发

生了葡萄牙雇佣军从海上入侵几内亚的事件。这次事件后，几内亚同法国等西欧国家的关系进一步全面恶化。据当时几内亚政府的新闻公报宣布，葡萄牙雇佣军入侵几内亚是得到法国等西欧国家的支持的。在这以后，几内亚和法国之间的关系一直很紧张，直到1974年才开始出现缓和。1974年3月法国派出安德烈·勒文（Andre Lewin），以联合国秘书长瓦尔德海姆的发言人的身份，以释放葡萄牙入侵几内亚事件后被几内亚关押的联邦德国人为由，到几内亚斡旋。安德烈·勒文在调解几内亚同联邦德国的关系的同时设法疏通法国同几内亚的关系。在塞古·杜尔总统和法国德斯坦总统之间进行了多次穿梭沟通，终于帮助两国在1975年7月14日恢复了外交关系。此后法国的多位部长纷纷访问几内亚，几内亚总理也到法国访问。法国总统德斯坦于1978年12月访问了几内亚，从此两国关系走上了正常发展的道路。1979年6月26日，几内亚和法国签订了《文化科学技术合作协定》，标志着两国经济技术合作关系的全面恢复。从1958年几内亚独立，法国同几内亚断交，经过了20多年两国才完全恢复外交关系。

1984年兰萨纳·孔戴总统上台以后，几内亚和法国的关系得到了进一步的全面发展。由于法国之前曾在几内亚进行了73年的殖民统治，客观上同几内亚在历史、文化、经济等各方面都有着千丝万缕的联系。法国凭借这些传统的关系，很快在几内亚恢复了它的优势，在几内亚的经济、金融、政治、文化、军事等各个领域都重新显示出法国的存在。

首先在政治上，两国间开展了政界要员的频繁互访。先是法国的议员和部长们纷纷出访几内亚和几内亚的部长访问法国。后来法国密特朗总统和几内亚兰萨纳·孔戴总统分别于1986年11月和1987年4月互访。1989年5月孔戴第二次访问法国。1998年11月孔戴总统赴法国出席法非首脑会议。1999年7月法国希拉克总统访问几内亚。几内亚总理西迪亚·杜尔在1996年和1998年两度访问法国。

其次在经济方面，法国很快就成为几内亚的第一位援助国和主要贸易伙伴国。法国的企业、银行、保险公司陆续重返几内亚，法国还向几内亚派出了各类技术专家到几内亚政府各部门担任顾问，几内亚甚至还邀请法国人帮助训练总统卫队和担任总统的安全顾问。

　　法国对几内亚的内政采取不强硬干涉的做法，而是通过对话劝说与敦促。20 世纪 90 年代初，在非洲的多党民主运动中几内亚不随潮流，坚持按自己的计划和模式进行政治建设，法国没有进行干预与指责。1993 年几内亚举行总统选举时，几内亚最高法院最终裁决反对党人民联盟的选民集中的锡基里和康康两个选区的 10 万张选票无效，理由是在投票时地方当局采取了非法手段。由于这 10 万张反对党的选票无效，兰萨纳·孔戴就以 51.7% 的微弱多数在第一轮当选。美国和德国都谴责几内亚政府对反对党的不公正和对兰萨纳·孔戴当选的异议，甚至威胁要终止对几内亚的援助。但法国没有发表评论，而且派代表团出席了兰萨纳·孔戴总统的就职仪式。1999 年法国希拉克总统访问几内亚时，正当反对党领袖阿尔法·孔戴被兰萨纳·孔戴政府以扰乱国家治安罪判刑，支持阿尔法·孔戴的群众要求法国介入，希拉克回避表态，坚持对几内亚内政不干涉的立场。

　　兰萨纳·孔戴在 2008 年 12 月逝世后，几内亚发生军事政变，建立了军政权。军政权在国际上受到强烈谴责与强大压力；法国对几内亚军政权没有谴责，而是同军政权保持一定的联系，派官员到几内亚做工作，敦促几内亚军政权遵守宪法，尽快恢复正常秩序。

　　2010 年 11 月，阿尔法·孔戴通过全民选举当选后，法国立即宣布恢复同几内亚的正常合作关系，并派外长德兰古赴几内亚出席阿尔法·孔戴的总统就职仪式。2011 年 1 月德兰古外长再度访问几内亚，同几内亚商讨重启两国合作事宜。3 月阿尔法·孔戴总统到法国访问，同法国总统萨科奇会谈，法国向几内亚提供 500 万欧元的援助。5 月萨科奇邀请阿尔法·孔戴作为特邀嘉宾列席八国集团（G8）峰会。2012 年几内亚财长和国土管理部长等高官相继访问法国。

　　2013 年 5 月，几内亚因立法选举事宜发生了造成严重流血冲突的社会动乱，法国坚持不介入立场，直到反对党领袖塞卢·达兰·迪亚洛到巴黎请法国出面干预以后，法国外交部才公开发表讲话，希望几内亚各政党到谈判桌上解决分歧。

　　除法国以外，德国、意大利、比利时等欧盟其他国家也是向几内亚提供援助比较多的国家，在几内亚都有常驻使馆和同几内亚有较多的外交关系。

二 同俄罗斯的关系

在塞古·杜尔总统执政的 26 年里，几内亚同苏联的关系经历了由密切到疏远的过程。几内亚在独立初期需要依靠苏联等社会主义国家的支持来对付法国的压力与威胁。在政治上几内亚选择社会主义为发展方向，经济上需要依靠社会主义国家的援助来渡过独立初期的经济困难。而苏联希望新独立的非洲能纳入以苏联为首的社会主义势力范围。苏联的学者和政治家都想把几内亚作为马列主义理论新发展的试验田，到几内亚寻找"非洲社会主义"和进行"非资本主义"发展道路的试验。

20 世纪 70 年代，美苏两个超级大国争夺世界霸权。苏联出于同美国争夺的需要，将地处大西洋边的几内亚列入争夺大西洋海上战略要地的范畴，几内亚成为苏联在非洲外交工作的重点国家之一，双方不仅建立了政府间的频繁往来，而且苏联共产党和几内亚民主党也建立了党的关系，几内亚民主党应邀出席了苏联共产党的历届代表大会。

在经济和文化上，两国间签订了经济、贸易和文化等合作协定。苏联向几内亚提供了大量经济援助；而苏联获得了在科纳克里机场降落战略侦察机和科纳克里港停靠军舰的许可，以及在几内亚金迪亚开采铝矾土等权益。

但两国关系逐渐疏远。首先是因为苏联向几内亚提供援助和发展关系主要是出于同美国争夺世界霸权的需要，对几内亚的援助缺乏诚意，有些援助物资并不适用于几内亚。其次是由于两国在政治上日益暴露出分歧。当时杜尔政府在外交上虽然靠近苏联等社会主义国家和坚持反对帝国主义和殖民主义，但矛头主要针对非洲的前宗主国——法国、英国、比利时、葡萄牙等欧洲国家，一般情况下并不包括美国在内。相反，几内亚同美国一直保持正常的外交关系，杜尔总统曾 4 次访问美国，超过同时期访问苏联的次数。这使苏联对他不放心，在私下培植亲苏势力。终于在 1961 年底，几内亚政府宣布苏联驻几内亚大使参与了几内亚教师的反政府阴谋，为"不受欢迎的人",要求苏联政府限期召回大使,两国关系出现紧张。苏联立即在 1962 年 1 月派部长会议第一副主席米高扬到几内亚修补关系,同年 2 月苏联最高苏维埃主席团主席勃列日涅夫亲自到几内亚做工作,两国关系才有所缓和。在这以后,虽然苏联竭力维护关系,但几内亚一直逐步拉开同苏联的距离。1977 年,几内亚政府终止了苏联在几内亚科纳克里机场停降战略侦察机和在科纳克里港口停泊军舰的权益。1979 年苏联入侵阿富汗后,几内亚公开进行谴责,杜尔总统执政后期几内亚同苏联的关系也比较疏远。

20 世纪 80 年代中期以后,随着几内亚和苏联两国各自内部政治形势的变化,两国关系也不断变化。苏联走向衰落、解体,并在非洲步步撤退。几内亚在 1984 年兰萨纳·孔戴总统上台以后实行主要面向西方的全方位外交政策,苏联在几内亚外交中的地位自然降格。

苏联解体以后由乌克兰接替了苏联在几内亚的某些地位。几内亚金迪亚铝矾土公司是苏联在 20 世纪 70 年代援建的,开采出来的铝矾土全部出口到苏联。苏联将几内亚的铝矾土运到乌克兰冶炼。苏联解体以后,这方面的经济关系就转到乌克兰共和国。但乌克兰的力量难以维持金迪亚铝矾土公司的技术维修与设备更新,也没有力量进口金迪亚铝矾土公司出口的全部产品。2001 年 7 月孔戴总统为此专程访问俄罗斯,同俄罗斯最大的铝业公司签订了关于俄罗斯对几内亚金迪亚铝矾土公司进行 25 年技术管理的协定。从此俄罗斯恢复了苏联后期在几内亚的地位。

进入 21 世纪的 10 多年来,俄罗斯积极渗入几内亚的铝矾土开采业。当今几内亚的三大铝矿业公司两家即几内亚氧化铝公司和金迪亚铝矾土公司在俄罗斯掌控下。

三 同美国的关系

在西方国家中美国是最早承认几内亚独立的,1958 年几内亚独立当年,美国就承认几内亚并与它建立了大使级外交关系。

20 世纪 50 年代末和 60 年代初,法国戴高乐总统强硬抗衡美国的世界霸权,法美关系比较紧张。同时美国想乘法国在非洲殖民体系瓦解之机发展自己的势力，所以在几内亚独立初期，美国不仅很快承认几内亚并与它建立外交关系，而且在法国向几内亚实行经济高压政策，断绝一切经济关系时，还向几内亚提供了大量的粮食援助和贷款。塞古·杜尔总统曾在1959年、1962年、1979年和1982年4次正式访问美国，最后在1984年赴美治病时死在美国。在杜尔总统时期，几内亚同美国的关系在几内亚同西方国家的关系中可以说是最好的。仅在1966年发生过几内亚外长乘美国飞机在加纳过境时被加纳当局扣留的事件。当时加纳刚发生推翻恩克鲁玛总统的军事政变不久，几内亚允许恩克鲁玛在几内亚政治避难。而当时的美国是支持加纳新政权的，几内亚外长又是在美国的飞机上被加纳当局扣留的。因此事件发生后，几内亚全国掀起反美运动，美国一度中断了对几内亚的援助。但这一风波很快就过去了。

1984年兰萨纳·孔戴总统上台后奉行的全方位开放的外交政策虽然客观上重点面向法国等欧盟国家，但同美国还保持着经济上的联系。虽然美国在非洲是侧重于南非等英语非洲地区，在几内亚除矿业以外，没有重要投资。美国政府对几内亚援助的方针只是支持私人企业和农村发展，从20世纪末至21世纪头十几年里，美国对几内亚的援助为2亿多美元。美国基本没有参与几内亚的公共投资。但美国的矿业集团阿尔柯（Alco）公司从20世纪70年代后期起一直在几内亚最大的铝矾土矿区博凯矿区开采铝矾土。几内亚矿产开采的投资与技术主要依靠美国，美国是几内亚矿产资源的重要出口市场，几内亚生产的铝矾土和氧化铝主要都出口到美国。

几内亚同美国之间的政治往来不多。2000年，兰萨纳·孔戴总统执政16年来第一次对美国进行正式访问，在此之前曾于1988年10月到美国进行私人访问，是为了向美国的工业集团寻求投资与市场。此外，几内亚总理西迪亚·杜尔在1996年和1998年曾两次访问美国。美国方面到几内亚访问的国家领导人有1999年到访的国务卿奥尔布赖特。

在2008年12月兰萨纳·孔戴逝世后的军政权时期，美国中止了对几内亚的援助。2010年初几内亚以卡马拉上尉为首的军政权瓦解以后，美国向几内亚提供600万美元用于组织大选，并在大选期间派出观察员。在

2010 年底几内亚完成大选后，美国同几内亚恢复了正常关系，并在 2011 年 7 月邀请阿尔法·孔戴总统访美。2012 年 4 月，几内亚经济和财政部长扬萨内也应邀访美。

几内亚在北美除美国以外，同加拿大也有比较紧密的经济合作关系。加拿大在科纳克里有大使馆，加拿大也是向几内亚提供援助比较多的国家。

第三节　同亚洲国家的关系

在亚洲，几内亚第一批建交的国家是中国、朝鲜、日本，都是在 20 世纪 50 年代末就已建交。70 年代，几内亚通过不结盟运动同印度建立了外交关系。几内亚是伊斯兰国家，90 年代通过伊斯兰国家会议组织同马来西亚和伊朗等亚洲伊斯兰国家建立外交关系和发展了较密切的经济合作关系。

一　同中国的关系

几内亚是撒哈拉以南非洲第一个和中国建立外交关系的国家，两国于 1959 年 10 月 4 日正式建立大使级外交关系。

1958 年 10 月 2 日几内亚宣布独立时，中国领导人毛泽东主席和周恩来总理分别向几内亚当时任总统兼总理的塞古·杜尔致电祝贺。10 月 8 日，毛泽东主席又单独致电塞古·杜尔总统，宣布中华人民共和国正式承认几内亚共和国；杜尔总统复电致谢，并表示了两国建交的愿望。但在这以后经过了整整一年的时间两国才建立外交关系和互派大使。这首先是因为那时我国在撒哈拉以南非洲还没有任何外交代表机构，联络非常困难。我国的外交官只是在开罗同来自撒哈拉以南非洲民族解放运动的领导人有些接触，以及我国新华社个别记者进入撒哈拉以南非洲。1959 年 3 月几内亚民主党召开第三次代表大会时曾邀请我国派代表出席，由于联络不畅通，当我国接到邀请时已来不及按时赴会。我国的外交官在这以后两个月，即 1959 年 5 月才首次到达几内亚。

当时中国同几内亚建交的另一个障碍是来自西方国家的干扰。那时还是在以美国为首的西方国家对新中国实行封锁和孤立政策的时期。西方国家竭力阻止中国的影响扩展到正在觉醒的黑非洲大陆，西方政界和媒体叫嚷不能让共产党领导的中国在撒哈拉以南非洲有立足之地。而那时的几内亚面对法国强大的经济压力，需要利用法美矛盾求得生存与发展。1959年5月中国外交官首次到达科纳克里时，正逢塞古·杜尔总统出发访美的前夕，几内亚正在集中力量做美国的工作。到1959年下半年几内亚才将同中国建交问题排上议事日程，在中国国庆10周年时派教育部部长来中国出席国庆庆典和谈判建交，两国于10月4日签署了建交公报。

几内亚同中国建交是在彼此困难时的相互支持。正当几内亚在独立之初面对法国的强大压力，需要寻求广泛国际支持的时候，中华人民共和国承认几内亚并与它建立外交关系，这是中国政府和人民对几内亚，乃至对整个撒哈拉以南非洲民族解放运动的支持。而20世纪50年代末的中国在外交上也处于困难时期，以美国为首的西方国家在国际上实行孤立中国的政策，苏联东欧社会主义国家这时同中国的关系也进入困难时期。几内亚在这个时候在撒哈拉以南非洲率先同中国建交，使中国踏上正在觉醒的黑非洲大陆，从此在那里建立起了广阔的外交舞台。这是几内亚对中国有历史意义的支持。

中几建交后不久，塞古·杜尔总统于1960年9月访问中国，这是撒哈拉以南非洲第一位总统访问中国。在杜尔总统访华期间，两国缔结了友好条约和签订了经济技术合作协定。1963年年底和1964年年初，周恩来总理率中国政府代表团访问非洲10国，于1964年1月21~25日访问了几内亚，这是中几两国关系史上一个重要的里程碑，为两国关系的长远发展奠定了良好基础。20世纪60年代后半期和70年代是几内亚和中国两国经济技术合作结出成果的时期，中国在几内亚援建了36个成套项目，科纳克里人民宫、科纳克里自由电影院和位于富塔－贾隆的金康水电站等的建设工程都是在这个时期完成的。在这期间中国总共向几内亚提供了5亿元人民币的长期无息贷款。1970年几内亚遭受葡萄牙雇佣军入侵时，中国政府还大力支持几内亚人民反抗外来侵略。

从20世纪70年代后期起，随着两国各自国内政治形势发展与经济体上，20 世纪末修建了马木到康康的公路。

进入 21 世纪后，随着日本经济的衰落，对几内亚的援助明显减少，但仍在努力提供援助。2006 年提供 220 亿几郎（约合 3500 万美元），2007 年提供 1000 万美元的援助。2010 年在几内亚大选前，日本向几内亚提供 1.3 万个投票箱。同年还通过联合国妇女儿童基金会，资助几内亚 130 万美元用于改善妇女儿童健康。2010 年、2011 年、2012 年分别提供 580 万、100 万、200 万美元的粮食援助。

几内亚还同日本发展贸易关系，日本向几内亚出口汽车和家电用品，从几内亚进口氧化铝和芒果等水果。但贸易的进出口量都不是很大。

在亚洲几内亚还同朝鲜有非常友好的关系，尤其在兰萨纳·孔戴总统时期。兰萨纳·孔戴总统多次访问朝鲜，1992 年 4 月还专程到平壤出席金日成诞辰 80 周年庆典。几内亚坚定支持朝鲜和平统一。朝鲜长期派农业技术人员帮助几内亚发展农业。

几内亚和伊朗、马来西亚等亚洲的伊斯兰国家的关系密切，20 世纪 90 年代同这两个国家在伊斯兰国家会议组织范围内的联系比较多。1997年，孔戴总统曾以伊斯兰国家会议组织执行副主席的身份到德黑兰出席该组织第八次首脑会议。1996 年马来西亚总理马哈蒂尔访问几内亚，1999年兰萨纳·孔戴总统也对马来西亚进行了正式访问。

第四节　同非洲国家的关系

几内亚在塞古·杜尔总统时期的非洲政策是积极支持非洲的民族解放运动和促进非洲的联合与统一。几内亚对非洲的独立与统一是做出过积极贡献的，是成立非洲统一组织（非盟的前身）的主要发起国之一。几内亚还积极参加了西非国家经济共同体、尼日尔河流域组织、塞内加尔河开发组织、冈比亚河开发组织等非洲和西非地区组织。但另一方面那时几内亚的外交政策一度受当时国际政治格局和意识形态的影响，将非洲国家划分为"进步国家"和"反动国家"，以致在相当长的时期里，几内亚同科特迪瓦和塞内加尔这两个法语非洲的大国的关系并不和睦。直到 20 世

70 年代后期，随着几内亚同法国等西欧国家关系的改善，几内亚同这两个国家的关系才逐渐好转。到塞古·杜尔总统执政的后期，几内亚才同非洲大多数国家建立起了比较和睦的关系。

兰萨纳·孔戴总统执政以后的非洲政策是几内亚全方位开放的务实外交的一部分，重视同邻国的睦邻友好关系和同所有非洲国家的友好合作关系，努力促进地区的和平与稳定，积极推动地区的联合发展。多年来几内亚一直努力在非洲和西非地区组织中积极发挥作用，尤其是积极推动塞内加尔河开发组织、冈比亚河开发组织在地区经济发展中的作用，大力支持这两条河流的开发与整治。进入 21 世纪以来几内亚还投入大量资金进行地区公路建设。

20 世纪 80 年代末以来，同几内亚关系十分密切的两个邻国利比里亚和塞拉利昂长期陷入内战。几内亚被深深拖进了地区动荡中，国家经济深受影响，人民的生产与生活受到严重干扰。几内亚表现了对邻国难民的极大同情和对待地区冲突的克制与忍耐，并为地区的和平与稳定做了大量的工作。随着利比里亚和塞拉利昂两国内战的结束，几内亚同这两个邻国的关系逐步好转，2012 年 6 月，在几内亚召开了"马诺河联盟第二十一届首脑会议"。

一　同塞拉利昂的关系

塞拉利昂是几内亚的近邻，两国的边境线有 652 公里长。在地理和血缘等方面都有紧密的联系。两国人民中有许多人属同一种族，是西方殖民帝国瓜分非洲时人为地将他们划分在两个国家的。非洲人重血缘亲情，两国人民之间一直保持亲密的血缘亲情联系。无论在杜尔总统时期还是在后来的时期，两国人民之间一直保持亲密关系。在杜尔政权后期有 100 多万几内亚人流亡到塞拉利昂谋生和长期定居下来。20 世纪 90 年代，塞拉利昂发生内战时，大批塞拉利昂人逃难到几内亚，其中有不少人也定居下来了。

兰萨纳·孔戴总统一直像对待亲兄弟一样对待塞拉利昂的领导人和人民。他同塞拉利昂的历任总统都建立了兄弟般的个人关系。1992 年塞拉利昂发生军事政变，总统莫莫被推翻。几内亚政府一方面坚持不干涉塞拉利昂内政，尊重塞拉利昂政局变动的既成事实，立即承认塞拉利昂新政权，并邀请年仅 24 岁的塞拉利昂新总统斯特拉瑟上尉到几内亚访问，与塞拉利昂继续保持睦邻友好关系。同时将已被推翻的塞拉利昂前总统莫莫接到几内亚，让他长期定居在科纳克里。1997 年塞拉利昂再次发生军事政变，将在 1996 年经多党民主选举选出的卡巴（Kabah）总统推翻。兰萨纳·孔戴将卡巴也接到科纳克里居住。这样，同时有两位先后被推翻的塞拉利昂前总统在几内亚政治避难。后来西非国家经济共同体向塞拉利昂派出和平部队结束了政变上台的军政权。1998 年 3 月 10 日，塞拉利昂恢复卡巴的总统职位，兰萨纳·孔戴总统亲自送卡巴从科纳克里回国复职。两国总统之间建立起了更加密切的私人关系。

阿尔法·孔戴总统执政后，两国领导人继续保持紧密友好的关系。2010 年 12 月塞拉利昂总统科罗马赴几内亚出席几内亚新总统阿尔法·孔戴的就职典礼。2011 年 10 月，科罗马总统对几内亚进行友好工作访问。

二 同利比里亚的关系

利比里亚和塞拉利昂一样，也是几内亚的近邻，有 563 公里的共同边界线。两国也有密切的血缘联系。65% 的利比里亚人是同几内亚森林区基西族等少数民族属同一个种族。在杜尔总统后期，在利比里亚有 50 万几内亚侨民。20 世纪 90 年代利比里亚发生内战时，这些在利比里亚的几内亚侨民和同几内亚人属同一种族的利比里亚人，都逃难到几内亚。有 50 万利比里亚难民涌进几内亚。利比里亚人逃难到几内亚如同回到自己的家乡一样，盖起了房子，种起了庄稼；而几内亚森林区的人民也像亲兄弟一样接待他们。

在国家关系方面，20 世纪 90 年代以前两国一直保持友好关系，1979 年两国就签订了《互不侵犯和共同防御条约》。1980 年几内亚加入了利比里亚和塞拉利昂在 1973 年缔结的互不侵犯和安全合作的"马诺河军事联盟"。

兰萨纳·孔戴总统执政后积极推动两国关系发展，1986 年同利比里亚和塞拉利昂重新修订了三国互不侵犯和进行安全合作的《马诺河军事联盟条约》。孔戴总统和当时的利比里亚总统多伊之间还有较深的私人交

往，1989 年底利比里亚发生内战以后，情况发生了变化，多伊在内战中被打死。在利比里亚内战开始后，西非国家经济共同体于 1990 年 8 月在冈比亚首都班珠尔召开首脑会议，决定向利比里亚派出西非维和部队。先由尼日利亚、加纳、几内亚三国各派 700 人，冈比亚和塞拉利昂各派 200 人组成总共有 2500 人的西非维和部队，随后塞内加尔和马里也派出军队参加西非维和部队。由于利比里亚以泰勒（Taylor）为首的反政府军袭击维和部队，最后发展成西非维和部队同泰勒的军队直接作战。几内亚部队是西非维和部队的主力之一，多次和泰勒军队直接交锋。在西非维和部队的主持下利比里亚推选出了过渡政府；几内亚等西非国家经济共同体成员国支持利比里亚的过渡政府，几内亚几次邀请利比里亚过渡政府总理到科纳克里访问，迟迟不承认泰勒反政府武装力量。在这样的背景下，1997年泰勒从内战中取胜上台执政后，利比里亚新政权同几内亚的关系自然需要经过较长时间的磨合与沟通。虽然双方都为恢复两国之间的传统睦邻友好关系做出了努力，几内亚在 1997 年泰勒上台执政的当年就邀请他到几内亚进行国事访问。利比里亚政局相对稳定时，孔戴总统于 1998 年两次召开几内亚、塞拉利昂和利比里亚三国首脑会议，使已沉睡了多年的"马诺河军事联盟"重新启动。但两国间经常发生边境摩擦，尤其在 1999 年，两国关系比较紧张，双方相互指责对方支持本国的反对派。2001 年三国外长多次举行会议，为三国首脑的再次会晤做准备，2002 年 1 月几内亚兰萨纳·孔戴总统、利比里亚泰勒总统和塞拉利昂卡巴总统终于再次会晤。

阿尔法·孔戴总统也非常重视几内亚同利比里亚之间的睦邻友好关系，2011 年 7 月，阿尔法·孔戴赴利比里亚出席第二十届马诺河联盟首脑会议，并对利比里亚进行正式访问。2012 年 1 月阿尔法·孔戴再次赴利比里亚。这次是专程去出席利比里亚瑟利夫总统的就职仪式。

三　同几内亚比绍的关系

在 20 世纪 60 年代和 70 年代塞古·杜尔总统时期，几内亚曾积极支持几内亚比绍人民反对葡萄牙殖民统治争取民族独立的武装斗争。当时领导几内亚比绍人民进行武装斗争的"几内亚和佛得角非洲独立党"的总部和训练营地曾长期设在几内亚首都科纳克里,这对几内亚比绍能够长期坚持武装斗争,最后击败葡萄牙殖民军,取得民族独立起了重要作用。1973 年几内亚比绍取得独立后,几内亚在当年就同它建立了外交关系,并建立起了很好的睦邻关系。

但两国也发生过边界争执。几内亚认为 1886 年 5 月 12 日法国同葡萄牙瓜分西非殖民地的协定只划定了陆地边界,海域边界未定,希望和几内亚比绍就此进行谈判。但几内亚比绍认为,根据该协定海域边界也已划定,按《非洲统一组织宪章》关于殖民地时代划定的边界不得更改的原则,不承认海域边界有争议。虽有边界争议,但并没有影响两国间的友好关系,争议交海牙国际法庭裁决。1985 年海牙国际法庭宣布边界保持现状。

兰萨纳·孔戴总统执政后更加加强了对周边国家的工作,多次到几内亚比绍访问,几内亚比绍总统维埃拉也经常到几内亚回访。1998 年几内亚比绍爆发内战,1999 年 5 月维埃拉总统被推翻。在这过程中,几内亚曾根据"马诺河军事联盟"派军队支持维埃拉总统。同时兰萨纳·孔戴总统积极参加几内亚比绍问题的调解工作。维埃拉总统被推翻后,几内亚比绍同几内亚的关系转冷。但几内亚积极同几内亚比绍的新政权沟通,希望重建两国友好关系,1999 年 9 月兰萨纳·孔戴总统乘法语国家首脑会议之机会见几内亚比绍新总统,两国关系恢复正常。

2005 年 7 月维埃拉又在总统选举中胜选,两国关系得到新的加强。虽然几内亚总统兰萨纳·孔戴因病不能出访,但几内亚比绍总统维埃拉先后于 2005 年 8 月、2007 年 2 月、2008 年 3 月和 10 月多次赴几内亚访问。2009 年维埃拉总统遇刺身亡后两国关系又转入困难期,尤其从 2012 年以来几内亚比绍政局长期动荡混乱,两国关系一直未能走出困境。

四 同塞内加尔的关系

在杜尔总统时期,几内亚同塞内加尔的关系长期不和,两国在对待前宗主国法国的态度和对非洲尚未独立地区的民族独立运动等方面都曾存在

较大分歧。那时几内亚积极支持几内亚比绍人民反抗葡萄牙殖民统治的武装斗争，为此曾在1971年11月发生过葡萄牙雇佣军从海上入侵几内亚的事件。几内亚认为塞内加尔和象牙海岸（今科特迪瓦）支持了这一入侵事件，于1973年同塞内加尔中断了外交关系。直到1978年经非洲统一组织调解后才恢复外交关系并签订了友好合作条约。

兰萨纳·孔戴总统上台后，几内亚同塞内加尔的关系一直比较正常。兰萨纳·孔戴总统于1987年、1989年和1998年3次到塞内加尔访问，塞内加尔总统也对几内亚进行了回访。兰萨纳·孔戴总统后期因病不能出访，但塞内加尔总统瓦德在2007年3月访问几内亚，2008年10月又到几内亚出席几内亚独立50周年庆典。

2008年12月兰萨纳·孔戴逝世后，军队发动军事政变，军政权首领卡马拉曾打电话以晚辈的口气请求瓦德总统这位长辈支持他（瓦德的年龄是卡马拉的父辈）；瓦德总统寄希望于卡马拉能很好地维持兰萨纳·孔戴以后几内亚政局的稳定，对他表示支持，并于2009年1月到几内亚访问，鼓励卡马拉很好地完成向文职政权的过渡。塞内加尔是唯一支持几内亚卡马拉军政权的非洲国家。

在2010年11月阿尔法·孔戴当选总统后，瓦德总统亲赴几内亚出席阿尔法·孔戴总统的就职仪式。2011年1月阿尔法·孔戴总统首度出访就是去塞内加尔。2012年2月，塞内加尔总理恩迪亚耶访问几内亚。同年4月，阿尔法·孔戴赴塞内加尔出席塞内加尔新当选总统萨勒的就职仪式。

五　同科特迪瓦的关系

几内亚在独立初期由于塞古·杜尔总统同那时的科特迪瓦总统乌弗埃·博瓦尼在对待法国的政策和非洲独立进程等问题上存在严重分歧，所以在几内亚独立后两国关系长期处于不正常状态。科特迪瓦同塞内加尔的情况相似，几内亚也是在1973年因1971年葡萄牙雇佣军入侵几内亚事件与科特迪瓦中断了外交关系，也是到1978年才恢复外交关系的。

科特迪瓦在经济上同几内亚的上几内亚和森林几内亚有比较多的联

系。几内亚的这两个自然区同科特迪瓦的边境贸易很活跃，尤其是在森林几内亚有不少商品是经科特迪瓦的阿比让港进出的。所以兰萨纳·孔戴总统比较重视同科特迪瓦的经济合作关系，与科特迪瓦一直保持着较密切的关系。1997 年科特迪瓦总统贝迪埃到几内亚进行国事访问，第二年 4 月孔戴总统到科特迪瓦进行正式访问，1999 年 1 月贝迪埃总统还到几内亚出席孔戴总统第二次当选总统的就职典礼。

阿尔法·孔戴执政后，几内亚同科特迪瓦的高层往来也很频繁。2011 年 5 月，阿尔法·孔戴总统赴科特迪瓦出席瓦塔拉总统的就职典礼。同年 12 月，科特迪瓦瓦塔拉总统到几内亚进行工作访问。2012 年 2 月科特迪瓦总理索罗访问几内亚。

大事纪年

公元 5 世纪，几内亚就以布雷金矿的黄金，通过加纳王国，同北非和阿拉伯世界发展了贸易关系。

11 世纪末，在如今几内亚的国土上第一次出现了国家——索索王国。索索王国的首都基里纳在今马里境内，但几内亚东部尼日尔河上游流域属索索王国的版图。索索王国的全盛时期是 1200 ~ 1235 年。

12 世纪以前，在布雷金矿（今几内亚东部锡基里金矿）附近，发展起了一个小王国——马里王国。马里王国后来发展成中世纪西非地区当时最大的国家马里帝国（1240 ~ 1450）。马里帝国的首都尼阿涅在今马里西南部靠近几内亚边境的地方，但它的发祥地是在今几内亚东部锡基里金矿附近，几内亚东部尼日尔河上游流域和富塔－贾隆地区当时都是马里帝国的疆域。

1447 年，葡萄牙人到达几内亚博凯。这是西方人首次踏上几内亚领土。

1447 ~ 1467 年，葡萄牙人用了 20 年的时间考察清楚了几内亚沿海地区的地理情况。

1453 年，葡萄牙人尼诺·特里斯道从博凯沿着一条河考察了通向富塔－贾隆的道路。他便以他家族成员取名的顺序，将这条河取名为尼奈河（le Rio Nuñez）。这条河流的名称一直保持至今。

16 世纪和 17 世纪几内亚经历了种族大迁移。15 世纪马里帝国衰落以后，桑海王国将马林凯族人从马里驱逐到以康康为中心的几内亚东部地区，而马林凯族又将原来居住在几内亚东部的托马族和基西族排挤到森林

区。16 世纪和 17 世纪从塞内加尔富塔－托罗过来的游牧民族颇耳族来到几内亚富塔－贾隆，将那里的苏苏族和贾隆凯族赶到西部沿海地区。这样就形成并一直保持到今天的几内亚种族分布格局：东部几乎是单一的马林凯族区，北部与中西部富塔－贾隆地区是以颇耳族为主的地区，西部沿海是以苏苏族为主的地区，东南部森林区是托马族和基西族等少数民族地区。

16 世纪末和 17 世纪初，一批已经皈依伊斯兰教的颇耳族人来到几内亚富塔－贾隆，17 世纪下半叶他们就开始传播伊斯兰教和发动圣战，强迫当地民族皈依伊斯兰教，使伊斯兰教走出宫廷到民间，在广大人民群众中传播伊斯兰教，为几内亚后来发展成为一个伊斯兰教国家奠定了基础。

1714 年，法国在几内亚建立起第一个装运奴隶的码头。在这以后的将近 300 年里，西方奴隶贩子从几内亚运出的奴隶估计有 50 万。

17 世纪末至 19 世纪 70 年代，几内亚经历了伊斯兰复兴统一运动和在内地建立起了一批伊斯兰神权国家——富塔国（1743～1897）、图库勒尔帝国（1850～1864）和萨摩里帝国（1878～1898）。

1743 年，富塔国在富塔－贾隆地区成立，建都富古姆巴，1780 年迁都廷博。富塔国是伊斯兰神权国家，首都廷博后来成为几内亚的伊斯兰古都，至今仍保存着 18 世纪的清真寺。

1794 年，伦敦非洲协会派英国人从塞拉利昂进入几内亚进行地理考察。

1850 年，艾尔－哈吉奥马尔在几内亚丁几拉伊建国。4 年后从丁几拉伊出发去进行伊斯兰圣战，统一西非和建立起图库勒尔帝国，同时将伊斯兰教的提江尼派在几内亚东部马林凯族人中间广泛传播。直到当代，提江尼派一直同富塔－贾隆地区的卡迪里亚派并列为几内亚伊斯兰教的两大教派。

18 世纪和 19 世纪，随着西方国家在非洲沿海进行自由贸易和奴隶贩卖，几内亚西部沿海地区在氏族群体的基础上发展起了一批分散的酋长国。

1827～1828 年，法国人勒内·卡耶完成对几内亚内地的地理考察，并于 1830 年发表了在几内亚的考察日记。至此，西方已全部掌握几内亚的地形。

1844 年，法国开始利用沿海分散的酋长国之间的矛盾，用欺骗与威胁的手段，使这些酋长国分别同法国签订接受法国保护的条约，从而逐步控制了几内亚沿海地区。

1865～1866 年，法国海军在几内亚西北部的冈姆萨港和南部的蓬蒂港，以及后来成为科纳克里一部分的通博岛建立据点，从南北两头阻挡住英国人进入几内亚的势头。

1870 年，萨摩里·杜尔高举伊斯兰教旗帜，从乌阿苏鲁村出发，去征服几内亚东部尼日尔河上游的诸小王国和进行改革统一运动。

1875 年，萨摩里建立帝国，建都比桑杜古。

1872 年，英国传教士从塞拉利昂进入几内亚传教，并将几内亚沿海在宗教上划归英国势力范围的塞拉利昂教区。

1876～1880 年，法国商人在海军的保护下在科纳克里等沿海港口建立了一批商栈。

1877 年，法国在博法建立了几内亚第一个天主教堂。

1878 年，法国在几内亚建立起了第一个天主教会，同年 12 月 18 日同纳卢王国签订在几内亚沿海进行传教的协议。

1880 年 1 月 20 日，法国为了要同英国在几内亚的争夺中占据优势，诱使杜布雷卡王国签订关于法国在通博岛拥有保护权的协议。

1880 年 6 月 30 日，法国商人在海军保护下，诱逼杜布雷卡王国的国王签订杜布雷卡王国接受法国保护的协议。

1882 年 10 月 12 日，法国将它们称之为"南方水乡"的几内亚沿海地区划为单独的一个殖民地，但仍属塞内加尔达喀尔总督府管辖。

1882 年，法国从几内亚西北面的塞内加尔和北面的马里，开始从陆路进攻位于几内亚东部内陆的萨摩里帝国，1882 年法军在今马里西南部的萨马亚村同萨摩里首次交锋，但萨摩里·杜尔为集中力量扩建他的帝国，主动避开法国军队。

1885 年，法国向"南方水乡"派出首任常驻殖民地行政长官，这标志着法国对几内亚殖民统治的正式建立。

1885 年，法国军队占领了属于萨摩里帝国范围内的布雷金矿，萨摩里向入侵的法国军队发动了大规模的抵抗；法军惨败逃回塞内加尔。

1885 年 11 月，法国用欺骗手段使杜布雷卡王国同意将通博岛（今天科纳克里的卡鲁姆区）作为法国的租让地，法国海军在岛上建起军事哨所。在此之前德国人已在通博岛建立据点，因此法德开始了对该岛的争夺。

1885 年 12 月 24 日，法国和德国达成妥协，德国同意退出通博岛，法国作为对德国的补偿，将靠近贝宁的多哥边境划给德国一块地。

1886 年 3 月 28 日，萨摩里·杜尔同法国人签订了《克尼埃巴布拉条约》，同意将除布雷金矿以外的尼日尔河左岸都让给法国人。萨摩里·杜尔担心法国人会利用帝国内部矛盾瓦解他的帝国，幻想做出让步来缓和同法国人的关系，以便全力去完成他扩建帝国的计划。

1886 年 6 月 12 日，葡萄牙对法国在从尼奈河到富塔 – 贾隆地区的占领提出交涉。法国和葡萄牙达成妥协，法国同意葡萄牙在几内亚西北面占领一块沿海地区（即今几内亚比绍），葡萄牙放弃在几内亚从西北部沿海到富塔 – 贾隆的领土要求，同时还向法国让出了在塞内加尔的卡萨芒斯。

1887 年 3 月 25 日，萨摩里同法国侵略军签订第二个条约——《比桑杜古条约》，向法国人做出更大让步，甚至接受法国的保护。

1889 年 6 月 8 日，德国按照同法国在 1886 年达成的妥协最终将通博岛让给法国。

1889 年 8 月 1 日，"南方水乡"脱离塞内加尔达喀尔总督府自成一殖民地。

1889 年 8 月，法国同英国达成划分几内亚和塞拉利昂的边界线的协议。

1890 年 12 月 17 日，法国殖民当局颁发行政令，将几内亚沿海地区即"南方水乡"，划为以科纳克里为中心的独立的殖民地，并第一次向科纳克里派出了常驻殖民地行政长官；从此科纳克里成为法国在几内亚的殖民地行政首府。

1890年，法国同英国最终达成瓜分西非的协议，英国同意将几内亚东部尼日尔河流域让给法国，法国在尼日利亚北部和加纳北部向英国做出让步。

1890年，法国利用纳卢王国内部王位之争，将纳卢王国的国王迪纳赫·萨里夫抓起来流放到塞内加尔的圣路易岛，威逼新国王签订接受法国保护的协定。至此，法国实现了对几内亚沿海地区的全部占领。

1891年12月17日，法国将"南方水乡"和富塔–贾隆合并为法属几内亚。

1892年，法军向萨摩里发动大规模进攻。这一年是萨摩里16年抗法战争的转折点，转入退守阶段。

1895年，科纳克里正式定为法属几内亚殖民地首府。

1897年，法国利用富塔国两大贵族之间的权力之争，控制了富塔国，完成了从沿海到富塔–贾隆地区的殖民占领。

1897年，法国向科纳克里派出大主教和成立科纳克里教区，使几内亚在宗教上脱离英国人控制的塞拉利昂教区，法国将英国教会势力挤出几内亚。与此同时法国开始向富塔–贾隆地区传播天主教。

1897年12月，法国颁布在几内亚征收人头税的法令，开始对几内亚的橡胶等自然资源进行原始掠夺，强迫几内亚人去采集橡胶等自然资源并向殖民当局交税。

1898年，萨摩里领导的抗法战争失败，法国全部占领几内亚。

1904年，法国同英国达成瓜分西非的最后协议，法国最终从英国人手里夺得了洛斯群岛。

1904年，法国开始修筑从科纳克里到康康全长663公里长的铁路。

1905年，法国将原萨摩里帝国所属的今几内亚的东部地区从法属西苏丹（今马里）划入法属几内亚，同时将法属几内亚划归达喀尔的法属西非殖民地总督府管辖，几内亚成为法属西非的7个殖民地之一。

1905年，富塔–贾隆拉贝地区的酋长阿尔法·雅雅领导人民进行反

抗法国殖民统治的暴力斗争。

1905 年 12 月，法国殖民当局颁布行政令，正式禁止在法属西非进行奴隶贩卖。

1912 年，法国殖民当局颁布行政令，在法属非洲建立黑人常规军，包括几内亚在内的法属非洲殖民地的 20 ~ 28 岁的男子都要服兵役，大批几内亚青年作为黑人常规军跟随法国军队参加了第一次世界大战。

第一次世界大战后法国开始在几内亚开采金矿，到 20 世纪 30 年代黄金开采达到高潮，年产 3 ~ 4 吨黄金。

20 世纪 20 和 30 年代，法国在几内亚大力发展香蕉种植园，使几内亚成为法国在西非的香蕉生产基地。

1917 年，法国开始考察卡鲁姆半岛的铁矿。

1935 年，法国和英国联合在几内亚森林区开采钻石。

1947 年，根据 1946 年 10 月 19 日在巴马科成立的"非洲民主联盟"的决定，几内亚成立"非洲民主联盟几内亚支部"。

1950 年，"非洲民主联盟几内亚支部"改名为几内亚民主党。1952 年塞古·杜尔当选为该党总书记。

1952 年，法国在洛斯群岛中的卡萨岛露天开采铝矾土。

1953 年，法国开始在卡鲁姆半岛开采铁矿。

1953 年，以塞古·杜尔为首的几内亚民主党组织了全几内亚工人 73 天的大罢工，迫使法国殖民当局给整个法属西非殖民地的工人都提高工资。

1956 年，美国、法国、英国、联邦德国、瑞士五国工业集团联合组成几内亚弗里亚氧化铝公司，开始在几内亚弗里亚建设现代化的开采铝矾土和冶炼氧化铝的工厂。

1957 年，根据法国国民议会在 1956 年 6 月通过的"根本法"，几内亚由殖民地变成法兰西共同体内的半自治共和国，并进行领地议会选举和成立半自治政府。几内亚民主党获得议会多数议席，塞古·杜尔担任了半自治政府副总理。

1957 年 12 月 31 日，几内亚半自治政府颁布法令，宣布撤销酋长制等行政改革措施，民主党在全国建立起了广泛的群众基础。

1958 年 8 月，戴高乐到非洲为他提出的法兰西第五共和国宪法进行游说。8 月 28 日他到了几内亚，杜尔当众拒绝了戴高乐提出的宪法并要求几内亚立即独立。

1958 年 9 月 28 日，法国在本土和海外殖民地就法兰西第五共和国宪法举行公民投票，让海外殖民地选择，或者投赞成票，成为法兰西共同体内的自治共和国，或者投反对票，选择独立。几内亚以 94.47% 以上的压倒多数投了反对票，成为法属黑非洲唯一否决戴高乐宪法和选择立即独立的地区。

1958 年 10 月 14 日，联合国接纳几内亚加入联合国，几内亚成为联合国第 92 个成员国。

1959 年 5 月，几内亚同加纳组成"非洲国家联盟"。

1959 年 10 月 4 日，几内亚和中华人民共和国在北京签署建立大使级外交关系的公报。

1960 年 3 月 1 日，几内亚宣布退出法郎区和成立几内亚共和国银行，发行本国货币几内亚法郎。与此同时，几内亚政府从法国人手里收回了其他国家的经济主权。

1960 年 9 月，杜尔总统到中国进行正式访问，同中国缔结了友好条约和签订了经济技术合作协定。

1960 年 9 月，马里加入"非洲国家联盟"，从而加纳、几内亚和马里三国组成"加几马联盟"。

1960 年 10 月，由西方国际工业集团投资建设的弗里亚氧化铝厂正式投产。

1961 年，几内亚开始实行计划经济，农村合作化和工商业全面国有化。

1962 年 12 月，几内亚民主党第六次代表大会做出选择"非资本主义"发展道路和社会主义发展方向的决定。对外确定反帝反殖和支持非洲与世界各地民族解放运动的外交政策原则。

1963 年，法国承认几内亚，几内亚和法国正式建立外交关系。

周恩来总理在 1963 年底和 1964 年初率中国政府代表团访问非洲 10 国期间，于 1964 年 1 月 21～25 日访问了几内亚。

1970 年 11 月 22 日，几内亚击退葡萄牙雇佣军入侵。

1971 年，杜尔总统在自己政权内部进行大清洗。包括几名部长在内的许多知识分子都被关进布瓦罗集中营，有的当即被判处死刑。

1976 年，几内亚加入《洛美协定》和西非国家经济共同体，并同欧共体、世界银行等国际组织建立联系。

1977 年 8 月 27 日，科纳克里女商贩上街游行，反对杜尔政府的经济政策和民主党干部的腐败与专横跋扈。

1978 年，民主党第九次代表大会做出向市场经济方向改革和向西方国家开放等改革措施。

1978 年 12 月，法国德斯坦总统访问几内亚，几内亚同法国的关系开始全面改善。

1984 年 3 月 26 日，塞古·杜尔总统在美国治病时去世。

1984 年 4 月 3 日，几内亚陆军参谋长兰萨纳·孔戴发动不流血军事政变，宣布由军人组成的"全国复兴军人委员会"接管几内亚政权，在平静中完成了从杜尔政权到孔戴政权的交替，开始几内亚第二共和国时期。

1985 年 12 月 22 日，兰萨纳·孔戴发表"纲领性讲话"。这是几内亚向市场经济发展的动员令，明确宣布政府不干预生产，精简行政人员，鼓励私人办企业。

1986 年 1 月，几内亚开始执行世界银行和国际货币基金组织制定的经济结构调整计划，将二十世纪六七十年代由中国等社会主义国家援建的一批长期亏损的中小企业关闭和转为私营。

1988 年 7 月，兰萨纳·孔戴总统首次到中国进行正式访问。

1989 年 10 月 2 日，兰萨纳·孔戴总统宣布从军政府向文职政府转变的过渡计划。

1990 年 2 月，在贝宁等国的多党民主运动的影响下，几内亚出现教师和学生上街游行，要求政府加快民主政权建设步伐。

1990 年 12 月 23 日，几内亚举行公民投票，通过《根本法》（宪法）。

1991 年 1 月 17 日，军政权的最高权力机构"全国复兴军人委员会"解散，2 月 21 日成立"全国复兴过渡委员会"，开始向文职政权过渡的三年过渡期。

1991 年 3 月，科纳克里市举行市政选举，6 月内地各大城市举行市政选举。这是几内亚进行民主政权建设的开始。

1991 年 12 月，政府颁布根据《根本法》制定的《组织政党法》《游行集会法》等 12 个专门法。

1992 年 4 月，几内亚开放党禁，公民可以按《组织政党法》自由组织政党。

1992 年 10 月 26 日，成立最高法院和最高检察院等司法机构。

1993 年 12 月 19 日，几内亚举行由多党参加的民主选举总统，兰萨纳·孔戴作为几内亚统一进步党推举的候选人以多数票当选，成为几内亚第一任民选总统。

1994 年 1 月 29 日，兰萨纳·孔戴正式宣誓就职，由政变上台的军人总统成为几内亚第一任民选总统；几内亚开始第三共和国的历史时期。

1995 年 6 月 11 日，几内亚举行议会选举，支持兰萨纳·孔戴的统一进步党成为议会的第一大党。

1996 年 2 月 6 日，几内亚发生兵变，兰萨纳·孔戴总统通过同兵变士兵对话缓解矛盾，平息动乱。

1997 年 7 月 19 日，几内亚成立作为政治经济协调机制的经社理事会。

1998 年 12 月，几内亚举行第二次多党参加的民主选举总统，兰萨纳·孔戴再次当选连任总统。

2001 年 6 月，支持兰萨纳·孔戴的统一进步党在议会提出修改《根本法》的提案，11 月 30 日就此提案举行公民投票通过。《根本法》原规定总统年龄不能超过 65 岁和只能连续当选连任两届总统。修改后的《根本法》规定总统不受年龄与任期的限制。所以兰萨纳·孔戴就可以在

2003 年第三次参加总统竞选。

2002 年 6 月 30 日，几内亚举行第二次议会选举，人民联盟和共和力量联盟两个反对党拒绝参加选举。选举结果支持兰萨纳·孔戴的统一进步党再次成为议会第一大党。同年 9 月 23 日统一进步党的总书记阿布巴卡·松帕雷当选议长。

2003 年 12 月，几内亚举行第三次多党参加的民主选举总统，兰萨纳·孔戴再次当选连任总统。

2004 年 4 月，政府改组，萨卢·达兰·迪亚洛出任政府总理。

2006 年 4 月，萨卢·达兰·迪亚洛辞去总理职务。

2007 年 1 月、2 月，因通货膨胀民不聊生，工会在首都科纳克里多次组织罢工。

2008 年 2 月 27 日，兰萨纳·库亚特出任总理。

2008 年 5 月 20 日，政府部分改组，艾哈迈德·狄亚内·苏瓦雷出任政府总理。

2008 年 12 月 22 日，兰萨纳·孔戴病故。

2008 年 12 月 23 日，以穆萨·达迪斯·卡马拉上尉为首的军人发动军事政变，宣布解散政府，中止宪法，成立"全国民主发展委员会"接管政权，卡马拉任委员会主席（相当于总统）。

2009 年 1 月 14 日军政权组建政府，卡比内·科马拉出任总理，瑟古巴·科纳特将军任总统府负责国防事务的部长。军政府允诺将在 6 个月内举行大选并还政于民。

2009 年 3 月，军政府撤销最高法院。

2010 年 3 月，军政府恢复最高法院，并任命马马杜·西拉为最高法院院长，任命阿伊萨图·巴尔德（女）为总检察长。

2009 年 9 月 28 日，因军政权在改变还政于民的诺言，科纳克里发生群众和平请愿，要求军政权实行还政于民的诺言；军队开枪镇压，造成几百人伤亡。卡马拉政权因遭国际舆论谴责和强大压力而瓦解。军政权二号人士科纳特出走国外（黎巴嫩），总统卡马拉在争执中被其副官开枪打伤而到摩洛哥治疗，后到布基纳法索疗养。

2010 年 1 月 15 日，经布基纳法索总统孔波雷的调解，卡马拉和科纳特达在瓦加杜古达成协议：由科纳特出任过渡总统，任命反对党领袖让－玛丽·多雷为总理，负责组织全国团结政府和领导总统选举。

2010 年 6 月和 11 月先后组织了两轮总统选举。在 11 月 7 日的第二轮选举中，阿尔法·孔戴胜出当选。

2010 年 12 月 21 日，阿尔法·孔戴总统宣誓就职。

2011 年 1 月初，阿尔法·孔戴总统组成新政府，穆罕默德·赛义德·福法纳出任政府总理；新政府宣布在年底前完成立法选举。

2012 年 2 月成立国家矿产委员会，5 月阿尔法·孔戴总统任命阿布杜勒·拉马内·辛库恩·卡马拉为委员会主席。

2012 年，以塞卢·达兰·迪亚洛为首的反对党同政府在立法选举的程序与候选人名额分配等方面有严重分歧，立法选举一再推迟；科纳克里多次出现群众请愿等社会动乱。

2013 年 4 月 9 日，阿尔法·孔戴宣布 6 月 30 日举行立法选举。

2013 年 5 月 23 日，反对党不同意政府在 6 月 30 日举行立法选举，在科纳克里郊区发生由群众请愿转变成军警开枪与群众用石块混战而酿成严重流血动乱。以塞卢·达兰·迪亚洛为首的反对党遭到国际组织与国际舆论的严厉批评。5 月底，塞卢·达兰·迪亚洛赴巴黎请求法国政府干预几内亚局势；法国外交部发言人要求几内亚政党冷静克制到谈判桌上解决问题。

2013 年 6 月 12 日，经国际调解，反对党与政府就立法选举的诸多问题进行协商。

2013 年 6 月 14 日"全国独立选举委员会"宣布立法选举的时间由原定的 6 月 30 日改为 7 月 28 日。但后因反对党又反对而不能在 7 月 28 日举行立法选举。

2013 年 7 月 3 日政府与反对派再次达成协议，一致同意在 9 月 24 日举行立法选举。

2013 年 9 月 28 日，拖延已将近 3 年的立法选举终于在这一天举行。

2013 年 9 月 18 日公布立法选举结果，执政的人民联盟——彩虹联盟在议会 114 个议席中得 53 席，成为第一大党。

2013 年 7 月 15～17 日在森林区恩泽雷科雷和贝拉两个城市发生了震惊世界的血腥种族冲突。这是在几内亚两个小种族盖尔泽族和科尼昂盖族之间发生的冲突，95 人死亡，150 人人受伤，事后 131 人被捕。这是几内亚历史上首次出现的大规模种族冲突。

参考文献

1. Mriel Devey, *la Guinée*, Paris: Karthala, 1997.

2. Chantal Colle, *GUINESCOPE*, Conakry: Sofra-Presse, 1997.

3. Jean Suret, *Canale: La République de Guinée*, Paris: Editions Sociales 1970.

4. *Africa South of Sahara*, Europa Publications, Tayfor & Francis Group London and New York, 2000.

5. UNESCO: L'Histoire générale de l'Afrique

（1）Adu Boahen, *VII. L'Afrique Sous Domination Coloniale*, 1880 ~ 1935, Paris: Présence Africaine/Edicef/Unesco, 1989.

（2）A. A. Mzrui, *VIII. L'AfriqueDepuis*, 1935, Paris: Comité Sientifique International Pour Rédaction D'une Histoire Générale de L'Afrique（UNESCO）, 1998.

6. *Marchés Tropicaux et Méditerranes*, Septembre 1999-Février 2003.

7. *The Economist Intelligence*, June 1999-December 2000

8. *Jeune Afrique Et Jeune Afrique Economique*（Décembre 1998-Décembre 2002）

9. *Pourquoi inverstir en République de Guinée?*（几内亚驻华使馆提供）

10. *Annuaire Statistique* 1999 ~ 2000, MEPU（几内亚驻华使馆提供）

11. *Le Minerai de fer du Nimba et du Simandou*（1997 年几内亚知名人士纳比·尤拉访华时向我地矿部提供）

12. 世界银行专题报告: *Guinea, Sector Education Program-Dimension*

of Economic Analysis Performed for the Sector Education Program：2000，http：//www lexas. info/countries/g/guinea/people. htm。

13. 世界银行专题报告：*Guinea at a Glance*：2000，http：//www lexas. info/countries/g/guinea/people. htm。

14. 2001 年 7 月法新社专题报道：*Guinea*，*Military*

（源自网站 http：//www. cia. gov/cia/publications/factbook/print/gov. html）

15. 外交部非洲司在 2013 年编写的《几内亚概况》

16. 《2012/2013 世界知识年鉴》，世界知识出版社，2013。

18. 葛公尚主编《万国博览非洲卷·几内亚共和国》，新华出版社，1998。

索　引

新版《列国志》总书目

越南

非洲

阿尔及利亚
埃及
埃塞俄比亚
安哥拉
贝宁
博茨瓦纳
布基纳法索
布隆迪
赤道几内亚
多哥
厄立特里亚
佛得角
冈比亚
刚果共和国
刚果民主共和国
吉布提
几内亚
几内亚比绍
加纳
加蓬
津巴布韦
喀麦隆
科摩罗
科特迪瓦
肯尼亚
莱索托
利比里亚
利比亚

卢旺达
马达加斯加
马拉维
马里
毛里求斯
毛里塔尼亚
摩洛哥
莫桑比克
纳米比亚
南非
南苏丹
尼日尔
尼日利亚
塞拉利昂
塞内加尔
塞舌尔
圣多美和普林西比
斯威士兰
苏丹
索马里
坦桑尼亚
突尼斯
乌干达
西撒哈拉
赞比亚
乍得
中非

欧洲

阿尔巴尼亚
爱尔兰

爱沙尼亚

安道尔

奥地利

白俄罗斯

保加利亚

比利时

冰岛

波黑

波兰

丹麦

德国

俄罗斯

法国

梵蒂冈

芬兰

荷兰

黑山

捷克

克罗地亚

拉脱维亚

立陶宛

列支敦士登

卢森堡

罗马尼亚

马耳他

马其顿

摩尔多瓦

摩纳哥

挪威

葡萄牙

瑞典

瑞士

塞尔维亚

圣马力诺

斯洛伐克

斯洛文尼亚

乌克兰

西班牙

希腊

匈牙利

意大利

英国

美洲

阿根廷

安提瓜和巴布达

巴巴多斯

巴哈马

巴拉圭

巴拿马

巴西

玻利维亚

伯利兹

多米尼加

多米尼克

厄瓜多尔

哥伦比亚

哥斯达黎加

格林纳达

古巴

圭亚那

海地

洪都拉斯

加拿大

美国

秘鲁

墨西哥	巴布亚新几内亚
尼加拉瓜	斐济
萨尔瓦多	基里巴斯
圣基茨和尼维斯	库克群岛
圣卢西亚	马绍尔群岛
圣文森特和格林纳丁斯	密克罗尼西亚
苏里南	瑙鲁
特立尼达和多巴哥	纽埃
危地马拉	帕劳
委内瑞拉	萨摩亚
乌拉圭	所罗门群岛
牙买加	汤加
智利	图瓦卢
	瓦努阿图
大洋洲	新西兰
澳大利亚	

当代世界发展问题研究的权威基础资料库和学术研究成果库

国别国际问题研究资讯平台

列国志数据库 www.lieguozhi.com

列国志数据库是以国家"十二五"重点出版规划项目、中国社会科学院创新工程学术出版项目《列国志》丛书为基础，全面整合国别国际问题核心研究资源、研究机构、学术动态、文献综述、时政评论以及档案资料汇编等构建而成的数字产品，是目前国内唯一的国别国际类学术研究必备专业数据库、首要研究支持平台、权威知识服务平台和前沿原创学术成果推广平台。

从国别研究和国际问题研究角度出发，列国志数据库包括国家库、国际组织库、世界专题库和特色专题库4大系列，共175个子库。除了图书篇章资源和集刊论文资源外，列国志数据库还包括知识点、文献资料、图片、图表、音视频和新闻资讯等资源类型。特别设计的大事纪年以时间轴的方式呈现某一国家发展的历史脉络，聚焦该国特定时间特定领域的大事。

列国志数据库支持全文检索、高级检索、专业检索和对比检索，可将检索结果按照资源类型、学科、地区、年代、作者等条件自动分组，实现进一步筛选和排序，快速定位到所需的文献。

列国志数据库应用范围广泛，既是学习研究的基础资料库，又是专家学者成果发布平台，其搭建学术交流圈，方便学者学术交流，促进学术繁荣；为各级政府部门国际事务决策提供理论基础、研究报告和资讯参考；是我国外交外事工作者、国际经贸企业及日渐增多的广大出国公民和旅游者接轨国际必备的桥梁和工具。

数据库体验卡服务指南

※100元数据库体验卡目前只能在列国志数据库中充值和使用。

充值卡使用说明：

第1步 刮开附赠充值卡的涂层；

第2步 登录列国志数据库网站（www.lieguozhi.com），注册账号；

第3步 登录并进入"会员中心"→"在线充值"→"充值卡充值"，充值成功后即可使用。

声明

最终解释权归社会科学文献出版社所有。

数据库服务热线：400-008-6695

数据库服务QQ：2475522410

数据库服务邮箱：database@ssap.cn

欢迎登录社会科学文献出版社官网（www.ssap.com.cn）

和列国志数据库（www.lieguozhi.com）了解更多信息

社会科学文献出版社 列国志系列
SOCIAL SCIENCES ACADEMIC PRESS (CHINA)

卡号：8013564585441105

密码：

图书在版编目（CIP）数据

几内亚/吴清和编著．－2版．—北京：社会科学文献出版社，
2015.10

（列国志：新版）

ISBN 978 - 7 - 5097 - 6796 - 2

Ⅰ．①几…　Ⅱ．①吴…　Ⅲ．①几内亚－概况　Ⅳ．①K945.1

中国版本图书馆 CIP 数据核字（2014）第 267312 号

· 列国志（新版）·

几内亚（Guinea）

编　　著／吴清和

出 版 人／谢寿光
项目统筹／宋月华　张晓莉
责任编辑／侯　洁

出　　版／社会科学文献出版社·全球与地区问题出版中心（010）59367004
　　　　　　地址：北京市北三环中路甲 29 号院华龙大厦　邮编：100029
　　　　　　网址：www.ssap.com.cn
发　　行／市场营销中心（010）59367081　59367090
　　　　　　读者服务中心（010）59367028
印　　装／三河市尚艺印装有限公司

规　　格／开　本：787mm × 1092mm　1/16
　　　　　　印　张：17.25　插页：0.75　字　数：257 千字
版　　次／2015 年 10 月第 2 版　2015 年 10 月第 1 次印刷
书　　号／ISBN 978 - 7 - 5097 - 6796 - 2
定　　价／69.00 元